法天下学术文库

民事诉讼指挥权研究

ON THE STUDY OF THE CIVIL LITIGATION COMMAND POWER

窦淑霞 著

中国政法大学出版社

2023·北京

图书在版编目（CIP）数据

民事诉讼指挥权研究/窦淑霞著. —北京：中国政法大学出版社，2023.7
ISBN 978-7-5764-1028-0

Ⅰ.①民… Ⅱ.①窦… Ⅲ.①民事诉讼－审判－研究－中国 Ⅳ.①D925.118.24

中国国家版本馆 CIP 数据核字(2023)第 144467 号

出 版 者	中国政法大学出版社
地　　址	北京市海淀区西土城路 25 号
邮寄地址	北京 100088 信箱 8034 分箱　邮编 100088
网　　址	http://www.cuplpress.com (网络实名：中国政法大学出版社)
电　　话	010-58908586(编辑部) 58908334(邮购部)
编辑邮箱	zhengfadch@126.com
承　　印	北京旺都印务有限公司
开　　本	720mm×960mm　　1/16
印　　张	15.25
字　　数	270 千字
版　　次	2023 年 7 月第 1 版
印　　次	2023 年 7 月第 1 次印刷
定　　价	69.00 元

前言 ━━━━━━━━━━━━━━━━━━━━━━━━━━━━━━━━━━━ ˅˅˅

在我国民事诉讼理论研究中，研究者从法官角度来研究其职责规范的并不多见，主要原因在于我国传统诉讼制度带有典型的职权主义色彩，虽然自20世纪90年代开始进行了审判方式改革，诉讼模式已由职权主义向当事人主义转型，但是诉讼制度中法官的职权色彩依然有所保留。因此，法官的职权性相对于当事人诉权保障制度来说一直是被限制和排斥的对象。笔者认为，权利与权力既有各自行使的范围，也必然相向制约、互为监督。当事人权利的保障并不意味着法院职权的弱化。恰恰相反，在民事诉讼制度中强化法院的职权对规范当事人正当行使其诉讼权利具有一定的积极意义，也更加符合诉讼规则和法治国家的理念。因此，笔者以法官的职权作用作为研究对象，理由分析如下：

第一，从社会发展角度分析，由于社会变革、经济结构调整等因素，社会矛盾凸显，以纠纷的形式涌入法院，诉讼案件呈逐年上升趋势。我国社会解纷机构尚不健全，司法无法成为最后一道防线，于是挺身向前，法院担当着解决社会矛盾的最重要职责。因此，法院以一个什么样的姿态来解决纠纷、彰显正义、强化国家法治理念，就显得尤为重要。

第二，从诉讼制度本身来看，我国近年来《民事诉讼法》几次修改，民事诉讼法司法解释施行，增加和完善的多为当事人诉权保障制度，如申请再审制度、执行异议之诉制度、第三人撤销之诉制度以及立案登记制度，充分体现了立法在当事人诉权保障方面的日趋完善，但是却未对当事人权利的正当行使作出规范性要求，致使实践中出现诸多诉权滥用的情形。因此，研究法院职权在诉讼中的作用、职责，以及如何在保障当事人诉权的同时予以规范，在实践中具有重要意义。

第三，诉讼模式的转型使得法官在审判中消极被动的一面具有了正当理由。当前，我国民事诉讼中当事人对法官认同度不高，加之司法公开的要求，使得法官更加不愿在庭审中公开心证。庭审中不认证、少释明，亦不愿对法律适用作出过多解释。所谓多说多错、少说少错、不说不错。法官片面理解和借鉴英美法系法官的消极被动角色，使得当事人对法院的裁判过程和结果因缺乏沟通而不理解，因不理解而质疑，因质疑而穷尽一些方式寻求救济途径，这是导致当事人申诉、上访的因素之一。

第四，随着自由诉讼观的衰落和诉讼社会化的发展，法官在诉讼中的作用已经不仅仅是为个人解纷，其同时也应具备维护社会公共事务的职责。这一职责随着社会的发展显得越来越重要，并得到两大法系的普遍认可。当前在我国司法实务中，法官以终结案件、解决纠纷为主要目的，而对于维护公共利益的职责未加以重视，审理案件的现状更倾向于"马路警察各管一段"。因此，需增强法官诉讼整体观、发挥司法能动性，在保持个案公正的同时兼顾社会整体利益。笔者认为，法官在当代民事诉讼中的角色和职能需要重新定位。

诉讼指挥权是一个外来的概念，但在我国民事诉讼制度中并非找不到它的踪影。实质上我国立法中尚有不少诉讼指挥的条文，需要挖掘、梳理。本书比较两大法系诉讼模式的变迁和发展轨迹，历史分析了我国民事诉讼的发展历程，结合目前立法和司法现状，发现我国在法院诉讼指挥方面尚需得到强化和规范，同时提出建议，并对民事诉讼指挥权随着社会的发展，可能的扩展和延伸作了开放式预测分析。本书分为导论加六章内容，简述如下：

在导论部分，笔者就两大法系诉讼模式的发展，诉讼指挥权产生的原因、欲解决的问题进行了背景介绍。对比我国诉讼制度发展，分析借鉴国外制度的可行性及实践意义。本书运用了辩证分析、比较研究、实证分析和价值判断等研究方法，具有一定的创新性，对我国立法和司法实践具有建设性指导意义。

第一章概述部分，笔者就诉讼指挥权的概念及由来，对比不同国家诉讼模式的异同进行了概念比较、特征分析。归纳出诉讼指挥权是法院或法官在民事诉讼程序运行过程中，依据其职责行使的，以促进诉讼、发现真实，有助于纠纷高效解决的综合性权能。笔者结合我国学界对诉讼指挥权的探讨与我国立法和司法现状，归纳出本土化的诉讼指挥权之基本特征为：专属性、主动性、公开性、积极性和有限性五大特征，并对其促进诉讼、协调当事人诉讼权利的平等、增强当事人对裁判的认同、防止裁判突袭的功能进行了分析研究。

第二章内容对诉讼指挥权的形成背景与正当化基础进行了研究和论述。由于当事人主义诉讼模式过度强调当事人的自由意志，造成了诉讼拖延、纠纷增多、诉讼成本增高等现象，随着自由主义观念的衰落，诉讼社会化发展，人们开始发现在诉讼中一味追求当事人诉讼权利显然是不妥当的，法官消极被动的角色已经阻碍了诉讼制度的发展。在现代社会中，应发挥法院的能动作用。诉讼指挥权的正当性基础即从诉讼经济性、程序的实质正当性、平衡私益与社会的关系等方面的需求而形成，法院应担负起促进诉讼、有效解决纠纷的职权作用。

第三章内容主要对两大法系诉讼模式的发展以及诉讼指挥权的具体内容进行了总结比较。通过对大陆法系德国民事诉讼法的发展历程分析，诉讼指挥由权力向义务的转换，充分说明了法院在诉讼程序的推进、当事人权利义务的规范以及社会秩序的维护方面，是法定的职责和义务，而不是自由行使的权力。对于诉讼指挥权的具体内容，笔者以《德国民事诉讼法》为例，将法院的诉讼指挥义务分为诉讼指挥义务、当事人义务的反射责任、共同义务三个层次进行了介绍。在英美法系国家中，从 20 世纪 60 年代开始，法官消极被动的仲裁者身份遭受质疑，随着司法改革法官的角色开始转变，"管理型法官"不仅在程序推进方面进行了管理和控制，对诉讼中的实体性内容也予以协助和督促。司法管理成为诉讼法治改革的潮流和方向。

在对两大法系诉讼指挥权的形成和内容进行分析和比较之后，笔者对我国民事诉讼模式的转型与定位、传统的职权主义保留与摒弃、诉讼指挥权的借鉴与本土化等视角，对我国构建诉讼指挥权体系的理论价值和实践意义作出分析。

第四章对于诉讼指挥权进行了创新性分类：根据目的的不同分为权利保障型、程序推进型、防止裁判突袭型诉讼指挥权；根据案件的不同要素分为指向当事人的诉讼指挥权、指向案件的诉讼指挥权以及指向诉讼程序的诉讼指挥权；根据诉讼指挥权的权属性质分为权力性诉讼指挥权、职责性诉讼指挥权、协同性诉讼指挥权。上述分类不仅有助于对诉讼指挥权全方位理解和把握，亦弱化了其抽象性，强化了其实践价值。

第五章对诉讼指挥权内容进行了具体化构建。我国民事诉讼制度中没有诉讼指挥权的概念，但是传承于职权主义的历史渊源，诉讼制度中依然保留了部分职权主义的条款。这些条款在《民事诉讼法》的逐步修改中，有的条文依然保留了较强的职权性，有的条文职权性已经被弱化，而有的条文已经由权力转化为法院的义务。该章以我国现有的《民事诉讼法》及相关司法解释为基础，从法院的释明职责、当事人真实义务以及法院与当事人共同促进和讨论义务三个方面对我国诉讼指挥权的内容进行构建并作出分析，指出当前立法和司法中存在的问题，以及尚需完善的意见和建议。

第六章是诉讼指挥权的一个延伸和发展。针对诉讼解纷之外的其他社会功能以及新类型诉讼的发展方向，进行一个前瞻性的、开放性的思考。诉讼的功能在承担解纷功能之外，在多种类型的诉讼中承担着更多的政策引导等多元功能，其价值多元亦日益受到人们的重视。另外，新类型诉讼的出现，如公益诉讼制度、大规模侵权诉讼、股东权益保护、劳工纠纷等涉及特定多数或不特定多数人的利益时，诉讼的对抗程序和价值功能都将进行重新定位。无论是在当事人之间的辩论主义原则，还是个案冲突引起社会反响的案件，都会使得法官在诉讼中绝不能仅仅考虑个案的公正而疏忽社会整体利益。

诉讼指挥权不仅仅是一个理论和学界的观点，而应作为一个法律概念指导法院诉讼行为。本书最终希望达到的目的是规范并强化法官诉讼指挥权或指挥职责。本书建议立法上对法院在实践中行使诉讼指挥权能以权力、义务和职责类型予以具体化，并分析了诉讼功能的多元化，为诉讼指挥权的方式和内容提供开放性的发展空间。

目 录 ∨∨∨

导　论

一、选题背景与原因

诉讼指挥权是一个充满历史感，又极具现实性的概念，产生于自由主义诉讼观向社会化诉讼观的发展变化中，也有着与传统职权主义牵扯不断的联系。其因当前各国出现的民事纠纷迭起、诉讼拖延、司法成本加大等使得法院不堪重负的共性问题产生，因此各国民事诉讼制度因共性问题而具有了一致的面向。在强化法院的职权作用的同时，各国纷纷将"效率"这一全球共享的经济学概念融入正义的内涵，并作为司法价值追求。与我国司法改革中"公正与效率"的主题不谋而合。

诉讼指挥权的形成，不仅影响着一个国家诉讼模式的发展这样一个理论层面的问题，也调整着一个国家的诉讼构造这样一个制度问题，同时其内容由诉讼制度中的各项规则构成，直接影响着诉讼程序的进行。笔者认为，在民事诉讼法学和法律制度中，很少能找到一个这样的概念，可以将理论、制度、立法和司法融会贯通地衔接在一起，而诉讼指挥权的概念和体系化即可承担起一个立交桥式的构架和贯通作用。

（一）诉讼指挥权产生的背景及原因

在 19 世纪初的自由资本主义时期，两大法系民事诉讼制度均体现为自由主义的诉讼观。堪称近代民事诉讼法先驱的 1806 年《法国民事诉讼法》，就是在自由主义和自然法理念支配下产生的一部代表当时欧洲大陆国家最高水平的民事诉讼法典。这是一部典型的当事人主义诉讼模式的法典：诉讼的进程完全由当事人来控制和推进，法官的职权受到严格限制。1877 年《德国民事诉讼法》效仿了法国民事诉讼法的这种模式。由于当事人在诉讼中的权利过于自由行使，法官无权干预，在两个国家的民事诉讼中，均出现了诉讼迟延、资源浪费等严重后果。在 19 世纪末，随着自由资本主义向垄断资本主义发展，自由主义的价值观受到挑战，反映到民事诉讼中，法官在诉讼中的职权作用开始抬头，司法干预理念产生。1933 年《德国民事诉讼法》开始强化当事人诉讼义务，不仅增加了当事人真实义务，对法官的释明义务亦予以强化。2002 年《德国新民事诉讼法》更进一步强化了法院的实体性诉讼指挥，借此改善法院与双方当事人之间的交流。[1]可见，在《德国民事诉讼法》的修改中，加强法院的诉讼指挥权是现代民事诉讼有别于近代初期的民事诉讼的重要方面。[2]

在 20 世纪初期，受《奥地利民事诉讼法》和逐步修改的《德国民事诉讼法》影响，日本开始对本国民事诉讼法进行修正，加强了法院的诉讼职权权限。在第二次世界大战失败后，日本开始接受美国的诉讼制度，建立了当事人主义诉讼模式，弱化法官的职权，比如彻底废除法官调取证据的职权等。但是在 20 世纪末，《日本民事诉讼法》再次进行修改，修改后的诉讼法虽然并不否认当事人在诉讼中享有一定的处分权，但是法官在诉讼中的作用得到进一步的强化。尤其是在诉讼程序方面，法官推动和控制着诉讼进程。一个案件进入法院，从诉讼主体资格的审查、期日的指定、庭前会议的召集和主持，以及庭审中的程序掌控等都在法官的诉讼指挥下进行，可称为典型的职权进行主义。庭审中，法官指挥当事人围绕争点进行陈述、举证和辩论，并且对于一些当事人表述不明或理解有误等方面，《日本民事诉讼法》也规定了法官的释明权，促使当事人补充和完善自己的主张。

英国在 20 世纪末开始民事司法制度改革，其中包含了诉讼指挥权制度的内容。在由沃尔夫勋爵（Lord Woolf）牵头研究的《接近司法》中期和最终报告中，针对当事人对抗制度存在诉讼成本过高、诉讼迟延以及当事人及其律师控制诉讼等问题，提出了改革方案，加强法院对"案件进行管理"制度，削弱当事人对诉讼程序的控制权。[3]《英国新民事诉讼规则》于 1999 年 4 月

---

〔1〕 熊跃敏："辩论主义：溯源与变迁——民事诉讼中当事人与法院作用分担的再思考"，载《现代法学》2007 年第 2 期。

〔2〕 谢怀栻译：《德意志联邦共和国民事诉讼法》，中国法制出版社 2001 年版，第 6 页，转引自何德平："论诉讼指挥权"，载张卫平主编：《民事程序法研究》（第 2 辑），厦门大学出版社 2006 年版，第 154 页。

〔3〕 何德平："论诉讼指挥权"，载张卫平主编：《民事程序法研究》（第 2 辑），厦门大学出版社 2006 年版，第 157 页。

生效，虽然诉讼体制依然是当事人主义诉讼模式，但是法官而不是当事人及其代理律师控制着整个诉讼的进程，其中包括时间的节点和持续性把控、程序的中止和合并、争点的管理、证据的引导、庭审程序的保障以及一些技术性操作等，体现了法官在诉讼程序方面的管理和指挥权。

　　每一个国家的纠纷解决制度，与该国家的传统、社会、文化背景是一脉相承的。[1]美国诉讼制度是典型的当事人主义诉讼模式，对抗制、陪审制、消极被动的法官角色是美国诉讼制度的典型特征。上述特征源于美国传统的个人主义价值理念，强调个人的权利和尊严。这一价值理念反映到诉讼之中，则强调当事人对诉讼的个人发动权和控制权。[2]由于对抗制体现了当事人这种自由意志的处分，陪审制又限制了法官对案件事实表达意见，因此，英美国家司法制度给予法官角色的正统理解为：法官不能介入审判的案件，消解被动性才能使得法官不偏不倚地审理案件，即在美国的法律文化中，法官只有消极被动才可以体现其中立性。

　　1961年，美国法官欧文·考夫曼指出："不受司法人员控制的纯粹的当事人主义诉讼制度，并不是一种自发的保障，它不可能自发地保障获得正义。"[3]一切诉讼程序由当事人自由意志决定，让法官在法庭上袖手旁观，成为导致诉讼迟缓的重要因素。一个原本信奉有限政府之理念的国家开始变得越来越倾向于干预社会生活中的种种事态，于是，一种私人控制的竞争的法律程序也与司法的新目标之间产生抵触或紧张。[4]德国1976年修订的民事诉讼制度，由法院介入当事人之间进行对话，三方协同发现案件真实，有效地提高了诉讼效率，极大地影响了美国民事诉讼制度的改革。20世纪80年代之后，美国民事诉讼改革的重点是加强对案件的管理，联邦民事诉讼规则强化了法官对诉讼程序管理的职责。相对于英国民事诉讼进程中的法官诉讼指挥权，美国的法官在案件管理方面一个重大的改革是在审前程序的管理方面，改变了以往在审前程序由当事人及其代理人来控制的状况。美国法官在审前程序阶段介

　　〔1〕　参见韩波：《民事证据开示制度研究》，中国人民大学出版社2005年版，第113页。
　　〔2〕　肖建华、杨兵："对抗制与调解制度的冲突与融合——美国调解制度对我国的启示"，载《比较法研究》2006年第4期。
　　〔3〕　[意]莫诺·卡佩莱蒂等：《当事人基本程序保障权与未来的民事诉讼》，徐昕译，法律出版社2000年版，第136页。
　　〔4〕　[美]米尔伊安·R.达玛什卡：《司法和国家权力的多种面孔：比较视野中的法律程序》（修订版），郑戈译，中国政法大学出版社2015年版，第119页。

入案件，其行使的管理权更加自由，法官享有更多的主动权和自主权。总之，20 世纪 80 年代之后的美国诉讼制度，强化了法官对案件的干预，法官对于诉讼的推进发挥了更为积极的管理职能。

由此可见，自 20 世纪下半叶，当事人主义诉讼模式在两大法系均不同程度地发生了变化，法院的职权性以诉讼指挥的方式得到不同程度的强化，尤其是在德国、日本和法国的民事诉讼中，法院对诉讼的指挥职责既包括程序方面，也有实体内容。可以说，两大法系当事人主义诉讼模式的主要改变为：强化了法院的诉讼指挥权，同时限缩了当事人在诉讼中的意思自治以及程序推进的主导作用。诉讼指挥权的产生及发展，使得当事人主义诉讼模式下法院与当事人的作用分担进行了重新分配。

（二）我国诉讼模式转型的分析

20 世纪 80 年代之前，我国属于计划经济体制，民事诉讼理论和模式亦借鉴了具有相同经济体制的苏联民事诉讼理论和模式，以职权主义诉讼模式作为民事诉讼的基本框架。1982 年颁布的《民事诉讼法（试行）》，[1] 即是采用了这种典型的职权主义诉讼模式，其特点为：案件由法院全面审查，案件的事实由法院依职权调查，并在查清案件事实的基础上进行裁判。"以事实为根据，以法律为准绳"即为法院裁判的标准。20 世纪 80 年代中期以后，中国社会的政治观念、经济发展都有了很大的变化，"社会主义民主"的呼声日益高涨，人们的权利意识大大提升，利益观念也有了根本的改变。经济体制改革打破了原有的利益格局和权利主体格局，经济纠纷增多。[2]面对猛增的案件数量，依靠法院单方面的职权调查解决案件的事实，已无法承担和适应，民事审判方式与社会需求的矛盾使得改革迫在眉睫。1991年，我国颁布了第一部正式的《民事诉讼法》，在这部法律中，典型的职权主义特点趋于退化，当事人处分主义、辩论原则等词语出现在法律概念之中；强调当事人的举证责任，收缩了法院在民事诉讼中的职权范围。其目的不仅是赋予当事人在诉讼中依据自己的意思行使处分权能，且对于法院来说，将部分职责转嫁到当事人身上，也起到了减少法院审判成本、提高诉讼效率

---

〔1〕《民事诉讼法（试行）》，即《中华人民共和国民事诉讼法（试行）》。为表述方便，本书中涉及我国法律文件直接使用简称，省去"中华人民共和国"字样，全书统一，后不赘述。

〔2〕 参见张卫平："改革开放四十年民事司法改革的变迁"，载《中国法律评论》2018 年第 5 期。

的作用。

20 世纪 90 年代初，我国民事审判方式进行了改革，从诉讼程序的启动、证据的提交、案件审理的范围等方面，突出当事人处分原则和辩论主义特点，弱化法院或法官在诉讼活动中的职权干预，当事人在诉讼活动中的主导地位得到明显的增强。

21 世纪初，由职权主义向当事人主义的转型由快速急转变为逐渐趋缓。有学者认为，我国目前已经是当事人主义诉讼模式。而更多的观点是，诉讼模式依然在转型过程中。2007 年、2012 年、2017 年、2021 年《民事诉讼法》进行了四次修正，2015 年最高人民法院《关于适用〈中华人民共和国民事诉讼法〉的解释》（以下简称《民事诉讼法司法解释》）施行，法条的修改内容和方向仍然是以当事人诉权保障日益完善为导向。例如，2007 年《民事诉讼法》修改完善了当事人申请再审制度，增加了执行异议之诉制度；2012 年《民事诉讼法》修改增加了第三人撤销之诉制度。尤其是 2015 年《民事诉讼法司法解释》，为解决当事人立案难，将我国立案审查制修改为立案登记制度，从立法上进一步保障了当事人诉权。

纵观两大法系诉讼模式的历史发展，可以发现，西方国家自 19 世纪末开始，自由资本主义向垄断资本主义过渡和转换，反映到民事诉讼中，法院的职权作用日益得到强化。我国自 20 世纪 90 年代开始，民事诉讼体制开始由职权主义向当事人主义转型，转变的方向是法院的职权逐步向当事人让渡，当事人处分主义、辩论原则不仅成为我国民事诉讼的基本原则，并在司法实践中发挥着越来越重要的作用。在这与两大法系相向而行的诉讼模式转型中，我国也出现了民事案件逐年增长、诉讼不经济以及当事人诉讼权利平等的形式化等问题。对比我国与两大法系诉讼模式的转向以及法院职权性作用的变化分析，社会矛盾的性质与其说是不同政治制度和文化背景下的存在，毋庸说是经济发展的使然。但无论如何，民事诉讼制度既具有民事私权的自治，也不能忽视国家司法权的干预。换言之，我们在强化当事人主义的诉讼主导权的同时，切莫忽视法院的职权作用对纠纷解决的重要意义。[1]笔者认为，分析社会背景及不同国家诉讼制度的发展变化，需从各国的异同之处进行分

---

〔1〕　唐力："能动司法：法院诉讼指挥权之法理分析"，载《法律适用》2006 年第 5 期。

析，寻找一条有助于我们研究的路径。[1]

二、研究现状与发展

在任何国家的民事诉讼制度中，诉讼模式的问题实质上就是法院与当事人之间的作用分担问题。回顾历史的发展，19 世纪盛行的自由放任主义进路造就了一种消极和超然的法官哲学，而 20 世纪以后的发展，司法能动主义的日益增加却又映射出另外一种政治态度，并产生了诉讼指挥权的概念，相应地也必然在诉讼构造中构建起当事人与法官之间新的平衡关系。

（一）域外诉讼指挥权的现状与发展

从诉讼指挥权的形成、理论发展及各国立法方面分析，当以大陆法系德国民事诉讼发展较为完备。尤为重要的是，在当事人主义诉讼模式的修订中，德国学者贝特曼（Bettermann）提出了另外一个理论模式的构想——协同主义理论，虽然最终未能成为成熟的理论模式，但是其理念、对民事诉讼构造的冲击、对纠纷解决路径的多元化等在诸多国家产生了反响。更为重要的是，协同思想影响着诉讼指挥权的形成，也使得诉讼指挥权与传统职权主义的区别跃然纸上。

需要说明的是，本书研究诉讼指挥权，是将诉讼指挥权概念化为一种权能，即权力和职责。但是在德国民事诉讼理论和立法中，诉讼指挥为一种义务，其具体内容包括法官的讯问义务、释明义务、讨论义务，以及相对于当事人程序保障权的相应义务等。当事人义务性规范实质上暗含了法院职权的强化。1976 年《德国民事诉讼简化法》的制定对于诉讼指挥义务的形成具有标志性意义。2001 年《德国民事诉讼法》进行了更加深化的改革，法官释明范围的扩大使得实质性诉讼指挥义务的重要性得以突出，社会法治国理念第一次在民事司法中落实。[2]

在法国，法官在诉讼中处于消极被动的地位。但是随着当事人在诉讼过程中的权利过大带来的诉讼迟延和资源消耗，改革后的法国民事诉讼制度既授予法官以"大大增加的权力"，又明确了法官与当事人之间"确定案件事实

---

〔1〕 参见［美］米尔伊安·R. 达玛什卡：《司法和国家权力的多种面孔：比较视野中的法律程序》（修订版），郑戈译，中国政法大学出版社 2015 年版，第 10 页。
〔2〕 王福华："民事诉讼的社会化"，载《中国法学》2018 年第 1 期。

时相互协助之法律责任"。[1]法国民事诉讼制度中法官权力的增加,意味着传统的当事人主义诉讼模式开始弱化。

现行《日本民事诉讼法》关于诉讼指挥权的规定在各国民事诉讼法中具有一定的代表性。在程序结构上,其将当事人主义的处分权与法院职权主义的指挥权巧妙融合在一起,形成具有本国特色的诉讼模式。主要表现在两点:其一,法院在受理案件后诉讼主体资格的审查、期日的指定、庭前会议的召集以及庭审的指挥整个诉讼程序的进行中享有完全的主导权,但是给予当事人提出异议、终结诉讼的权利。这样既未干预当事人处分权,也未突破辩论主义原则的限制。其二,诉讼指挥权不仅包括程序性指挥,也包含实体性诉讼指挥,主要体现在释明权的规定。《日本民事诉讼法》不仅规定了释明权的内容,而且规定了法官为行使释明权,可以向当事人设定义务。例如,要求当事人必须到庭进行口头辩论,作进一步证明等。由此可见,在《日本民事诉讼法》中,释明是法官的一种权力。

尽管当事人在诉讼程序的推进中仍占主导地位,但是法官已经成为一个积极的参与者,行使着法律赋予他的权力和职责。今天的法官在诉讼中不仅能够主动寻找证据,并且采取一切必要措施防止诉讼程序的拖延和停滞不前。[2]尤其是在审前程序,在确定程序目标的初步听证会上,法庭发挥着重要的促进作用,并且法官有权力和职责以当然的成员身份对程序进行控制、指导、预防和宣布一些行为无效。[3]

事实证明,强化法官的权力和职责有效地促进了程序的活力并促使正义的实现。但无论如何,法官的公正性仍然是一项基本要求。强化法官的职权使其从一个观察者转变为一个积极参与者,但法官的中立性不能动摇。[4]

自20世纪70年代以来,民事案件的迅速增长已经成为两大法系共同面对的问题。如果说社会经济的快速发展、社会矛盾突出导致纠纷迭起是一个

---

〔1〕 [意] 莫诺·卡佩莱蒂等:《当事人基本程序保障权与未来的民事诉讼》,徐昕译,法律出版社2000年版,第52页。

〔2〕 Santiago pereira Campos, "Justice Systems in Latin America: The Challenge of Civil Procedure Reforms", *Legal Information Management*, 2015, Vol. 15 (No. 2), p. 96.

〔3〕 Santiago pereira Campos, "Justice Systems in Latin America: The Challenge of Civil Procedure Reforms", *Legal Information Management*, 2015, Vol. 15 (No. 2), p. 96.

〔4〕 Santiago pereira Campos, "Justice Systems in Latin America: The Challenge of Civil Procedure Reforms", *Legal Information Management*, 2015, Vol. 15 (No. 2), p. 96.

社会原因的话，在诉讼中的诉讼迟延、司法资源的浪费却更主要是司法内部资源的配置问题。为了解决这一难题，世界范围内诸多国家自 20 世纪 70 年代开始进行司法改革，其中，优化司法资源的有效配置、提高司法裁判的效率、保障诉讼迅速而有条不紊地进行成为法官的任务，亦是法官诉讼指挥权形成之主要功能。

（二）国内研究的现状与发展

1. 诉讼模式的现状与发展

就我国目前诉讼制度的发展，是继续以当事人主义诉讼模式为发展方向，还是随着诉讼社会化发展，是一个需要回顾并反思的问题。实务者认为这是纯粹的理论问题，故而将其束之高阁而置之度外；理论界在 21 世纪初也曾有热议，但各抒己见，未有共识。张卫平教授认为诉讼模式把握着诉讼制度的发展方向，因此无论社会如何发展，都应该有一个理论上清晰的定位。他认为，世界诉讼制度的发展走向融合，但是民事诉讼现代化依然应该是当事人主导型的诉讼模式。[1]

关于研究诉讼模式的意义所在，张卫平教授在《诉讼体制或模式转型的现实与前景分析》一文中谈到，诉讼体制和模式是一个隐身于具体制度背后的抽象框架，不仅是诉讼制度的基础，更涉及制度顶层问题。其在具体的立法、司法以及诉讼过程中发挥着直接和内在的作用，而只有人们在追究问题的深层原因、涉及顶层结构时，才去发现并研究。[2]刘哲玮教授在《论民事诉讼模式理论的方法论意义及其运用》一文中提出"评价一个学科是否成熟，不仅要从学科内部分析其体系结构是否完整充实，还应从外部来考察该学科对其他相邻学科和上级学科的贡献度"，[3]即该学科是否具有"溢出效应"。他认为，中国民事诉讼发展时，真正走出学科的藩篱，成功溢出到学科外部的并不多见，而诉讼模式理论堪称有此殊荣。

王福华教授认为，尽管当事人主义与职权主义两大诉讼模式的划分俨然成为中国法学界的定见，但却未必代表着诉讼模式就此成为一个重大理论问题。实际上，在中国民事诉讼立法过程中诉讼模式理念从未成为框架设计的

---

〔1〕 张卫平："诉讼体制或模式转型的现实与前景分析"，载《当代法学》2016 年第 3 期。
〔2〕 参见张卫平："诉讼体制或模式转型的现实与前景分析"，载《当代法学》2016 年第 3 期。
〔3〕 刘哲玮："论民事诉讼模式理论的方法论意义及其运用"，载《当代法学》2016 年第 3 期。

参考，注重解决实际问题，而非在诉讼模式上选边站队，是中国民事诉讼立法的一个逻辑。[1]

关于协同主义的概念以及理论发展，学者姜世明言："协同主义是在民事诉讼中，不绝对强调辩论主义，由法官和当事人协同完成诉讼资料搜集，以发现案件真实。"[2]我国最早提出协同主义民事诉讼模式的是田平安教授。其在《试论协同型民事诉讼模式的建立》一文中提出，我国诉讼模式的发展方向，应该是当事人与法官的诉讼权利和诉讼义务协同发展方向，既要保护当事人的处分权和辩论权，又要以法院职权作用来限制和避免当事人权利滥用、诉讼迟延和高成本诉讼资源消耗。[3]2009 年，熊跃敏、周静在《诉讼程序运行中当事人与法院的作用分担论略——以协同进行主义为视角》中，对诉讼指挥权的概念、内涵，以及与协同主义的关系，与当事人诉讼促进义务的配合以及诉讼契约等进行了分析和论述。其认为，在程序保障中，当事人进行主义呈现出自由主义的局限性，存在当事人滥诉程序权利。职权进行主义的优势在于能够保障程序的顺利进行，实现了当事人的实质平等。但职权进行主义的过度运行容易造成当事人权利受限。为此，对当事人与法院的作用分担予以调整，强调当事人与法院在程序运行层面的协作，即所谓的协同进行主义。[4]

无论是熊跃敏教授于 2012 年创作的《民事诉讼中的协同主义：理念及其制度构建》，还是唐力教授的《辩论主义的嬗变与协同主义的兴起》，对"协同主义"的分析和论证的结果依然是协同主义并非一种新的诉讼模式，而是对辩论主义的修订，其主要的作用在于对于当事人搜集和提交证据方面，法官以释明的方式进行协助，不仅能够保障当事人诉讼权利的实质平等，也有助于法院发现案件真实，并且起到避免裁判突袭的功能。肖建华教授认为协同主义是中国民事诉讼的发展方向，它通过确保法官权力运用与责任强化，与当事人实现充分沟通与协作，使法官和当事人在事实发现、程序促进等方

---

〔1〕　王福华："民事诉讼的社会化"，载《中国法学》2018 年第 1 期。

〔2〕　姜世明："民事诉讼法总论"，载《月旦法学杂志》1995 年第 23 期。

〔3〕　田平安、刘春梅："试论协同型民事诉讼模式的建立"，载《现代法学》2003 年第 1 期。

〔4〕　参见熊跃敏、周静："诉讼程序运行中当事人与法院的作用分担论略——以协同进行主义为视角"，载《江海学刊》2009 年第 3 期。

面共同推进民事诉讼程序。[1]

笔者认为，关于诉讼模式的发展问题，虽然是理论上的概念，但是正如张卫平教授所言，其支撑着诉讼立法的构造和顶层设计，重要性自不待言。但是实务界置之度外，立法层面也未加重视，导致诉讼模式理论因缺乏实践而无法形成支撑诉讼构造的成熟理论，也使得其研究价值大打折扣。当前，我国在立法层面缺乏明确的诉讼模式理论支撑。从《民事诉讼法》的修改历程来看，出现了混装现象：既有当事人诉权保障的逐步完善，也有当事人义务性的规范；既有协同主义的身影，也有职权主义的保留。由于诉讼模式的定位不清，诉讼构造中各种制度未能体现出一种融洽的、稳定的平衡状态，当事人诉讼权利与法院诉讼指挥权之间的作用分担就显得混乱、交叉和边界不清。

由于近年来我国司法实践中长期受到当事人主义诉讼模式转型的影响，保障当事人诉权的意识空前高涨，实践中存在着滥诉现象；而由于我国法官借鉴英美法官的消极被动性，庭审中少释明、裁判上少说理、判决后即告知当事人寻求下一个救济途径，已经成为实践中法官的一种常态化审理状态。这种当事人权利滥用、法官消极淡漠的现象，不仅造成了当事人不断寻求救济途径、生效的判决长期处于不稳定状态，也极大地损害了判决的稳定性和司法权威。近几年虚假诉讼层出不穷，这一现象的发生与立法构造中诉讼模式不明、司法实践中法官怠于行使职权均有一定的关系。笔者认为，定位一个具有明确方向的、逐步完善的诉讼模式，不仅为立法层面的构造和设计提供理论模式，也有助于司法实践中法院与当事人之间的作用分担与协作，而法院与当事人之间如何进行作用分担、如何既协同对话又相互制约，即是法院诉讼指挥权的内容。

2. 诉讼指挥权的现状研究

从我国民事诉讼的发展来说，诉讼指挥权不是一个本土产生的概念。其原因在于：我国早期民事诉讼模式是一种典型的职权主义模式，由于职权主义下法官的职权性极强，可以干预到诉讼程序中的任何方面，因此法官的诉讼指挥权淹没在法院职权之中，没有产出以及概念化的必要。而在诉讼模式逐渐向当事人主义转型期间，当事人的作用在逐渐强化，法院的职权作用在慢慢限缩，在这种当事人主义与职权主义的混合与交叉状态下，虽然理论上

---

[1] 熊跃敏、张伟："民事诉讼中的协同主义：理念及其制度构建"，载《法治研究》2012 年第 1 期。

有诉讼指挥权的生存空间，但与我国诉讼模式的发展有所径庭。

由此可见，诉讼模式的发展变化即意味着诉讼指挥权的权限、内容的收缩和扩张。在完全职权主义诉讼模式中，诉讼指挥权没有必要单独进行剥离；在完全当事人主义诉讼模式中，也没有诉讼指挥权的生存空间；而只有在职权主义与当事人主义诉讼模式的交叉变化之中，法院诉讼指挥权才得以产生。基于与诉讼模式发展变化的关系，各国诉讼指挥权的概念和作用，其内核尚可定位，但外延却是一个变量，与诉讼模式、国家的历史发展、法律制度、文化背景等密不可分。

在我国，专门论述法院诉讼指挥权的文章不多，2000 年初，基于我国诉讼模式向当事人主义转型发展期，少有以诉讼指挥权为题的文章出现。2006年，肖建华教授在《从辩论主义到协同主义》一文中引出诉讼指挥权的概念，认为诉讼指挥权是协同主义内容中的重要部分。2009 年，熊跃敏、周静在《诉讼程序运作中当事人与法院的作用分担论略——以协同主义为视角》一文中亦从协同主义视角论述了诉讼指挥权既是一种权力，也是一种责任，既包括实体性诉讼指挥权，也包括程序性诉讼指挥权。诉讼指挥权在诉讼中与当事人的诉讼权利和诉讼义务相互协同、相互制约，共同推进民事诉讼进程。[1]

以诉讼指挥权为题的文章是 2016 年王亚明博士发表的《诉讼指挥权的实证分析及理性探讨》，其认为，我国民事审判改革基本上确立了当事人主导的诉讼构造，但是与时俱进地看，诉讼模式应该是个人主动性与法官适当程度控制之间的关系的平衡把握。强调在尊重当事人诉讼主导权的基础上，强化法院对诉讼的指挥权。王亚明博士认为，我国文化传统和诉讼心理是愿意法官在诉讼过程中作为"主持公道者"角色，而不是法官在诉讼中的消极被动，并指出我国司法实践中法官在庭审中诉讼指挥意识不强、能力不足，不仅不利于庭审顺利进行，也不易获得当事人对裁判的认同，并建议明晰法官诉讼指挥权的内容，强化实务中对法官庭审的考评，提高法官庭审驾驭能力。显然，王亚明博士认为诉讼指挥权是指在庭审中法官驾驭庭审的各种权能。

---

〔1〕 参见熊跃敏、周静："诉讼程序运行中当事人与法院的作用分担论略——以协同主义为视角"，载《江海学刊》2009 年第 3 期。

何德平在《论诉讼指挥权》中从整体性角度对诉讼指挥权进行了研究，他认为民事诉讼指挥权是一个可以指向除法院终局判决以外的法院全体诉讼行为的一个概念，并提出法院（法官）民事诉讼指挥权的行使在外观上即表现为法院除裁判外的诉讼行为。[1]

由此可见，诉讼指挥权行使的范围应定位于整个民事诉讼过程中。首先，无论诉讼指挥权是保障诉讼程序的顺利进行，还是为当事人实体性权利的有效行使，并不仅仅是指诉讼中的某个环节，而是整个诉讼过程。其次，诉讼指挥权是伴随着当事人主义诉讼模式的修订而产生的概念，其以强化法院职权来提高诉讼效率、协助当事人发现真实。在诉讼制度中具体化为释明权、询问权、当事人真实义务和讨论义务等内容。因此，何德平博士将诉讼指挥权定位为除法院终局判决外的所有诉讼行为，虽在行使范围上并无不妥，但在内容上容易混淆与法官审判权的关系。笔者认为，二者并不重合。诉讼指挥权属于司法权范畴，其与法院审判权的关系问题，也是本书要分析的一个基础性问题。

我国民事诉讼制度中尚没有诉讼指挥权的概念，但是立法中并非没有诉讼指挥权的内容，司法实务中法官也在不知不觉中行使着诉讼指挥的权力和职责。但是由于没有清晰的概念和制度，司法实务中法官职权行使的强弱性会有诸多不规范之处。普遍存在着两个方向的偏颇：一是缺乏程序意识，这与我国重实体轻程序相伴而生。表现为重审判，轻诉讼指挥。宁愿将裁判的理由写在裁判文书上，而不愿在诉讼过程中与当事人进行沟通和交流。即使我国目前实行裁判文书上网、庭审直播，依然没有引起对庭审中法官诉讼指挥权的重视。这种类型的法官是片面地吸收了英美法系中法官的消极被动性，认为只要不说话就不会错。多说多错，少说少错，不说不错。这造成了当事人对法官因不沟通变得不理解，因不理解而产生猜疑，最终形成对裁判文书的不认同。二是仍有部分法官带有"纠问式"审理方式。整个开庭审理中忽略以当事人为中心的庭审构造，忽视当事人双方辩论，而是以直接询问的方式跟当事人进行问答式单向交流，强制当事人按照法官的思路去回答问题。这种强职权主义思想和职权行为当前虽然已不多见，

---

〔1〕 何德平："论诉讼指挥权"，载张卫平主编：《民事程序法研究》（第2辑），厦门大学出版社2006年版，第147页。

但是司法实践中依然存在，在这种超职权主义行为下，讨论诉讼指挥权即没有了意义。

（三）诉讼制度的发展与诉讼指挥权功能之扩展

研究诉讼指挥权，首先要分析诉讼机制或诉讼模式。因为诉讼模式不仅决定着诉讼指挥权的内容和范围，而且把握着诉讼制度的发展方向。当前，诉讼制度朝着两个方向发展，诉讼指挥功能也呈现出扩增趋势：一是随着多元化纠纷解决机制的建立，诉讼的路径开始多元化发展。除了将部分纠纷转移到社会上的解纷机构来消化和解决，在法院内也尝试多元路径化解纠纷。诉讼指挥权的功能也在促进审判之外趋于多元发展。二是随着社会自由主义的逐渐衰落，诉讼社会化发展不仅增加了诉讼的类型，法院的社会功能亦开始强化，法院在解决私益纠纷之外，也同时要肩负起社会服务功能。诉讼指挥权的功能进一步扩大。

1. 诉讼功能多元化对诉讼指挥权的影响

从社会和民众角度来看，社会纠纷的增多，反映出民众法律意识的增强，也是社会对"司法"期待增高的表现。但是法院的回应似乎脱离了民众期待的方向，司法改革向着多元化纠纷解决的路径发展，审判的功能在扩大，诉讼的工具价值凸显。日本田中成明教授及我国傅郁林教授认为，现代法体系的功能正在逐步由谦抑与规制向能动与促进方向扩大，这是欧美国家"法治化"过剩时采取的战略。我国正在由职权主义向当事人主义转型，处于法治化进程中，而德国和美国已经呈现出一种"去法化"的发展趋势。我国在这种正在完善的法治背景下借鉴欧美国家这种"法化"过剩背景下的"去法化"制度，这种借鉴与本土化的契合需要多方面的利弊分析。

法的本质决定司法制度的形态必然呈现多元化特征，没有一种放之四海而皆准的司法制度。[1]习近平指出："一个国家实行什么样的司法制度，归根到底是由这个国家的国情决定的。评价一个国家的司法制度，关键看是否符合国情、能否解决本国实际问题。"[2]任何制度的借鉴最终还是会落到本土化

─────────────

〔1〕　郭彦："走出西方话语体系禁锢：比较法视野中的人民司法制度基本原则研究"，载《法律适用》2022 年第 5 期。

〔2〕　习近平："加快建设公正高效权威的社会主义司法制度"，载习近平：《论坚持全面依法治国》，中央文献出版社 2020 年版，第 59 页。

问题。诚然，我国有着权力本位的政治文化，也有着调和纠纷的社会传统，多元化纠纷解决机制的建立，在法院内部同样带来的问题是法官的审判权和调解权问题。毕玉谦教授认为，审判体现的是法律至上，强调的是社会法治化条件下法律的实施与法效的实现，其追求的是法律上的正义，具有理想主义色彩。调解追求的是社会利益的包容性与交涉的现实性、妥协性，具有现实主义色彩。[1] 显然，调解与审判不仅程序运作不同，实现法的价值亦不同。尽管在我国赋予法院作出的调解书与判决书别无二致的既判力和执行效力，[2] 但是调解的结果化解了纠纷，却并未实现社会正义。

通过诉讼解决纠纷，在解纷同时实现正义的价值。以非诉方式解决纠纷，虽无关正义，但方式多样且灵活。显然，当法院以解决纠纷为主要功能时，审判并非唯一确定的方式。随着诉讼功能的扩大，法院基于不同诉讼功能和实现诉讼价值所展现的不同解决纠纷的方式，仅仅以审判权和调解权无法涵盖，这为民事诉讼指挥权的产生提供了空间。

2. 诉讼社会化发展对诉讼指挥权的影响

米夏埃尔·施蒂尔纳在其所编的《德国民事诉讼法学文萃》一书中谈到，诉讼模式的发展、从自由的民事诉讼向社会的民事诉讼的转变、法院职权性的强化已经严重地威胁到了辩论主义原则。20 世纪 60 年代之后的意大利学者卡佩莱蒂从接近正义（access justice）的角度重新阐释了社会化民事诉讼概念，国家担负的社会责任、司法的实效性被强调。[3] 20 世纪 90 年代，日本学者棚濑孝雄在其《纠纷的解决与审判制度》中分析了国家由"夜袭警察"向"福利国家"的转变。谷口安平在《程序的正义与诉讼》中提出，"法官乃述法之机器"这一观点退居幕后，取而代之的是要求国家的积极活动并使之正当化的福利国家理念的抬头。[4]

随着社会的发展，人类的行动和关系正在呈现一种集体性的非个人性特征，一种团体的、超个人的社会权利义务反映到国家法律制度层面，出现了国家干预的新型社会权利。例如，社会保障权，环境健康权，免受大规模金

---

〔1〕 毕玉谦等：《民事审判与调解程序保障机制》，中国政法大学出版社 2015 年版，序言第 1 页。

〔2〕 参见毕玉谦等：《民事审判与调解程序保障机制》，中国政法大学出版社 2015 年版，第 70~71 页。

〔3〕 王福华："民事诉讼的社会化"，载《中国法学》2018 年第 1 期。

〔4〕 ［日］谷口安平：《程序的正义与诉讼》（增补本），王亚新、刘荣军译，中国政法大学出版社 2002 年版，第 68 页。

融、商业甚至政府的压迫和欺诈权等。基于此，摒弃个人主义、自由放任主义的诉讼观，新型社会的、集体的、分散的权利和利益才能得以维护。〔1〕上述新型诉讼最突出的特征，即是法官必须在监控和监督诉讼程序方面发挥积极的作用，比如集团诉讼进行中的公共利益远远大于普通民事诉讼中的公共利益。维护未出庭的集体成员的利益，维护公共利益，正是法院的职能。〔2〕

从两大法系诉讼指挥权的产生阶段分析，诉讼指挥权主要是针对当事人主义诉讼模式中出现的诉讼爆炸、诉讼成本提高、诉讼资源浪费等弊端，因此，诉讼指挥权的正当性主要是为了提高诉讼效率，降低诉讼成本，实现当事人诉讼权利的实质平等；而小额诉讼制度、多元化纠纷解决机制在诸多国家开始尝试和探索时，法官行使的职能似乎与审判无关，其灵活的、突破正当程序的方式不仅使我们进一步反思诉讼指挥权的内容和范围，更要重新定位法院诉讼指挥权与审判权的关系；而在诉讼社会化发展的进程中，法院维护社会秩序、提供公共服务的功能显得越来越重要。民事诉讼发展的方向与其说是扩张了诉讼的功能，毋庸说是扩充了法院的诉讼指挥职能。

三、研究意义与创新

法院以审判权的行使担当着民事纠纷解决的主要功能。但是近年来，随着民事纠纷迅猛增长、诉讼拖延以及资源浪费等现象层出不穷，使得法院的审判权早已无法维持其最后一道社会防线功能，甚至于冲锋在前亦无法抵挡蜂拥而至的民事案件。当前，多元化纠纷解决机制的建立已经在分流法院的审判压力，而如何使得纠纷高效、高质解决，已然是当前法院面临的最为重要的课题。两大法系诉讼模式的发展方向以及强化法院职权的做法，于理论和实践皆值得我国参照和借鉴。如果说，诉讼模式太过宏大深邃，与实务相距甚远，〔3〕那么诉讼指挥权的概念不失为一个衔接诉讼模式理论与实务操作者之间的中层概念。本书从诉讼指挥权这个中层概念出发，跳出宏观理论研

〔1〕　［意］莫诺·卡佩莱蒂：《比较法视野中的司法程序》，徐昕、王奕译，清华大学出版社2005年版，第372~373页。
〔2〕　［意］莫诺·卡佩莱蒂：《比较法视野中的司法程序》，徐昕、王奕译，清华大学出版社2005年版，第413页。
〔3〕　刘哲玮："论民事诉讼模式理论的方法论意义及其运用"，载《当代法学》2016年第3期。

究的空洞性，也避免从实务出发缺乏系统性，通过诉讼指挥权的构架，将诉讼模式理论与司法实践有效衔接，是笔者创作本书的意义所在。

（一）研究意义

不同国家不同的诉讼制度，在当今时代出现了类似的纠纷现象，亦出现了相同诉讼模式的发展方向，即因出现共性问题使得解纷方式走向趋同。对于我国民事诉讼制度发展来说，无论是法院职权的强化，还是多元化纠纷解决方式，既是对当事人主义诉讼模式的挑战，也是对法院审判权的扩大。因此，借鉴并研究法院的诉讼指挥权，既有理论上的方向性，又具有立法和实践上的指导意义。

第一，我国自 20 世纪 90 年代审判方式改革，明确了我国诉讼模式由职权主义向当事人主义过渡和转型，虽然经过 20 余年的转型，但是立法中当事人主义诉讼模式的转型由速到缓，至目前诉讼制度中依然保留了部分职权主义条文，在立法中呈现出诉讼模式的混乱现状，导致了司法实践中法官职权作用随意性较大，甚至是一种缺失和滥用状态。因此，梳理出诉讼指挥权的内容和范围，有助于司法实践中法官在诉讼程序中职权作用的正确、适当行使，亦达到规范当事人诉讼权利的功能。笔者认为，立法的渊源既来自理论的指导，又来自实践的探索，诉讼指挥权即是这样一个中观概念，衔接起诉讼模式与司法实践。

第二，公正与效率早已作为我国司法实践中审理案件的目标追求，需要说明的是，公正不是法官自说自话，而是人民群众心中的感受。如何实现这一目标，法官应做到以下两点：一是深刻理解公正与效率的实质内涵，以人民群众感受到的公平正义为目标，高效司法；二是将这一目标和意识落实在案件的审理过程中，以人民权益是否得到保障，公平正义是否得以实现为检验标准。而这种意识和行动的结合即为法官在整个诉讼过程中运用其诉讼指挥职责起到促进诉讼的作用。所谓知行合一，才能实现法律效果、社会效果和政治效果的有机统一。

我国自 2009 年开始，最高人民法院推进司法公开，对审判流程、裁判文书、执行信息等进行全方位司法公开，不仅是法院打开大门接受民众广泛监督的过程，更是将法官的形象、裁判的过程全方位展现给民众。但是民众看到法院是以什么样的形象展示其公平公正？笔者认为，法院（法官）诉讼指挥权的正当、充分行使，是一种最好的司法阐释方式。

第三，司法实践中案件数量的猛增使得法官疲于结案，而少于考虑纠纷的一次性解决。这使得当事人一旦进入诉讼即进入一个无限循环的怪圈，导致了司法资源的浪费，也引发了当事人的不满。当下，诉讼程序的设立是立法对诉权的保障，而是否要将诉讼程序用尽，却与法院的释明权有关。诉讼指挥权的有效行使，使得大多数当事人能够在诉讼中对诉讼程序的公正性以及裁判结果的正当性表示理解和认同，使得诉讼的每一个程序都可能成为终结诉讼的节点。因此，法院诉讼指挥权研究不仅是立法上体系化构建问题，还在弥补诉讼制度缺陷、诉讼资源的有效使用、增强当事人对裁判的认同性方面实践上意义重大。

第四，虽然职权主义诉讼模式已被历史潮流淹没，但是法院在诉讼中发挥一定的职权作用是法院司法权的应有之义，也是当事人诉讼权利得以实现、诉讼程序顺利进行的有效保障。这既符合时代发展，也与我国传统文化和社会制度不悖。但是，如何在我国去职权化的过程中将法院的诉讼指挥权能进行收集并系统化，实现其具有本质属性及现实意义的权力和职责功能？这是需要进一步探讨的问题。

第五，目前我国在以纠纷解决为目的的情形下，开始了纠纷解决机制的多元化发展，诉讼指挥权在这一机制下应如何调整和发展；而在诉讼发展的社会化方向下，新类型案件下法院的社会公共意识的强调，极有可能导致诉讼指挥权功能的进一步扩大。

当前，我国民事诉讼案件面临着诉讼爆炸、当事人对裁判认同性低、司法资源配置的低效甚至无效、纠纷解决的拖延甚至久拖不决等诸多问题，比较并借鉴两大法系中诉讼指挥权的范围、内容和功能，结合我国历史发展、社会背景以及司法现状，从法官的中立性出发，保障程序公正且顺利进行，是法院程序性诉讼指挥权的体现；从纠纷解决并获得当事人对裁判认同的要求出发，要求法官在庭审中进行心证公开，是实体性诉讼指挥权的实现；从维护社会秩序及政策引导功能出发，法院的诉讼指挥权功能亦应得到进一步延伸和扩张。

（二）创新性

诉讼指挥权是一个外来的概念，因此，引入它本身就是一种创新。虽然在 21 世纪初我国已经出现了对这一概念的分析文章，但是仅仅是一个学术探讨。笔者将这一概念作为一个法律概念借鉴并引入我国诉讼法制度之中，并进行体系化构建，是本书最有价值的创新。

1. 诉讼指挥权作为一个法律概念引入我国的意义

首先，在诉讼指挥权的属性方面，诉讼指挥权是法院的专属权利，既具有司法的公权属性，又具有解决纠纷的社会属性。在其与司法权、审判权的关系中，有学者认为诉讼指挥权仅指庭审期间的指挥权，也有人将其定位于整个诉讼过程中；有的认为其与审判权是包含关系，也有的认为诉讼指挥权的范围是审判权之外的法院职权。笔者认为，诉讼指挥权是一个外来概念，21 世纪初我国学者已经将其引入法学领域进行研究。本书引入这个概念的重要意义并非作为学术探讨，而是作为一个法律概念予以借鉴，因此，诉讼指挥权的内涵、属性，其与司法权、审判权等的关系，是本书首先要回答的基础性问题。其次，司法具有被动性，但是所谓的"诉讼指挥"，顾名思义，必然具有主动性特征，因此诉讼指挥权的主动性与司法被动性的关系，是对诉讼指挥权本质和特征的分析。最后，法官无论以何种权力或职责裁判案件，中立性应属于其本质属性，但是在法院调解案件时，其以解决纠纷为目的的灵活调解方式是否突破了中立性，调解权与诉讼指挥权的关系也是本书探讨的内容。

在我国由职权主义向当事人主义转型过程中，在法律制度和司法实践中仍然存在着职权主义的踪迹。这些职权性条款保留的正当性何在？应予保留还是摒弃，其与诉讼指挥权本土化如何接洽与融合等内容，亦是本书对我国目前诉讼模式定性的基础。

2. 将诉讼指挥权进行多角度分类

本书中，笔者根据诉讼指挥权的目的、权力属性等进行了分类：根据目的的不同将其分为权利保障型诉讼指挥权、程序推进型诉讼指挥权、防止裁判突袭型诉讼指挥权；根据案件的不同要素将其分为指向当事人的诉讼指挥权、指向案件的诉讼指挥权以及指向诉讼程序的诉讼指挥权；依据诉讼指挥权的权属性质将其分为权力性诉讼指挥权、职责性诉讼指挥权、协同性诉讼指挥权。上述分类不仅使得人们对诉讼指挥权有一个全方位的分析认识，更有助于人们对诉讼指挥权的理解和实际操作。例如，对于诉讼指挥权是权利、职责还是义务，不同的国家有着不同的定位。笔者在本书中依据诉讼指挥权的权力来源、性质和作用不同，将其分为权力性诉讼指挥权、职责性诉讼指挥权、协同性诉讼指挥权，并认为，依据自由裁量而发挥的协同性诉讼指挥权，在诉讼中发挥着重要作用。

3. 裁判方式与诉讼指挥权的关系分析

诉讼模式的构造与裁判的方式有关，也就是说与实体法相关联。[1]在普通民商事案件中，以当事人主义诉讼模式推进诉讼进程，尤其是案件以裁判方式作出，法官以其中立性来保障裁判的公正。但是如果是以调解或当事人和解结案，此时对法官的中立性要求、当事人的诉讼能力平等性要求就会小得多。李木贵教授言，现在民事诉讼观念，不再是纯粹的辩论主义，有协同主义之渗入。[2]但是协同主义的加入未必否定辩论主义原则，而是基于不同的裁判方式中，"对话"还是"对抗"发挥着不同的作用。因此，辩论主义中兼容协同主义，"对话"与"对抗"并行，也许才是中国民事诉讼模式的发展方向。

4. 诉讼类型与诉讼指挥权的关系分析

现代诉讼的发展方向，不仅带来了审判组织的专业化，审判专门化也是当前世界诸多国家的发展趋势，如家事法院、劳动法院、非诉法院、小额诉讼法院等专门化法院的设立，其中最主要的原因来自两个方面：一是对法官专业化的考虑；二是针对不同类型的案件，法官体现的职权性强弱不同。例如，对于一般商事案件，基于双方条件、地位相对平等，法官在审理中发挥诉讼指挥权的空间不大，但如果是家事案件、邻里纠纷、民间借贷等传统民事案件，法官仅仅依据严格的证据规则、平等给予权利保障，审判的效果也许不尽如人意。而对于大规模侵权类案件、公益诉讼等，法院基于社会公共利益的维护，指挥作用强化是其职责所在。目前，我国设立环保法庭、互联网法院，以及最近正在起草的家事程序法等，都体现了在不同的案件类型中，诉讼指挥权的作用不同。

5. 诉讼社会化发展与诉讼指挥权功能的扩展分析

随着自由主义社会的衰落，民事诉讼制度的社会化发展，已在两大法系

〔1〕〔日〕中村宗雄、中村英郎：《诉讼法学方法论——中村民事诉讼理论精要》，陈刚、段文波译，中国法制出版社2009年版，第32页。

〔2〕李木贵：《民事诉讼法》（上），元照出版有限公司2007年版，第63页。

显示出强劲的势头。法院的职权作用强化，不仅体现在法院在纠纷的解决方式上灵活主动的作用，还体现在法院对社会秩序的维护、司法实效性及追求社会价值的责任开始被强调。站在社会整体的角度，民事诉讼制度的公共性越来越得到重视。艾伦·乌泽拉克（Alan Uzelac）在其主编的《现代司法制度中的民事程序与民事司法的目标》中言道，"当前世界各地民事司法的目标介于两个极端：解决冲突的目标和政策执行的目标。虽然解决冲突的目标常常被描述为通过提供可执行的判决来权威地确定权利，但政策执行目标的表达方式却不尽相同，从维护社会秩序到证明私法的有效性，再到私法的发展和统一适用"。[1]

从上述分析可见，本书的创新性在于将法院的诉讼指挥权作为一个法律概念引入我国民事诉讼制度中，并尝试对其进行体系化构建。因此，本书首先将其与法院审判权的关系作出区分，对其内涵及特征详细描绘，并对其内容进行尝试性构建，以及对功能价值随着社会发展的扩张性作出分析。本书的另一个创新在于，诉讼指挥权是一个介于理论和实践之间的中层概念，将其体系化有利于构建出一个我国民事诉讼理论和实践的重要的桥梁，从而将诉讼模式理论与我国立法、司法进行有价值的衔接。

任何一种制度的设立最终都需要救济制度来完善，对于如果法院滥用诉讼指挥权，或者指挥不当造成当事人侵害，如何寻求救济，本书并没有过多的涉猎。其原因有三：其一，本书是对我国诉讼指挥权的一个构想和制度初步建立的尝试，尚未达到完善的程度；其二，我国当前司法权威不高，法院行使诉讼指挥权在某些方面还非常消极，如果对其指挥不当给予一些法律后果，则更不利于法院诉讼指挥权的正当行使；其三，社会信任体系未建立，尤其是在司法中，民众对司法不满超过了期待。因此，建立诉讼指挥权的救济制度，是诉讼指挥权制度完善阶段予以考虑的问题，而目前本书研究的阶段还处于一个探索和初建阶段。

四、研究方法与写作思路

随着社会飞速发展，社会政治和社会组织开始呈现扩大化、繁杂化现象，

---

〔1〕 Alan Uzelac, *Goals of Civil Justice and Civil Procedure in Contemporary Judicial Systems*, Springer International Publishing, 2014, p. 337.

使得制度的发展亦变得多元化。[1]因此，创新性研究任何学科的问题，既要有多维的角度，也需要从多元的路径进行。本书研究诉讼指挥权，笔者从诉讼模式的发展着手，通过历史研究、比较研究、辩证分析、实证分析等方法，对诉讼指挥权的形成与发展、正当性基础、借鉴的价值和意义等进行了系统分析，并尝试在我国进行诉讼指挥权内容构建。在诉讼指挥权运行之下，法院的职能不再仅仅是审判的作用，而更多地以程序参与者角色介入其中，扮演着不同的角色，承担着多元功能。

（一）比较分析

我们生活在一个以跨越国家边界的文化和经济运动为首要特征的时代。这种国际主义体现在对比较法的兴趣前所未有的增长之中；[2]体现在法学领域，在探求各国法律制度的共同因素以及普适价值中，通过与本国实际相结合，探寻和整合一种不仅适合于本国实际，且对世界具有普遍价值的一种制度或方法。比较法研究无论在法学研究还是在制度创设中，都是一种重要的研究、学习和借鉴的方法。本书针对两大法系当事人主义诉讼模式的发展、协同主义的提出、法院职权性回归等历史发展和法系、国家诉讼制度的比较，阐述和分析不同的社会背景、历史时期、法治发展状况下理论的发展，从而达到汲取他国之长，探索构建符合我国国情的诉讼指挥权制度。

（二）体系化研究

"学术适于方法，终于方法。学术者，非知识简单罗列，乃知识体系化是也。"[3]诉讼指挥权并非现有的一种制度，而是诉讼模式下法院职权性分工范围。在不同国家，不同社会发展阶段因诉讼模式的转变而使得法院的职权范围成为一个变量。并且，诉讼指挥权作用于整个诉讼程序中，其零散地分布以及权力、义务的混合属性，使得将其作为一种制度构建，进行体系化研究至关重要。笔者从社会发展、历史和现状比较以及司法实务并结合法理学等

---

[1] 参见［日］中村宗雄、中村英郎：《诉讼法学方法论——中村民事诉讼理论精要》，陈刚、段文波译，中国法制出版社 2009 年版，第 2~3 页。

[2] ［意］莫诺·卡佩莱蒂：《比较法视野中的司法程序》，徐昕、王奕译，清华大学出版社 2005 年版，第 160 页。

[3] ［日］中村宗雄、中村英郎：《诉讼法学方法论——中村民事诉讼理论精要》，陈刚、段文波译，中国法制出版社 2009 年版，序言第 1 页。

进行制度搭建和理论构造，希望将分散的议题和一些诉讼制度进行系统研究，从而在各项目之间发现内在逻辑与层次体系。

每个体系都是"透过研究个别问题所获至认识状态的概括总结"。因此，体系必须维持其开放性。[1]本书对于诉讼指挥权的研究，伴随着诉讼模式的发展，其内容亦呈现多样发展和开放趋势。

（三）实证研究

理论是清晰且符合逻辑的，而实践经验则常常是模糊而不符合逻辑的，因此，二者之间可能是相对的，也可能是背离互动，或充满张力和矛盾的。[2]但是理论的价值不在于如何清晰、富有逻辑，而在于实践的可操作性，因此将抽象的理论进行实证研究，使其与实践相结合，才能实现理论真正的价值。

以问题为指向、以关注制度实际运行状况为主要特征的法律实证研究，与其说是某种特定的研究方法，毋宁说是法学研究中应当普遍奉行的学术态度。[3]当前，我国诉讼模式无论在立法还是实务中，均属于一种模糊状态。理论的模糊无法给予立法清晰的指导，从而导致诉讼中法官权力运作的缺失和滥用。因此，本书研究的首要意义在于厘清我国诉讼模式的现状及发展，为司法实务提供明确的理论依据。梳理出诉讼指挥权在诉讼程序各个环节的作用，并对法院诉讼指挥权的内容与审判权的关系做出创新性解读。笔者将结合司法实务、典型案例对上述几个实务中存在的问题进行研究，最终写作的目的不仅是进行理论性研究，也希望为我国立法提供有价值的建议。而笔者作为实务工作者，更希望取之于实务，用之于实务。

---

〔1〕 ［德］卡尔·拉伦茨:《法学方法论》，陈爱娥译，商务印书馆 2003 年版，第 45 页。

〔2〕 ［美］黄宗智:《实践与理论：中国社会、经济与法律的历史与现实研究》，法律出版社 2015 年版，导论第 1 页。

〔3〕 傅郁林:"追求价值、功能与技术逻辑自洽的比较民事诉讼法学"，载《法学研究》2012 年第 5 期。

第一章

诉讼指挥权概述

第一节　诉讼指挥权的定义

自 20 世纪初以来，随着社会的发展，以当事人主义为主导的民事诉讼构架在两大法系中均出现了不同程度的弱化，法院的职权性以诉讼指挥的方式得到了不同程度的增强。一种以法院职权性介入来限制和调整当事人意思表示和诉讼行为的诉讼指挥权概念在大陆法系形成。正如意大利的莫诺·卡佩莱蒂言："我们迎接时代挑战的最好方式，并非坚持古老的自由主义的诉讼模式，而是力图平衡当事人个人主动性与法官适当程度控制之间的关系。"[1]诉讼指挥权产生即是以法院职权性介入达到限制当事人主义诉讼模式中处分原则和辩论原则的过度行使，从而保障诉讼程序顺利、高效进行。

一、定义及由来

(一) 德国民事诉讼制度发展与诉讼指挥权的形成

诉讼指挥权不是一个简单的概念，亦不是一蹴而就形成的。其相关内容最初产生于 20 世纪初《德国民事诉讼法》中，并在民事诉讼法的不断修订中趋于完善。20 世纪下半叶，又在德国学者提出的协同主义理论构想中得到进一步升华。1909 年，《德国民事诉讼法》修订时作出了由职权进行主义代替当事人进行主义的规定，并针对案件事实的审理明确了法官的讨论义务："在言词辩论中法官应当与当事人就案件情况和争议情况进行讨论，并且致力于

---

〔1〕〔意〕莫诺·卡佩莱蒂等：《当事人基本程序保障权与未来的民事诉讼》，徐昕译，法律出版社 2000 年版，第 137 页。

让当事人对所有重要的事实进行完整的说明和提出有益的申请。"〔1〕1933 年、1976 年《德国民事诉讼法》再次进行修订，不仅规定并完善了法官的释明义务，对当事人真实义务也提出了要求，规定在辩论结果无法证明案件真实时，法官无需考虑证明责任可依职权对当事人进行讯问。由此可见，在德国，诉讼指挥权是一个集合体概念，其不仅表现为一种法院职权，更多地以义务性规范进行要求。法官的诉讼指挥权体现在两个方面：在程序上体现为职权进行主义；在实体方面包括法官释明义务、讨论义务、指示义务以及对当事人的听讯义务等。法院职权强化以及诉讼指挥权的形成使得法官从消极、被动的旁观者角色转变为程序的推动和主导者、辩论的积极参与者、事实查明的协助者，并且目的明确地指向当事人陈述义务的完整履行。虽然并未脱离当事人主义诉讼模式，但是在当事人诉讼权利与法院职权作用之间达成了新的平衡。

（二）《法国民事诉讼法》中的诉讼指挥权

法国在 19 世纪初，受法国大革命自由主义思潮的影响，以"人生而平等"政治哲学为前提，民事诉讼制度透露出对司法的不信赖，以法官消极被动来体现其中立性。〔2〕1806 年《法国民事诉讼法》采用的是当事人主义诉讼模式，主要体现在两个方面：一是诉讼程序的启动主要依赖于当事人，二是法院或法官裁判所依赖的证据资料只能依赖于当事人。〔3〕在 1806 年法国民事诉讼制度中，法官作为旁观者单纯地为当事人双方平等地提供诉讼进攻和防御的"武器"。〔4〕这种当事人绝对性主导诉讼程序的诉讼模式在实施后弊端渐显，司法程序平等保护各方当事人于社会弱势者之不利日渐加剧，并且当事人在诉讼中的过度自由带来了诉讼成本消耗、诉讼迟延等弊端。自 19 世纪末期开始，法国受德国（1877 年）、奥地利（1895 年）、摩洛哥（1913 年）等国的民事诉讼法典强调法官积极作用之影响，开始效仿并逐步强化法官在民事诉讼中的职权作用。1935 年，法国发布了加强法官在民事诉讼中地位和

---

〔1〕［德］鲁道夫·瓦塞尔曼："从辩论主义到合作主义"，载［德］米夏埃尔·施蒂尔纳编：《德国民事诉讼法学文萃》，赵秀举译，中国政法大学出版社 2005 年版，第 362 页。

〔2〕参见姜世明：《举证责任与真实义务》，新学林出版股份有限公司 2006 年版，第 489 页。

〔3〕张卫平、陈刚编著：《法国民事诉讼法导论》，中国政法大学出版社 1997 年版，第 29 页。

〔4〕张卫平、陈刚编著：《法国民事诉讼法导论》，中国政法大学出版社 1997 年版，第 31 页。

作用的法令，规定了法官有权对诉讼进行监督和控制。在之后法国民事诉讼制度的发展中，法官在民事诉讼中的主动性和积极性得到不断加强。

当前《法国民事诉讼法》在首章"诉讼的指导原则"中开宗明义地提出，"法官得要求当事人提供其认为解决争议所必要的法律上的说明"。诉讼指挥权的内容以"法官得要求……"分散在诉讼法条文中。可见，法国法院或法官在司法过程中行使诉讼指挥权之必要性贯穿于民事诉讼程序的整个阶段，运作于民事诉讼程序的动态过程中。如果说民事诉讼中的动态行为是指"能够引起诉讼上的法律效果发生的诉讼行为"，那么法院（法官）行使职权能够引起诉讼上的法律效果的行为才可以被称为诉讼指挥权。[1]

（三）日本民事诉讼中诉讼指挥权的学术定义

日本的民事诉讼制度最初借鉴于德国，在第二次世界大战后效仿美国诉讼制度，但是第二次世界大战后的日本经济发展快，很快发现了当事人主义诉讼模式的弊端，于是在民事诉讼中强化了法官的诉讼指挥作用。日本民事诉讼法将当事人主义与法院诉讼程序指挥的职权主义巧妙融合，形成本国特色的诉讼构架和模式。

日本学者兼子一和竹下守夫在其所著的《民事诉讼法》一书中对诉讼指挥权进行了定义："为了使诉讼审理迅速并充分发挥作用，当然应按法律规定的诉讼程序进行，但还需要法院根据各种场合作出适当的处置。为此，法院所拥有的主宰诉讼的权能叫作诉讼指挥权。"[2]显然，日本学者是从功能角度对诉讼指挥权进行定义，内容方面相对笼统模糊。但可明确两点：一是诉讼程序按照法律规定进行；二是法官根据场合和情景作出适当处置，即诉讼指挥权包括法律的规定，以及法律规定之外的法官自由裁量范畴。

日本学者三月章在其著《日本民事诉讼法》中对诉讼指挥权的定义为："所谓诉讼指挥权，是法院在监督诉讼程序合法进行，谋求完全、迅速的审理，尽快解决纠纷的条件下所进行的活动及其权能的总称。"[3]由上可见，三

〔1〕参见何德平："论诉讼指挥权"，载张卫平主编：《民事程序法研究》（第2辑），厦门大学出版社2006年版，第145页。

〔2〕[日]兼子一、竹下守夫：《民事诉讼法》（新版），白绿铉译，法律出版社1995年版，第69页。

〔3〕[日]三月章：《日本民事诉讼法》，汪一凡译，五南图书出版有限公司1997年版，第199页。

月章教授对诉讼指挥权的定义与兼子一和竹下守夫教授的定义具有一致性，即诉讼指挥权为一项综合性"权能"，其功能和目的是促进诉讼，但是对诉讼指挥权的内容和范围依然未作出较为明确的定义。

日本谷口安平教授则从诉讼指挥权的内容和范围方面给出了定义。他认为，诉讼指挥权是指体现职权进行原则而赋予法官主持程序进行的权限。其内容包括制定和变更开庭审理的日期、宣布延期以宣布终结辩论等。而诉讼指挥权的范围还应包括辩论的分离、限制与合并，以及在证人作证时从证据的关联性方面进行限制的权限。从职权进行主义角度看，法官行使释明权也体现在确保审理顺利进行。[1]谷口安平教授认为诉讼指挥权是一种程序性权力，并以较为具体的列举方式表达了诉讼指挥权的适用范围在诉讼的各个阶段。

从日本学者对诉讼指挥权的定义来看，诉讼指挥权是法院以促进诉讼、尽快解决纠纷为目的所行使的职责和权能。这些职能多体现为一种对当事人的监督、对诉讼程序的管理和指挥。从权力的属性看，职责性和义务性较弱，更多的是以一种自由裁量、灵活的方式进行。但是对于诉讼指挥权的内容，学者们更倾向于是一种程序进行主义。关于诉讼指挥权是否包含实体性内容，日本学者并未给出明确的定义。

（四）诉讼指挥权概念在我国的借鉴与解析

1. 诉讼指挥权内涵兼具程序和实体

虽然从各国对于诉讼指挥权的定义来看，其主要功能是保障诉讼程序顺利、迅速、公正进行，但是在法院基于这种权利保障时，其对诉讼进程的促进仅仅是程序性，还是包含实体性权力在内，从上述定义中并不十分清楚。对德国民事诉讼法赋予法官的释明义务、讨论义务以及讯问权等分析，显然诉讼指挥权包含实体性诉讼指挥权在内。日本学者中村宗雄在1953年所著《诉讼法学方法论——中村民事诉讼理论精要》中的观点是："在诉讼法体系已经独立的现代法制框架下，'诉讼'是实体法和诉讼法综合之'场'，并在'裁判'中得以完结。"[2]在中村教授的诉讼体系中，诉讼不能作程序法的狭

---

〔1〕 ［日］谷口安平：《程序的正义与诉讼》（增补本），王亚新、刘荣军译，中国政法大学出版社2002年版，第134~135页。

〔2〕 ［日］中村宗雄、中村英郎：《诉讼法学方法论——中村民事诉讼理论精要》，陈刚、段文波译，中国法制出版社2009年版，第27页。

义解释，诉讼指挥权亦不应被简单解释为程序性指挥权。

2. 诉讼指挥权是法院的权力与职责

在我国民事诉讼制度中，并没有诉讼指挥权的法律术语，理论界也并未形成诉讼指挥权确定的概念。诉讼指挥权是伴随着协同主义的引进而进入理论界视野的。肖建华、李志丰认为，诉讼指挥权是协同主义内容中的一部分，法官的诉讼指挥权主要以释明权的形式体现。[1]熊跃敏、周静认为，诉讼指挥权是法院的权能和责任的体现，其目的是推动诉讼程序的运行，包括程序性诉讼指挥权和实体性诉讼指挥权。[2]王亚新教授认为，诉讼指挥权是法官为了让当事人之间的攻防活动充实并顺利展开而在法律规定的程序框架内行使主宰诉讼的各种具体权限。就内容而言，诉讼指挥权包括实体方面的权限和程序进行方面的权限。[3]也有学者认为，诉讼指挥权是审判权的重要组成部分，是国家赋予法官的公权力，并认为诉讼指挥权的"权"应解释为一种权能，即权力和职能的统称。[4]

3. 本书对诉讼指挥权的定义

下面根据上述我国学者对诉讼指挥权的定义进行分析。其一，从宏观角度来看，诉讼指挥权概念的提出，是我国当事人主义诉讼模式转型过程中的驻足和反思。因为释明权的提出，旨在促进诉讼、保障各方当事人诉讼权利的充分行使。虽然并未明确强调法院的职权作用，但是法院的积极参与即意味着对辩论主义对抗性的弱化。其二，从功能和目的角度讲，诉讼指挥权的提出，即为了促进诉讼程序进行，指挥庭审攻防活动充实顺利，有效解决纠纷。因此，法院以释明方式行使诉讼指挥权的范围就不应仅仅是程序性权利，而必然包含了实体性内容。实质上，我国民事诉讼制度虽然是在向当事人主义诉讼模式转换，但是程序进行方面依然体现为典型的职权进行主义。因此，如果诉讼指挥权仅仅为程序推进的功能，那么对于我国现在的诉讼制度而言，就没有了借鉴的必要。其三，从发展的视角看，随着《民事诉讼法》及相关

〔1〕 参见肖建华、李志丰："从辩论主义到协同主义"，载《北京科技大学学报（社会科学版）》2006年第3期。

〔2〕 熊跃敏、周静："诉讼程序运行中当事人与法院的作用分担论略——以协同进行主义为视角"，载《江海学刊》2009年第3期。

〔3〕 王亚新：《对抗与判定：日本民事诉讼的基本结构》，清华大学出版社2002年版，第160~161页。

〔4〕 参见吴英旗：《民事诉讼义务研究》，中国政法大学出版社2012年版，第15页。

司法解释的施行和修订，诉讼指挥权的内容不仅仅是为了保障当事人诉讼权利，亦要监督当事人义务的履行；其不仅以释明权的方式出现，还以传唤、询问甚至责令的方式履行职责，尤其是协同主义模式的提出，同时赋予了法院与当事人协同和讨论义务。而以上内容在我国《民事诉讼法》及相关司法解释中都可以找到相关规定以及隐含的内容。因此，对于诉讼指挥权，无论从职权行使的层次、指向的对象还是指挥的范围和内容，不仅应予系统化构建，且随着社会发展，应赋予时代性的含义和解读。

从上述各国关于诉讼指挥权的定义可见，无论从诉讼指挥权的内涵、外延区别，还是从功能和目的研究，均发现不同的国家、不同的学者针对法院（法官）诉讼指挥权给出的定义不尽相同，有的即使内容相同，侧重点亦不同。笔者结合我国诉讼制度和诉讼模式，将诉讼指挥权的定义作如下归纳：其一，诉讼指挥权贯穿于整个诉讼审理过程中，而不仅限于庭审阶段；其二，诉讼指挥权的主体是法院和法官，指挥的对象包括诉讼程序、案件及诉讼参与人；其三，诉讼指挥权的目的是在法院的主持下使得审理顺利、高效，纠纷得以迅速解决；其四，诉讼指挥权不仅是一种权力，确切地讲，是一种权能。诉讼指挥权与法院的职权并不具有完全一致性，其在很多时候体现为一种自由裁量式的督促、指示和引导。概言之，诉讼指挥权是法院或法官在民事诉讼程序运行过程中，依据其职责行使的促进诉讼、发现真实，有助于纠纷高效解决的权能。虽然被多数国家和学者称为诉讼指挥权，但更多体现的是法院的职责甚至义务。

上述对诉讼指挥权的定义比较宏观，是基础性、框架性定义。从定义的明确性来讲，仍需进一步具体和明晰。

二、诉讼指挥权概念的具体化

一般来说，静态的法学研究是法律规则，而动态的法学研究是法律主体的活动。动静态的结合，构成了诉讼形态本身。[1]关于静态与动态的关系，笔者认为，静态的法律和规则是动态行为的研究基础，而动态行为的研究意义则构成了对静态法律和规则的发展和完善。民事诉讼中的动态行为，按照德国和日本传统的民事诉讼理论，可表述为能够引起诉讼上的法律效果发生

---

[1] 参见刘荣军：《程序保障的理论视角》，法律出版社1999年版，第221页。

的诉讼行为。[1]而诉讼指挥权无疑是法院或法官作为法律主体在诉讼进程中实施的能够引起诉讼上法律效果的诉讼行为。笔者在此从诉讼行为的角度对诉讼指挥权的行使主体、内容、运作方式等方面进行具体化分析。

（一）诉讼指挥权的行使主体

诉讼是当事人与法院共同作用的"场"，诉讼由谁来主导，在历史上形成了当事人主义诉讼模式和职权主义诉讼模式。因此，在完全的当事人主导型诉讼模式中，诉讼的进行由当事人来控制和主导，诉讼指挥权被视为法院的诉讼行为，几乎没有存在的空间。而在职权主义诉讼模式中，法院的强职权作用又使得单独剥离出法院的诉讼指挥权没有必要。基于此，诉讼指挥权概念的提出，既不是产生在完全的当事人主导型诉讼模式中，也不会在职权主义诉讼模式中兴起，而是两大诉讼模式相互融合的产物。当前，在两大法系均属于当事人主义诉讼模式下，诉讼指挥权的产生和发展，即是对当事人主义诉讼模式的修订。诉讼指挥权的形成使得法官的职权得到不断强化、当事人的处分权逐渐受到限制。因此，诉讼指挥权的行使主体是法院以及法院的司法人员，而不包括当事人及其他诉讼参加人，即诉讼指挥权行使的过程在法院，权力行使的主体亦是法院。

如果进一步区分，诉讼指挥权是法院的权力还是法官或其他司法人员的权力？笔者认为，诉讼的阶段不同、诉讼指挥权实施的内容不同，诉讼指挥权行使的具体主体也不同。如果仅仅指庭审阶段或针对实体性诉讼指挥权，那么诉讼指挥权的行使主体就是主审法官以及其他合议庭成员；如果在诉讼的其他阶段，包括立案、送达、通知、庭审准备、证据交换等，诉讼指挥权不仅仅包括开庭审理的合议庭成员，也包括庭前证据交换的法官助理、送达文书的书记员以及立案窗口的工作人员等。从本书对诉讼指挥权的概念分析可见，诉讼指挥权应指案件受理后、诉讼终结前，法院在各个诉讼环节中实施的与案件有关的推进、管理、督促、释明、指示等权力和职责。因此，本书将诉讼指挥权的主体定义为法院或法官，并根据诉讼指挥权行使的不同阶段，行使主体可以明确时将其明确化为法官，不能明确时将其概括化为法院。

---

〔1〕 参见刘荣军：《程序保障的理论视角》，法律出版社1999年版，第222页。

表 1-1　不同阶段的诉讼指挥权行使主体

诉讼阶段	立案阶段	审前阶段	庭审阶段
行使主体	立案法官	书记员和承办法官	承办法官或合议庭
行使内容	程序性事项：立案登记、程序审查、送达、收取或催缴诉讼费等事项	庭前准备：通知开庭、进行证据交换、召集庭前会议等	归纳焦点、事实调查、促进辩论等
权能性质	属于职权进行主义	具有协商、合意性质	释明、询问、指挥等

（二）诉讼指挥权的行使方式和内容

从程序性诉讼指挥权方面来讲，由于诉讼指挥权贯穿整个诉讼过程，因此从立案阶段的受理通知、开庭传票、期日指定、送达、庭审的安排、中止诉讼程序等，均属于程序性诉讼指挥权的内容。而在法院实施上述诉讼行为时，所指向的对象为当事人或其他诉讼参与人，行使的方式一般为书面通知，并将有效送达视为行为完成。因此，程序性诉讼指挥权看似是法院的主导权，从效果上看却更像是一种职责。因为如果法院的程序性指挥权的行使因送达后产生效力，其不仅约束当事人，同时亦约束法院；反之，如果送达未完成，那么法院的程序性诉讼指挥权则是一种无效行为，不会对当事人及其他诉讼参与人产生效力，例如案件受理通知、送达开庭传票、中止诉讼的裁定等，如果送达不成功，则对于当事人不产生案件受理、开庭审理等效力。

实体性诉讼指挥权主要是针对庭审包含的内容，也包括庭前会议的内容。主要内容有：明确争议焦点、指挥庭审调查、引导法庭辩论、行使释明职责。在释明职责方面，包括法律关系的释明举证的释明以及当事人禁反言的释明等。相对于程序性诉讼指挥权来说，实体性诉讼指挥权是以口头释明、建议、沟通等方式进行的，自由裁量权较大。与审判权比较来说，实体性诉讼指挥权与审判权并非同一个概念，内容亦有很大不同：审判是对案件事实的定性和裁判，以判决等方式终结诉讼或解决纠纷；实体性诉讼指挥权是为了裁判的有效性、迅速性和确定性所进行的辅助和促进诉讼的权能。

（三）诉讼指挥权指向的对象

从上述概念可知，首先，诉讼是法院和当事人共同作用的"场"，诉讼模式是法院与当事人之间作用的分担。实质上，回顾历史上诉讼模式的转换，从"纠问"到"辩论"、由"对抗"到"对话"，无一不体现出法院与当事人两大主体之间的权限划分和作用分担。因此，法院诉讼指挥权所指向的对象首先是当事人，从诉讼参与主体的角度讲，也包括其他诉讼参与人，如证人、鉴定人、专家辅助人等。其次，诉讼指挥权作用于案件，其是法院与当事人共同作用的对象。笔者认为，法院与当事人之间的关系是权力和权利的划分，而相对于案件是作用的大小和方式的不同。针对案件在审理中的不同阶段、不同类型，法院发挥着不同的作用；而在以解决纠纷为目的时，法院会选择灵活多样的运作方式，亦属于诉讼指挥权的内容范畴。最后，诉讼指挥权指向的对象还包括诉讼程序，其贯穿于诉讼全过程，法院基于公权属性在程序推进方面发挥着主导和管理的作用。

第二节　诉讼指挥权的特征

诉讼指挥权是法院或法官在诉讼过程中实施的诉讼行为。其不仅是一种权力，也是一种职责，甚至在一些国家中，诉讼指挥是法官的一项义务。诉讼指挥权的行使主体是国家司法机关，但其权属并非一种单纯的公权力，在解决社会冲突时更显现出一定的社会属性；诉讼指挥权是一种积极主动性的行使方式，其与司法权的消极被动属性产生冲突，因此进一步理解诉讼指挥权，需要区分其与司法权和审判权的关系；从权力指向来讲，诉讼指挥权的指向亦非单向性，与当事人诉权是一种此消彼长的互动和制约关系。由于受当事人诉权的制约，诉讼指挥权在彰显其积极性的同时也表现出一定的谦抑性和有限性。

一、区别于审判权的司法属性

从主体论角度看，诉讼指挥权的行使主体专属于法院，这是毋庸置疑的事情。既然是法院专属的权能，则有必要对诉讼指挥权与司法权、审判权的关系进行比较分析。

（一）司法权的含义与属性

司法就是第三者以公正的态度处分冲突中的事务和利益的行为。司法权最初产生在英国法学家洛克的《政府论》中，他提出国家的权力分为立法权、执行权和对外权。[1]法国法律思想家孟德斯鸠进一步发展了洛克的分权理论，他所著的《论法的精神》对国家权力以及权力行使机关进行了划分。孟德斯鸠认为，权力构成了对自由的极大侵犯，所以必须限制权力。其将国家权力划分为：立法权、行政权和司法权，三种权力不但要分立，而且还要相互制衡。[2]孟德斯鸠的《论法的精神》对美国政治制度的设计发挥了重要作用，美国政治学家汉密尔顿从政治学角度比较具体地论述了司法权的特性，"三权分立"从理论走入实践，并作为国家基本权力的一种，奠定了现代国家制度的基本模式。[3]

在三权分立的制度中，司法权相对于行政权的主动性，其显现出的被动性似乎不言自明。关于司法权的主要权能，孟德斯鸠认为，司法权是根据法律进行审判，它隶属于司法机关。[4]因此，司法权从审判的角度而言，相对于当事人的诉权，其体现的是不告不理、不诉不审的原则，亦显现出被动属性。但是笔者认为，司法权的被动性并非其本质属性，无论是在分析事实、解读法律并作出裁判方面，还是在解决纠纷、维护秩序的诉讼功能方面，其亦具有一定的积极主动性。下文中笔者将作分析。

我国历史上"司法"一词出现在唐代，"司法参军事"职权是主管刑事审判，[5]与近代和现代司法权的含义不同。辛亥革命后孙中山借鉴西方三权分立制度，因此我国近代"司法"的含义接近于西方国家的司法权。中华人民共和国成立后，从立法来看，我国《宪法》《人民法院组织法》等法律规定中并没有"司法""司法机关"的提法，而是将人民法院明确定性为"审判机关"行使"审判权"。《人民检察院组织法》中也没有司法或司法机关的概念，而是将人民检察院确定为"检察机关"依法行使"检察权"。

从国家制度层面首次提出司法权的概念是在2013年中共中央《关于全面

[1] 王琦："论司法权的被动性——以民事诉讼为视角"，载《海南大学学报（人文社会科学版）》2007年第2期。
[2] [法]孟德斯鸠：《论法的精神》，申林编译，北京出版社2007年版，第7页。
[3] 王琦："论司法权的被动性——以民事诉讼为视角"，载《海南大学学报（人文社会科学版）》，2007年第2期。
[4] [法]孟德斯鸠：《论法的精神》，申林编译，北京出版社2007年版，第68页。
[5] 王琦："论司法权的被动性——以民事诉讼为视角"，载《海南大学学报（人文社会科学版）》2007年第2期。

深化改革若干重大问题的决定》中，"健全司法权力运行机制。优化司法职权配置，健全司法权力分工负责、互相配合、互相制约机制，加强和规范对司法活动的法律监督和社会监督"是司法权的延伸。[1]因此，从我国现行法律制度讲，广义上的司法权是指公、检、法、司等参与司法权运行的国家公权力机关；狭义上讲，司法是人民法院适用法律的过程，而司法权是人民法院运用法律的权力。[2]习近平总书记指出："司法活动具有特殊的性质和规律，司法权是对案件事实和法律的判断权和裁判权……"[3]显然，在这里习近平总书记所指亦属于司法权的狭义解读。

（二）司法权与审判权的关系

首先，广义的司法权来源于国家主权，包括公、检、法、司等公权力机关对法律及其法律实务的运作、管理和行使。狭义的司法权是指法院的权力，如果将司法权按照诉讼流程来区分，可分为立案权、审理权和裁判权。[4]显然狭义的司法权与审判权的区分跃然纸上。其次，从本体论角度看，广义的司法权分为市民性司法权、政治性司法权、主权性司法权。[5]而从法院审判角度来看，司法权应属于市民性司法权形态，其以公平正义为价值追求，具有一定的社会属性。再次，司法权具有国家性和社会性的二元性质。其国家性在西方宪政中起着国家权力配置与平衡的作用；而司法权的社会性则是对社会利益纠纷的关注和解决。[6]审判权是法院针对具体案件，将实体法中内含的国家立法意思予以具体化、个别化。因此，法院的个别性裁判意思在裁判中发挥着能动作用。[7]最后，相较于审判权，司法权具有一定的抽象性和概括性，审判权更加体现的是具体化权能。因此，可以说司法权与审判权既

〔1〕 章安邦："司法权力论——司法权的一般理论与三种形态"，吉林大学2017年博士学位论文。

〔2〕 章安邦："司法权力论——司法权的一般理论与三种形态"，吉林大学2017年博士学位论文。

〔3〕 习近平："在中央政法工作会议上的讲话"，载中共中央文献研究室编：《习近平关于全面依法治国论述摘编》，中央文献出版社2015年版，第102页。

〔4〕 葛天博："民事司法视域下司法权的内部分配与外部调整——以司法是审判权为前提"，载《山西警官高等专科学校学报》2013年第4期。

〔5〕 章安邦："司法权力论——司法权的一般理论与三种形态"，吉林大学2017年博士学位论文。

〔6〕 黄耀升："司法权的性质与功能——兼论司法的法律效果与社会效果之统一"，载《今日南国（理论创新版）》2010年第11期。

〔7〕 ［日］中村宗雄、中村英郎：《诉讼法学方法论——中村民事诉讼理论精要》，陈刚、段文波译，中国法制出版社2009年版，第53页。

有包含关系，也有抽象与具体之分。

（三）诉讼指挥权与司法权、审判权的关系

诉讼指挥权为法院在诉讼程序运作中体现的一种职能，其不仅包括来源于国家公权属性的权力，也包括法官在诉讼构架中作为中立第三方的协调、帷幄、沟通等职责，同时还包括为了达到迅速解决纠纷，法官在诉讼进程中起到的督促、建议、引导和释明作用。相较于司法权、审判权而言，诉讼指挥权在以下几点更为突出：

第一，诉讼指挥权行使的平台应为诉讼的各个阶段。虽然有学者强调诉讼指挥权应是法官在庭审阶段的指挥和引导，但笔者认为，由于诉讼指挥权的一些程序性权能，如案件的分流、期日的指定等发生在庭审前的立案、受理和庭前准备内容，因此，将诉讼指挥权行使的过程界定为诉讼程序的整个过程更为完整。而审判权重在对事实的判断、对法律的适用和解释，最终形成具有正当性的判决。因此，审判权在诉讼阶段中主要体现在开庭审理、研究合议以及裁判的作出。

第二，诉讼指挥权包括程序性和实体性诉讼指挥权，这在大陆法系的德国已为通说。笔者认为，我国理论界的探讨及借鉴内容，亦应将实体性诉讼指挥权包括在内。具体而言，程序性诉讼指挥权，旨在保障诉讼程序顺利高效进行，包括法官或其他司法人员在整个诉讼过程中作出的通知、命令、裁定等发生法律效果的诉讼行为；实体方面的诉讼指挥权，是以庭审公开的方式向当事人进行释明、建议和指导，以保障当事人充分举证和辩论，增强当事人对诉讼程序公正性的认可以及裁判结果认同性的提高。而审判权更倾向于法官内心对证据的采信、事实的判断和法律适用，最终作出裁判结果。其既不要求与当事人互动，亦不要求庭审平台，法官阅卷、调查、合议等都是审判权的内容。

第三，相较于司法权的公权属性，诉讼指挥权并非单向权力，而是与当事人诉权的相互制约与平衡。诉讼指挥权的范围和内容决定着一个国家的诉讼体制或模式。

第四，司法权是宏观和抽象化的，其在性质和功能方面与审判权均体现为一种强制性。而诉讼指挥权具有一般化和具体化特征，其不仅仅依赖于法律规定来实施，在很多情形下法官根据不同案件类型、不同审理阶段，以及当事人的不同情形而采取了较为灵活的处理方式，这种灵活方式不仅体现在诉讼过程中，也表现在纠纷终结的方式上，如协助当事人和解、调解等。

表 1-2　审判权与诉讼指挥权的区别

	审判权	诉讼指挥权
行使阶段	案件审理阶段	诉讼整个过程
指向对象	指向案件，单向性	指向程序、案件和当事人，具有双向性
内容	案件的实体调查和判断	程序和实体的指挥和促进
目的	形成判决	高效解决纠纷
方式	庭审之外内容不公开，如合意研究、阅卷等	司法公开的重要内容
权力属性	强制性	协商性和灵活性

　　博登海默言，伟大的法律制度，必然是以某种具体和妥切的方法将刚性与灵活性完美结合在一起的法律制度。[1]笔者认为，狭义的司法权作为维系社会正义的最后一道关口，其不仅是国家权力的一种，具有宏观性和抽象性，同时具有解决纠纷的社会职能，在解决纠纷时以审判权和诉讼指挥权为表现形式，具体化为一般法律条文和法官的职责和具体权力。因此，诉讼指挥权与审判权是司法权的具体表现形式，是一个事物的两个方面。对于审判权和诉讼指挥权的分工来说，审判权的表现形式主要为：调查事实、适用法律、阅卷分析、研究合议、作出裁判等方面。审判权体现司法救济的最后方式，具有一定的刚性作用。而诉讼指挥权重在诉讼过程的各个环节，是一个动态的过程，在法官较为灵活、互动的指挥和引导下，诉讼程序顺利进行。通过诉讼指挥权的有效运作，当事人在庭审中充分行使其诉讼权利，法官的公平公正以及专业素养获得当事人的信任，并且与裁判文书的说理相得益彰，增加当事人对法官和裁判的认同性。诉讼指挥权与审判权的有机结合，是国家司法权有效运作的完美体现。

　　需要说明的是，诉讼指挥权与审判权同为法院裁判案件过程中行使的权

---

　　〔1〕〔美〕E. 博登海默：《法理学：法律哲学与法律方法》（修订版），邓正来译，中国政法大学出版社 2004 年版，第 424 页。

能或职责，虽然笔者从理论上将二者进行梳理和区分，但是实质上二者作用的内容和范围既有区分也有联系和交叉。其功能和效果亦有不同：审判权重在审和判的实质性以及裁判结果的作出；而诉讼指挥权旨在以公开的形式，公正、高效地促进裁判的作出，使得当事人对裁判过程认同，从而对裁判结果认同。应该说，诉讼指挥权是保证裁判获得认同性、提高司法权威的具体措施和司法行为，是我国目前审判公开的实质内容。

二、脱离被动的主动性

法院在诉讼中行使诉讼指挥权，无论将其视为一种权力、职责抑或义务，都指向一种行为属性，即主动性。因此，法院以一种积极主动的姿态介入诉讼程序，是否有悖司法的被动属性，其正当性如何？

对于司法的被动性，法国托克维尔曾有论述："司法权只有在请求它的时候，它才采取行动；其自身不是主动的，要使它行动，就得推动它。如果它主动出面，以法律的检查者自居，它就有越权之嫌。"[1]在民事诉讼中，司法的被动性体现在两个方面：其一，启动诉讼程序的是当事人，法院未经当事人请求不得启动司法程序。对于当事人来说，是处分原则的内容，对于法院而言，则是不告不理原则的基本内涵。其二，法院的审理不得超出当事人诉讼请求的范围，这是辩论主义原则的体现。

在当事人主义诉讼模式的国家，由于过于突出当事人自由意志，加之法官一向以被动者角色自居，造成了大量的案件堆积、成本加大、诉讼拖延等问题。面对现代社会新型诉讼案件的增加，人们对纠纷解决机制的效益性提出了更高要求，诉讼效率提上议事日程。大陆法系在20世纪30年代就开始注重法官的职权性介入，要求当事人履行真实义务并规定了法官讯问制度，来限制当事人诉权的不当行使，提高诉讼效率。在20世纪80年代，美国开始加强法院在审理案件中的积极介入，并对审理过程进行监督，建立流程管理以提高诉讼效率。

我国自20世纪90年代由职权主义诉讼模式向当事人主义诉讼模式的转

---

〔1〕〔法〕托克维尔：《论美国的民主》（上卷），董果良译，商务印书馆2004年版，第110~111页，转引自肖建华、施忆："论民事诉讼中的司法能动性"，载《法治论丛（上海政法学院学报）》2007年第2期。

变中、《民事诉讼法》中逐渐出现了当事人处分原则和辩论原则，司法的被动性在上述两个原则中均有体现。司法实践中也一度出现法官严格按照证据规则，坐堂办案，就案办案的机械做法。随着社会经济发展带来的诉讼爆炸，纠纷迭起，21世纪初向当事人主义诉讼模式的转变开始趋缓。2009年，最高人民法院提出"能动司法"，即在坚持司法规律下让当事人诉讼权利在法官管理下合法正当行使。

笔者认为，我国的"能动司法"与本书中"诉讼指挥权"的概念有异曲同工之处，简言之，"能动司法"就是让法官在诉讼中坚持司法规律下发挥一定的主动性。其正当性在于：其一，司法作为社会公共装置，不单单具有维护私益的特点，还须兼顾社会公共利益。[1]因此，在面对一个当事人无争议但违背国家利益或社会公共利益的案件时，法院也会在当事人诉求之外依职权作出判断。这不仅是《民法典》对于违反公共利益和公序良俗行为无效的确定，也是《民事诉讼法》作为公法的基本属性。其二，诉讼指挥权是辩论原则的补充。诉讼指挥权与当事人诉权之间的作用分担决定了诉讼体制或诉讼模式，那么在诉讼中强调诉讼指挥权必然会出现对当事人处分权的限制，但这种限制是合理合法的。其三，"谁主张，谁举证"不是取证的唯一方式，查明案件事实，依法判决是法官的职责。尤其是对于家事诉讼、邻里纠纷等传统民事诉讼，法官不能被动地等待当事人举证，而要根据法律规定、案件的类型以及个案的具体情况进行询问、核实和调查。传统的辩论主义原则，是建立在双方当事人平等地拥有诉讼能力的理想状态下而设置的规则，实质上双方当事人诉讼能力的不平等才是现实。因此，以司法的被动性来解读法院在诉讼中的职能是片面的。法官应以中立的地位来裁判纠纷，而被动性并非中立性的唯一表现形式。

笔者认为，保障当事人处分权并不意味着法院的职权性必然削弱。重视和发挥法官在诉讼程序中的作用，与司法被动性亦不矛盾。

三、指挥的公开性

诉讼指挥权无论是为了诉讼之促进还是辩论之充实，亦无论形式上是口头表达还是书面通知，行使权利的主体不仅要具有主动性，而且具有公开性，

---

〔1〕 田平安、刘春梅："试论协同型民事诉讼模式的建立"，载《现代法学》2003年第1期。

否则接受方无法获得指令或信息。这里的公开性有两层含义：一是对于相对人的公开；二是对外公开。笔者认为，诉讼指挥权的公开性是司法公开的重要内容。

首先，诉讼指挥权不是单向指令，而是一种双向权力和权利的互动和交流。从程序性诉讼指挥权角度来看，其无论是证据交换、日期的指定、当事人的追加和变更、中止诉讼等，都需要向当事人作出明确的书面或口头通知，而且此通知必须送达当事人才有效。从实体性诉讼指挥权来讲，诉讼指挥权主要是指庭审中的释明和建议、提醒和指导以及必要时的询问和责问，不仅是一种公开的、口头的告知方式，而且需要尽其所能使得当事人或其他诉讼参与人明白其表达的含义。例如，当事人主张的法律关系与法官认定的法律关系不一致时，法官不仅要向当事人释明，而且要建议其变更诉讼请求，并告知其坚持自己主张可能产生的不利后果；当证人在法庭上接受询问闪烁其词、答非所问时，法官应释明其如实陈述所见所闻，并提醒其虚假作证应承担的后果。

其次，诉讼指挥权的公开性也是一种对外公开。"尽管诉讼是一种罪恶，但它的终极目标是正义，并且不仅仅是指法院参加诉讼人的正义，而是要让那些从未亲自参加实际诉讼的多数人感受到正义的实现。"[1]美国最高法院大法官奥利弗·温德尔·霍姆斯曾说过，"民事案件的审判应该在公众的注视下进行，这不是因为一位公民与另一位公民之间的纠纷需要公众关注，而是因为这是一个最佳时刻，让那些行使司法的人应该凭公共责任感行事，让每一个公民满意地亲眼看见执行公务的方式"。[2]笔者感同身受，并认为，虽然审判公开已经是诸多国家的诉讼原则，但是审判公开的实质内容并非指当事人之间如何对抗，而是民众对法官在庭审中的表现是否中立进行的监督。

我国自2009年最高人民法院出台《关于司法公开的六项规定》以来，对于司法流程从立案、审理、开庭、裁判以及执行，进行了全方位司法公开。不仅使司法程序成为接受民众广泛监督的过程，更是将法官的形象、裁判的过程全方位展现给公众。尤其是庭审公开，给社会公众提供了一个最直接感

〔1〕 参见［英］J. A. 乔罗威茨：《民事诉讼程序研究》，吴泽勇译，中国政法大学出版社 2008 年版，第 66 页。

〔2〕 参见"人民的权利——个人自由与权利法案"，载 http://usinfo. state. gov/regiona/ea/mgck/rop/roppage. htm，2023 年 2 月 1 日访问。

知裁判过程的机会和平台，而民众要感知并监督的必然是法官在诉讼中如何驾驭庭审、行使诉讼指挥权。

完美的庭审公开不只是诉辩双方对抗过程的公开，还应当包括法官心证和裁判过程的公开。[1]这是庭审公开实质化的内在要求。对于当事人来说，其在法官的指挥和释明下完成诉讼，对于案件的结果会有一个客观的分析和合理的预期；对于民众来说，其不仅看到了庭审中各方当事人举证、质证和辩论，也看到了法官对于案件所涉证据和事实的态度；而对于法官来说，这种心证公开的形式和结果需要丰富的审判经验，对其庭审驾驭能力也是一个考验和提升。

笔者认为，实体性诉讼指挥权与审判权的重要区别之一，即在于审判权更倾向于法官内心的活动以及被称为审判机密的案件讨论、研究、合议等，最终以文书形式作出裁判结果。而实体性诉讼指挥权更倾向于庭审实质性公开，让当事人充分举证和辩论，充分行使诉讼权利，对于双方诉讼能力不平等之处给予释明，以追求实质正义。法官在庭审中将根据案件情况不断公开心证，使得当事人对案件的审理有一定的预判性，并对最终的裁判结果认同感增高。如果说文书上网是对法官审判权的公开，那么庭审实质性公开，则主要展现的是法官的诉讼指挥权。

四、实质中立性

当今，法官持中立原则已在世界各国得到普遍的认同并深入人心，同时也是现代法治国家所要普遍遵守的一项基本的法治理念。[2]如何体现法官的中立地位，在司法实践中，更多地体现在对法官在庭审中通过语言、表情或行为的要求，法官在聆听各方当事人陈述、举证及法庭辩论时，保持理性的、不偏不倚的态度，避免当事人产生合理怀疑，这是当事人对法官是否公平的第一判断。因此，在实践中，法官经常被冠以谨言慎行的态度和行为方式。但是诉讼指挥权是法官需要主动作为的一系列行为，因此如何在诉讼指挥中体现法官的中立性显得尤为重要。

[1]　王萍："司改背景下当庭宣判的实践与思考——以海南一中院全面推行民商事案件当庭宣判为视角"，载《人民法治》2017年第12期。

[2]　项鹏举："民事庭审驾驭能力的培养与提高"，载《法制博览》2016年第36期。

（一）消极被动无法体现法官的中立性

在西方诉讼制度中，法官以消极被动来保障其中立地位。汉娜·阿伦特的裁判理论认为，法官作为裁判者不是演员，而是观众。[1]其含义即指法官应作为旁观者，而不应参与其中。也有观点认为，判断本身即具有双重维度：行动者视角与旁观者视角。[2]笔者认为，汉娜·阿伦特的观点是 20 世纪辩论主义时期的产物和理论，在当下两大法系由辩论主义走向协同主义的诉讼制度发展中，将法官视为旁观者，将追求形式公平视为法官中立性的体现，已经不再是民事诉讼中的主流思维模式。

（二）法官的中立性应为实质中立

在法人与自然人之间的诉讼中，抑或一方当事人未聘请代理人，自己又不懂诉讼规则，那么法官消极被动保持中立的立场并不会在双方当事人之间构建公平，因为在双方法律知识、经济条件不对等的情形下，法官形式上保持中立无法给予双方平等对话的平台。因此，法官行使诉讼指挥权，必须以一种实质上的公正立场出现在当事人及民众面前。在我国，因为没有强制代理制度，许多民事案件的庭审没有代理律师的参与，这种情形下，法官的中立性不宜体现为消极被动，而是根据实际情况以积极释明或建议的方式调整双方之间的诉讼权利，促进诉讼有效开展和顺利进行，法官积极行使诉讼指挥权应以中立性为根本，实现当事人之间的实质性平等。

关于法官的中立性原则以及对当事人的平等性保护问题，我国《民事诉讼法》第 8 条[3]有明确的规定。该诉讼原则确定了在民事诉讼中，法官应保持中立地位，不仅要保障当事人的诉讼权利，而且要平等地保护各方当事人的诉讼权利。

五、司法有限性

司法有限主义的称谓起源于美国，与司法能动主义相对应，又称司法克

---

〔1〕　Shmuel Lederman, "The actor does not judge: Hanna Arendt's theory of judgement", *Pilosophy and Social Criticism*, 2016, Vol. 42（7）, p.732.

〔2〕　侯振武：“论阿伦特两种判断概念之间的张力———一种基于行动者与旁观者双重视角的考察”，载《理论探讨》2014 年第 2 期。

〔3〕《民事诉讼法》第 8 条规定：“民事诉讼当事人有平等的诉讼权利。人民法院审理民事案件，应当保障和便利当事人行使诉讼权利，对当事人在适用法律上一律平等。”

制主义。美国大法官霍姆斯认为，司法克制就是法院不仅应该在国家政治结构中扮演消极被动的角色，在案件审理中，法官也不能将自己的思想、观点和政治倾向带入判决；在适用法律和创设规则时要注意案件的扩散效应；在与行政权、立法权的比较中，司法权要克制。[1]由此可见，美国的司法有限主义主要是指权力的划分以及为法官在审理案件和解释法律时提供了一条客观的评价标准，实质是对法官能动性的限制。大陆法系也有司法有限性解释，体现在法律原意的解释中，即法律从根本上讲，体现的是立法者的目的，法官不能仅仅依据自己个人的价值追求、偏好去解读甚至创设法律。这种法律的原意主义思想在大陆法系作为一种法律传统延续至今。

实质上，司法的有限性不仅仅是权力的划分以及法官在解释和适用法律时对法官能动性的限制，司法有限性还表现为司法资源的有限性，司法案件中认定事实准确性的有限性以及司法公正的有限性等。例如，小额诉讼制度的设置，其基本理论是诉讼救济程序中成本与获得权利之比的衡量：对于小额纠纷，设置相应简化的程序，以降低纠纷解决的成本。[2]

诉讼指挥权作为司法权的社会功能之具体化，其有限性特征主要体现在司法资源有限性方面，即诉讼指挥权在两大法系被提起的直接原因是以提高诉讼效率和节约司法成本为目的。诉讼指挥权的有限性主要来源于三点：其一，当事人诉权对诉讼指挥权具有反作用。诉讼指挥权具有积极主动性特征，但是其作为司法权的具体化，亦应受到司法有限性的限制，并且诉讼指挥权与当事人诉权之间的双向作用，也使得法院在行使诉讼指挥权的同时受到当事人诉权的制约。其二，诉讼指挥权以不突破中立性为底线。在解决纠纷的过程中，法院可以依据法律或原则实施一定灵活性的诉讼指挥权，但是无论法官如何向当事人释明或建议，其在针对各方当事人权利和职责分配时应将中立性作为权力运作的边界。其三，对当事人诉讼权利干预的有限性。当事人可以将其权利作为诉讼谈判的议价筹码，在诉讼过程中，当事人可以放弃

---

[1] 波斯纳在《联邦法院：挑战与改革》一书中，总结出司法克制五个层次的含义，具体包括：(1)法官在审理案件时，不能将本人的政策观点施加于判决之上；(2)法官应当谨慎而小心地注意不将自己的观点带入判决中；(3)法官应当留心现实的政治环境对于司法权力的限制；(4)法官在判决时应考虑到，尽量避免作出那种会导致大量诉讼涌入法院，而使法院不能正常发挥其创立权力规则的作用的判决；(5)与其他政府部门相比，法院应该缩小权力范围。
[2] 张卫平："我国民事诉讼法理论的体系建构"，载《法商研究》2018年第5期。

某些权利以换取其认为更有价值的东西。而法律程序对当事人的规制，在不使其其他利益受损时，当事人随时可以选择离开这条基准线。在诉讼中，只要无人提出异议或抗议，即使偏离程序规范的行为，法官不作强制性规范，而视为双方的默示同意。[1]

进入 21 世纪以来，成本过高、时间过长和程序繁琐已成为现代司法的三大弊病，对司法权威构成了严重威胁。[2]于是，提高诉讼效率，将有限的司法资源进行合理配置，将诉讼指挥权予以体系化、规范化，使得有限的司法资源得以高效行使，是法院诉讼指挥权正当性基础所在。

六、诉讼指挥权的功能

任何一项规范或制度的设立，对于其欲实现的价值目标，即为该项制度功能的体现。诉讼指挥权概念的提出，是在诉讼爆炸、诉讼拖延等问题出现的情况下，人们开始在诉讼追求正确裁判的价值之外，将时间以及其他成本亦作为考量因素。伴随着诉讼价值和目标的多元化，平衡各种价值之间的冲突关系，成为诉讼指挥权的重要功能。

（一）有效利用司法资源，促进诉讼

社会经济飞速发展带来的副作用就是社会矛盾的突出和复杂化，而一个国家的社会纠纷解决机制不完善，诉讼门槛低，就必然导致大量的诉讼案件涌入法院。虽然不同国家的政治制度、经济模式和文化背景各不相同，诉讼制度的制定、价值选择侧重也必然不同，但是两大法系中诸多国家同样面临着诉讼爆炸和诉讼拖延带来的诉讼成本增大、资源的消耗等问题。因此，如何以少的资源消耗来彻底、高效解决纠纷，成为各国民事诉讼勇于探索的尝试。[3]欲解决上述问题的国家纷纷从资源的有效配置、法官的职能强化、当事人权利的制约等方面寻找解决的路径。

所有的程序制度都追求正义这一根本价值目标的实现，司法为正义的同

---

〔1〕 ［美］米尔伊安·R. 达玛什卡：《司法和国家权力的多种面孔：比较视野中的法律程序》（修订版），郑戈译，中国政法大学出版社 2015 年版，第 128 页。

〔2〕 唐力："论协商性司法的理论基础"，载《现代法学》2008 年第 6 期。

〔3〕 Alan Uzelac, *Goals of Civil Justice and Civil Procedure in Contemporary Judicial Systems*, Springer International Publishing, 2014, p. 333.

义语，这是民事司法程序的普适价值。[1]近年来，正义的传统评价体系在真实维度之外增加了时间维度和成本维度。因此，为了通过程序所追求的目标而导致负担的费用风险过高，无论是国家司法的资源消耗，还是当事人诉讼成本的增加，都会使得向法院寻求救济的方式失去了其原本的价值和意义。[2]

司法资源的配置从宏观上讲，是一个国家层面的问题，而非本书所企及的内容和评价。但是如何在当下的司法资源配置下有效利用，以达到司法正义的多重价值实现，却是本书讨论的重点。而无论是探讨司法资源的有效利用还是促进诉讼，担当这项职责的无疑是法院和法官。于是在英美法系国家，法官的消极被动角色开始动摇并转换；而在大陆法系，法官的释明、询问职责开始加强。而从司法权的属性来讲，司法不仅具有国家的公权属性，还具有社会的解纷属性。法官在纠纷解决的社会职能面前，保持一种消极被动的角色即是一种功能不全的表现。

法官在面对诉讼时如何有效利用资源，保障诉讼程序的顺利进行？首先，如果以审判为解决纠纷的选择路径，那么尽量缩短案件的审理周期以达到较快审结案件的目标，则是法官所面临的问题。例如，面临一个案件的审理，有序地进行繁简分流、独任制与合议制的恰当选择、庭前会议的有效召集、庭审中强化法官的释明和指导等，不仅需要法官诉讼指挥的职责性，更需要诉讼效率和成本意识。其次，如果案件能够以判决以外的方式解决纠纷，则需要法官积极发挥能动作用。比如进行调解和促进和解，即为经济、便捷、高效的纠纷解决方式。我国目前正处在多元化纠纷解决机制的积极探索阶段，法院在案件的立案受理和审理的过程中，不仅加强与社会上的调解、仲裁的联系与沟通，同时在立案窗口建立诉前化解中心，努力让更多的案件在立案阶段得到解决，以节约当事人的诉讼资源，同时有利于法院司法资源的有效配置和利用。

案件真实之发现与诉讼之促进系民事诉讼所追求的两大目标，但是这两大目标常常产生紧张关系。我国近几年的《民事诉讼法》修改中，既有着繁简分流、小额诉讼等简化程序的规定，同时也增加了申请再审、执行异议之

---

[1] 傅郁林："追求价值、功能与技术逻辑自洽的比较民事诉讼法学"，载《法学研究》2012年第5期。

[2] 参见［德］艾克哈德·舒曼："基本法对民事诉讼裁判权的影响"，载［德］米夏埃尔·施蒂尔纳编：《德国民事诉讼法学文萃》，赵秀举译，中国政法大学出版社2005年版，第215页。

诉等救济的途径。前者为提高效率而简化了诉讼程序，后者为发现真实而延长了诉讼途径。两种制度体现了不同的价值追求。但并非在案件审理中体现为冲突和矛盾。笔者认为，我国民事诉讼制度中诉讼救济制度的增加，一方面可以说是当事人诉权的保障，另一方面也可以说是在诚实信用作为民事诉讼的基本原则下，追求案件真实，维护社会秩序的体现。如果说诉讼救济制度是以牺牲诉讼效率而追求案件真实的典型表现，那么在这样的制度中法官诉讼指挥权的行使，即应具有弥补救济制度效率不足之功能。总之，发现真实是案件审理之基本事实的主要手段和目的，诉讼促进则要求法院在正当程序中以迅速、低廉的成本作出裁判。在个案中实现诉讼价值目标之间的平衡，是法官行使诉讼指挥权有效运作的最佳效果。

（二）当事人诉讼权利实质化平等

奥地利法学家安东·门格尔最先将法律世界的关注目光转移到社会的贫穷阶层，他认为，法官要为每个国民，尤其是贫穷阶层的当事人进行法律上的指导，而不能对当事人诉讼能力不平等情形视而不见，放任当事人完全自由地进行角逐。[1]

社会和经济的不平等是一种普遍的客观存在。诉至法院的各方当事人因经济条件、文化背景、法律知识等不同，从而影响着其在法庭上诉讼能力的展现。而在辩论主义原则下，给予各方当事人平等的机会，鲜有考虑当事人诉讼能力的强弱。这种忽视当事人实质不平等性的制度设计使得辩论主义中的"武器平等"无法真正实现。于是设计程序者开始反思，如何保障当事人在民事诉讼构造中达到一种相对平等状态？在当事人主义诉讼模式的构造中，使得当事人在诉讼中形成平等对抗，如果诉讼程序的构造不变，那么调整双方诉讼能力趋于平等的只能是法官，允许法官在不影响中立性的情形下对一方诉讼能力偏弱的当事人予以协助，来弥补和填平双方的实质不平等性，是诉讼指挥权的重要功能之一。[2]

在当事人主义诉讼构造中，法官与当事人之间是一个等腰三角形的诉讼

---

〔1〕 参见彭芳林："社会的诉讼观对现代民事诉讼的启示"，载《湖北警官学院学报》2014年第2期。

〔2〕 参见［意］莫诺·卡佩莱蒂：《比较法视野中的司法程序》，徐昕、王奕蒂译，清华大学出版社2005年版，第335～336页。

构架，法官处于等腰三角形的顶端，双方当事人及其代理人分处底部的两端。但是此时的三角构架体现的是一种静态的平等和平衡关系。一旦诉讼开始，此种构架将会在双方当事人举证、质证、辩论等庭审过程中被打破。通常来说，各方当事人因诉讼能力的高低不同，在举证、质证及辩论等方面会出现很大的差异，即使有着律师激烈表演的英美法系，也难以保证双方当事人站立的两端能够始终保持平等地位，获得平等的权利。因此，一旦诉讼构架静态的平等被打破，在动态的程序进行过程中，在形式平等的外观下做到实体公平，法官仍保持消极被动角色显然不能被称为在保持中立性。需要站立顶端的法官来行使一定的诉讼指挥权以调整、修正双方实质能力的不平等。

随着社会的发展，法官的职权性在强化，在当事人陈述事实不清楚甚至前后矛盾，弱势的当事人无论从专业知识还是诉讼技巧以及财力上均无法与对方抗衡的情形下，依然要坚持辩论主义，就显得空洞而形式化。因此，法官在诉讼过程中根据个案中当事人诉讼能力的不同而进行释明和指示，努力让双方当事人在法官对一方的辅助下得以与对方抗衡，就显得尤为重要。一个现代化的民事司法体系必须妥善为公民提供法律援助、确保法庭上诉讼权利平等有效实现。[1]

（三）增强当事人对裁判的认同性

法院历来重视社会对其裁决的自愿遵守，以及如何影响他们在社会中的作用。[2]民众的自愿遵守需以司法获得社会认同为前提，而获得社会认同需要两点：一是在社会整体角度上民众对司法的信任，即司法权威的影响力；二是从个案中获得当事人的认同。而后者是前者的基础。让人民群众在每一个案件中感受到公平正义，民众的这种"感受"来自法官在每一个案件中的诉讼指挥行为以及裁判的理由和裁判的结果正当。

以判决的方式终结诉讼，就会出现胜败之分的法律后果。而对于败诉一方的当事人，其对于裁判结果不认同的表达，往往会转嫁到诉讼程序中对法官行为的不满。例如，对裁判认定的事实和证据不认同、认为法律适用错误或者剥夺其辩论权等。对于当事人不满情绪的表达是否理据充分暂且不说，

---

〔1〕 Santiago pereira Campos, "Justice Systems in Latin America: the Challenge of Civil Procedure Reforms", *Legal Information Management*, 2015, Vol. 15（No. 2）, p. 98.

〔2〕 Chad J. Pomeroy, "Our Court Masters", 94 *Neb. L. Rev.* 401, p. 410.

但是当事人不满情绪的表达实质上说明了一个重要的问题，即在法庭上当事人与法官之间没有进行较好的沟通，其对审理案件过程中法官行为的不理解，亦是造成其对裁判结果不认同的重要因素。《德国民事诉讼法》从《德国基本法》规定的自由基本权利中发展出来了法官的听审义务和告知义务。其含义为法官在庭审中基于自身的中立性，基于当事人基本权利在诉讼中实现的基本要求，必须向当事人告知其在事实上所作的权衡。[1]笔者认为，做到当事人对裁判的结果胜败皆认同，最为重要的在于法官在庭审中如何与当事人进行沟通，这是庭审中法院实质性诉讼指挥权的重要内容。

庭审的过程不仅是探索案件事实真相的过程，更是一个双方当事人交锋对决的过程，法官通过庭审中证据的提交、质证、事实的调查与当事人辩论，逐步形成心证，即庭审的过程也是法官心证形成的过程。将法官心证形成的过程以客观的状态显现出来，即为法官心证形成的公开。因此，法官在庭审中首先要做到保障当事人诉讼权利的实质平等以及诉讼权利的完整行使。例如，对于当事人举证责任的分配，在当事人司法认知不够时法官应予释明；当事人所举证据达不到证明标准而当事人浑然不知时，法官应予释明，并告知其可以进一步举证，避免当事人因不懂而延误了行使权利的机会。同时也应告知当事人什么情形下会导致失权的法律后果。通过庭审中不断地举证、释明和辩论，使得庭审不仅仅是当事人双方争论的平台，更是法官与各方当事人进行交流互动的"场"。这种庭审实质性公开的理想效果，使得当事人在法官的指挥和释明下完成诉讼，并对于案件的结果有一个客观的分析和理性的预期。

司法裁判是否得到"公正"的评价或认可，不是司法裁判人员自说自话的结果，而是当事人和社会公众的评价和认同。如果当事人或社会公众不予认同，司法裁判机构及其裁判人员无论如何都无法证立其所作裁判结果的"公正性"或"正当性"。[2]因此，获得当事人对裁判的认同性，首先应获得当事人对诉讼程序中法官诉讼行为的认同，这亦是诉讼指挥权欲实现的重要功能。

---

〔1〕［德］彼得·戈特瓦尔特、雷根斯堡："法官的裁判和理性的论证"，载［德］米夏埃尔·施蒂尔纳编：《德国民事诉讼法学文萃》，赵秀举译，中国政法大学出版社 2005 年版，第 474 页。

〔2〕万鄂湘主编：《建设公正高效权威的社会主义司法制度研究》，人民法院出版社 2008 年版，第 123 页。

第二章
诉讼指挥权正当化基础

诉讼指挥权是法院（法官）对诉讼进程的指挥、促进和管理。顾名思义，是以法院为主体的权力集合体概念。在两大法系诉讼制度的发展变化中，职权主义诉讼模式已经由当事人主义诉讼模式替代而消亡。时至今日，再次在诉讼制度中尝试构建一个以法院职权为主的诉讼指挥权概念，与社会发展、诉讼制度的走向是否相悖，其正当化基础何在？这是本章主要探讨的内容。

第一节　社会转型发展与诉讼构造演变

19 世纪初的自由资本主义时期，两大法系民事诉讼制度均体现为自由主义诉讼观。在这一理论指导下，诉讼制度采取完全的当事人主义诉讼模式，即诉讼的进程完全由当事人来控制和推进，法院的职权被严格限制。20 世纪开始，自由资本主义向垄断资本主义过渡和转换，反映到民事诉讼中出现了职权干预的理念，为诉讼指挥权的产生和发展奠定了社会基础。

一、自由主义诉讼观的转变

18 世纪至 19 世纪，整个资本主义世界处于自由竞争时期，自由主义思潮构成当时社会意识形态的主流。自由放任主义在诉讼中造就了一种消极、超然的法官角色，当事人基于自由的意志处分自己的权利，法官不应予以干涉，也排除其他人干涉的可能。这种理念和诉讼观的形成基于两点：其一，诉讼是当事人自己的事情，不允许国家的公权力予以干涉；其二，这种自由主义诉讼观建立在理想化的当事人地位平等、诉讼能力平等的基础之上。进入 20世纪后，自由放任主义思想日渐衰竭，而政府干预理论逐渐上升为经济发展的标志。与这种社会思潮的变化相适应，司法程序中法院与当事人的职能和作用也发生了变化。

（一）自由主义价值观受到挑战

在自由资本主义时期，两大法系民事诉讼体制虽然有着明显不同，但都可被称为当事人主义诉讼模式。其中主要的不同在于，在英美法系国家诉讼制度中，法官呈现一种完全的消极被动角色；而大陆法系的法官在民事诉讼中的职能作用并非全然消极被动，其职权作用以不干预当事人处分权和辩论权为限。由于社会经济快速发展引起的民事纠纷日益增多，两大法系诸多国家出现了"诉讼爆炸"现象。其中一个重要因素在于在诉讼程序中赋予了当事人过于自由的意志和程序决定权。由于案件数量增大、诉讼迟缓导致的司法资源消耗、成本加大，自由主义的价值观念受到挑战，产生了司法干预理念。于是，为高效率使用有限的司法资源，避免诉讼迟延，《德国民事诉讼法》率先进行了诉讼程序的改革。

《德国民事诉讼法》进行改革的第一个环节为摒弃古典辩论主义原则，在诉讼中强化法院的释明义务。根据《德国民事诉讼法》第 139 条的规定，"裁判长应当命令当事人对全案重要的事实作充分且适当的陈述，声明其证据。在必要限度内与当事人就事实及争论的关系进行讨论，并且向当事人发问"。[1]该条规定涉及的义务是法官在民事诉讼中最重要的任务之一，并且具有深远的现实意义。[2]其原理为：虽然诉讼是以解决当事人之间的私益纠纷为目的，但是在保障当事人诉讼权利和实体权利方面，其是国家的义务和职责。因此在整个诉讼程序中，给予当事人过多的自由权利不仅不能有效保障当事人的诉讼权利，且造成的诉讼拖延和司法成本的浪费，本身就是对权利保护的误读。1976 年制定的《德国民事诉讼简化法》，引入了当事人与法院的诉讼促进义务及诉讼合作义务，从而引发人们对协同主义理念的讨论。2001 年德国民事诉讼改革更进一步，法官行使释明权并实质性指挥诉讼的重要性得以突出，社会法治国理念在民事司法中落实。[3]

法国从 1806 年建立以当事人主义为特征的民事诉讼体制以来，法官在诉

---

〔1〕 张卫平、陈刚编著：《法国民事诉讼法导论》，中国政法大学出版社 1997 年版，第 36 页。

〔2〕 ［德］奥特马·尧厄尼希：《民事诉讼法》（第 27 版），周翠译，法律出版社 2003 年版，第 132 页。

〔3〕 王福华："民事诉讼的社会化"，载《中国法学》2018 年第 1 期。

讼中处于消极被动的角色，整个诉讼程序完全由当事人来控制。但是随着当事人在诉讼过程中的权利过大带来诉讼迟延和资源消耗，到 19 世纪末，人们逐渐认识到法官袖手旁观、将诉讼的控制权完全交给当事人并没有更好地实现中立和公平，反而制造了混乱。1975 年《法国民事诉讼法》亦规定了释明权制度。该法第 8 条规定："法官可以要求当事人对事实提供解决争讼所必要的说明。"第 13 条规定："如果法官认为对解决纷争是必要的话，可以要求当事人提供其对法律根据的说明。"〔1〕上述两个法条不仅规定了释明权，而且明确了释明权的权限范围和内容。首先，规定了法院实施释明权的职责范围，既可依职权行使也可在必要时以裁量权进行释明；其次，明确了释明的范围，既可以对事实和证据进行释明也可对法律问题进行释明。该法第 7 条在规定法官不得以在法庭辩论中未涉及的事实为裁判依据的同时，强调在辩论的各项材料中，法官得考虑当事人可能未特别加以援述、用以支持其诉讼请求的事实。在规定了辩论主义内容的同时，对于当事人未加以援述的内容进行释明，是为了矫正当事人诉讼能力实质不平等而进行的释明，属于辩论主义的例外。

在美国，整个诉讼程序由当事人及律师来推进和控制造成了极为严重的诉讼拖延现象。21 世纪初，美国的这种自由主义、个人主义的司法观念受到挑战。1906 年，庞德教授发表的一篇题为《大众对司法裁判不满之缘由》的演讲，使得人们发现，一切诉讼程序由当事人自由意志决定，成为导致诉讼迟缓的重要因素。美国在之后的民事诉讼改革中，当事人基于自由意志实施的诉讼行为在一定程度上受到法官适当程度的控制，尤其是在审前程序中，法官替代了当事人及其律师推进诉讼的进行，成为"管理性法官"，目的是限制当事人自由意志对诉讼程序的过分干预，避免司法资源的浪费以及提高诉讼效率。

近年来，美国诉讼规则的变化倾向于加强法院在整个诉讼程序中的管理作用。所谓"案件管理者"概念的核心，是法官的权力和职责推动案件发展、尽可能促进和解，至少要在终结诉讼方面提高效率。〔2〕但依然有着不同的看法，有人认为两大法系在这方面还是有着习以为常的区别：仍然是美国律师，而不是法院负责收集和出示证据；仍然是美国律师，而不是法院负责选择并

---

〔1〕　张卫平、陈刚编著：《法国民事诉讼法导论》，中国政法大学出版社 1997 年版，第 36 页。

〔2〕　See Resnik, "Managerial Judges", 96 *Harv. L. Rev.* 374, pp.376~385.

对其进行讯问和质证。虽然在外在形式上美国法官被仪式化地提升了地位，但主导审判的不是法官，而是律师。[1]

（二）理想化平等观之弊端

自由诉讼观的转化起因于对贫穷阶层的关注，从而发现了辩论主义原则的设置建立在武器平等的基础上，并非现实。最先将法律世界的关注目光转移到社会的贫穷阶层身上，并将这些关注引入民事诉讼法律当中的是奥地利法学家安东·门格尔。其观点为，不能放任当事人完全自由地进行角逐，而对当事人诉讼能力不平等情形视而不见。[2]

1877年《德国民事诉讼法》是以当事人主义诉讼模式为构架建立的，立法者基于自由主义诉讼观的基本理解，表明古典辩论主义着眼于形式真实。[3]古典辩论主义原则下这种自由主义诉讼观是虚拟的，当事人平等地位和平等的权利是假设的。这种假定的平等主体之间的竞争规则虚构了当事人机会平等和武器平等，而没有识别这些平等规则背后的不平等面孔，不平等的社会才是客观现实。[4]显然传统的自由主义诉讼观所倡扬的形式平等偏离了社会现实，辩论主义原则的弊端日渐显露，无法满足其理想状态的法治效果。因此，在诉讼权利平等的法律假设而武器不平等的社会现实下，法院再袖手旁观地保持中立，其结果极有可能是看似公正的程序，却得不到正义的果实。于是，以法院职权介入来调整当事人之间的不平等现状，使得双方在实质平等的基础上走进诉讼，是法院诉讼指挥权产生的重要因素之一。

19世纪末以来，以德国和奥地利为代表的大陆法系国家开始反思，并认为，当事人主义诉讼模式以形式上的当事人平等作为诉讼前提，采取自由放任的诉讼原则，造成了民事裁判结果实质上的不公正。[5]而在当事人实质诉

---

〔1〕 Chase, Oscar G, "American Exceptionalism and Comparative Procedure," *American Journal of Comparative Law*, 2002, Vol. 50（No. 2）, p. 298.

〔2〕 参见彭芳林："社会的诉讼观对现代民事诉讼的启示"，载《湖北警官学院学报》2014年第2期。

〔3〕 参见熊跃敏："辩论主义：溯源与变迁——民事诉讼中当事人与法院作用分担的再思考"，载《现代法学》2007年第2期。

〔4〕 参见［德］鲁道夫·瓦瑟尔曼："社会的民事诉讼——社会法治国家的民事诉讼理论与实践"，载［德］米夏埃尔·施蒂尔纳编：《德国民事诉讼法学文萃》，赵秀举译，中国政法大学出版社2005年版，第86页。

〔5〕 吴杰："能动司法视角下民事审判权运作机制定位与反思"，载《现代法学》2011年第3期。

讼能力不平等的现实下，法官的消极被动就难以保证诉讼程序的公正。如果放任当事人根据自己的诉讼能力自由行使诉讼权利，诉讼程序的公平与效率就无法得到保障。因此，约束当事人诉讼权利的正当、合法行使，法官的中立性就不能解读为消极和被动。

（三）民事诉讼观的社会化发展

随着自由主义观念所依存的社会、经济等诸多条件的衰落，自由主义体系的不充分性越来越暴露无遗。个人的自由和社会正义要得到更大实现，国家就不能袖手旁观。[1]国家要保护弱者不受侵害，就需要积极介入经济和社会秩序中，因此，社会的思考方法被带入民事诉讼中，逐步形成了社会的诉讼观。在这种社会化思想中，法官诉讼指挥权的概念逐渐形成。人们更加强烈地意识到在公法领域，当事人的自由主义应当让位于社会公共福祉。诉讼不仅保障公民的权利，同时也要维护社会正义。

随着自由主义诉讼观走向衰落，社会的诉讼观呈抬头趋势。通过国家干预以实现当事人实质力量的平等之社会的民事诉讼观得到广泛的认同。[2]人们不再觉得将诉讼中的权利完全交给当事人行使就能使得当事人的权利得到保障，反而当事人举证不能或由于对诉讼程序的不熟悉而得到败诉判决，极有可能是由于过于强调程序公平使得真正权利人的实体权利得不到保障。社会的发展变化不仅使人们发现了自由主义诉讼观的弊端，并对其正当性价值提出了怀疑。

面对现代社会中权利救济大众化的趋势，缺少成本意识是一种功能不全的司法制度。[3]诉讼的多重价值追求决定了当事人在诉讼中不能一味自由放任自己的权利，法院应进行职权性干预，当事人主义诉讼模式应得到修正。民事诉讼从"当事人自己的事"向"直接关系公共利益的事"转变，民事诉讼制度所具有的公共性质被日益强调，并逐渐居于主导地位。[4]近年来，从

---

〔1〕　参见唐力："辩论主义的嬗变与协同主义的兴起"，载《现代法学》2005年第6期。

〔2〕　熊跃敏："辩论主义：溯源与变迁——民事诉讼中当事人与法院作用分担的再思考"，载《现代法学》2007年第2期。

〔3〕　［日］棚濑孝雄：《纠纷的解决与审判制度》（修订版），王亚新译，中国政法大学出版社2004年版，第267页。

〔4〕　肖建华、李志丰："从辩论主义到协同主义"，载《北京科技大学学报（社会科学版）》2006年第3期。

大规模侵权诉讼到社会公共利益的保护，侵权制度从过错责任到无过错责任制度的创立，不难看出，群体诉讼与公益诉讼制度的设计承载更多的诉讼职能。在这些诉讼制度中，法院不仅肩负着解决纠纷的诉求，客观上还在于矫正被告行为，维护社会公共政策。法院正在担负起保护社会福祉之责。[1]

诉讼指挥权的产生和发展表明，传统自由主义意识形态支配下的当事人主义诉讼模式具有一定的局限性，其在保障自我利益实现目标的同时对其他权利的放任和阻碍导致诉讼目的的多重功能难以实现，无法实现真正的社会正义。因此，在诉讼进程中强化法院的职权，诉讼指挥权概念的形成，是社会进步、司法制度发展的必然结果。

二、职权主义由退场到重塑

诉讼模式理论主要用于探讨诉讼制度的构建、运行中涉及的诉讼参与主体的权限分配问题。[2]在职权主义诉讼模式中，在参与诉讼者的权限分配中法院独领风骚；而在当事人主义诉讼模式中，诉讼几乎成为当事人对话的场域。当前，这两种诉讼模式的定位已经随着社会的发展走向融合。当事人主义诉讼模式中法院的作用得到日益强化，诉讼指挥权的概念即在当事人主义诉讼模式的修订中逐渐形成。

（一）不同诉讼模式的历史交替

在民事诉讼制度历史发展进程中，出现过两种不同诉讼模式的交替和转换：职权主义和当事人主义。在职权主义诉讼模式下，法院职权性较大，因此，并未将诉讼指挥权单独概念化。而在当事人主义诉讼模式下，当事人在诉讼进程中享有较大的自主权、处分权，对法院和法官的诉讼指挥是一种限制状态，甚至在英美法系国家几乎没有存在的空间。随着社会变革和发展，职权主义诉讼模式早已在世界诸多国家退出历史舞台，在19世纪中叶，两大法系均在不同程度上发展为当事人主义的诉讼构架。法官以消极被动来体现其中立性，诉讼的推进和证据的提交或开示完全以当事人为主导来推进和完成。

---

〔1〕 参见王福华："民事诉讼的社会化"，载《中国法学》2018年第1期。

〔2〕 宋明、冯含睿："民事诉讼调解主体的权限分配研究——以当事人主义与职权主义模式为视角"，载《理论学刊》2013年第8期。

在当事人主导型的诉讼模式中，当事人双方在法官消极的视角下进行战斗和角逐。但是，人们发现将诉讼中的权利完全交给当事人行使未必能使得当事人的权利得到更好的保障，反而当事人举证不能或由于对诉讼程序的不熟悉而得到败诉判决，极有可能是由于程序的维护使得真正的权利人实体权利得不到保障，从而经过诉讼的判决结果与案件真实是相违背的，让真正的权利人丧失了权利，诉讼因程序的维护让不该获得利益的人获得利益，成了违法者的帮凶。当事人主义诉讼模式下出现的另一个重要问题就是：当事人过度自由地行使权利带来了诉讼拖延、司法资源浪费等弊端，于是法院职权作用的介入在两大法系中均先后不同程度地得到体现。

伴随着自由主义日渐衰落，福利国家思想的逐步兴起，法院职权介入并强化，修订了当事人主义诉讼模式。尤其是大陆法系国家强化了当事人的真实义务，法官不仅可以自由裁量对当事人进行询问，在认为必要时也可以依职权调取证据。在法官指导下的诉讼程序进行中，辩论主义为核心的诉讼原则受到挑战。这种法院的职权强化带来了人们对诉讼模式的重新定位，一种观点认为是对当事人主义诉讼模式的修订，也有观点称，这是职权主义的回归。

（二）法院职权强化与重构

没有任何原则、制度或价值本身可以脱离历史与社会环境的变化而至高无上和概括抽象地存在。[1]在诉讼制度由职权主义向当事人主义过渡之时，这是一个彰显自由主义的社会。但是随着自由主义的衰落，社会的自由主义诉讼观向社会诉讼观转变，职权主义再度兴起。对于新兴的职权主义，并非完全意义上的职权主义回归，而是以诉讼指挥权的形式出现在两大法系中。诉讼指挥权与传统职权主义的一个典型的区别在于：诉讼指挥权主要是针对案件的管理以及程序的引导，而非对当事人合法诉权的限制，更不是替代。虽然诉讼指挥权也包含了实体性权利，但是主要针对当事人在诉讼中由于对证据或法律认知不够而给予的释明以及提交证据能力的补充，亦不会代替当事人实体权利的处分。而职权主义的一个典型特征是无论是诉讼权利还是实体权利，都可以替代当事人行使。

---

〔1〕〔意〕莫诺·卡佩莱蒂:《比较法视野中的司法程序》，徐昕、王奕译，清华大学出版社2005年版，第295页。

社会变革带来民事诉讼制度的发展变化，当事人主义诉讼模式出现的短板使得人们开始反思职权主义之所长。于是对当事人主义诉讼模式进行修订，强化了职权性干预主要体现在以下三个方面：

第一，由当事人进行主义向职权进行主义转化，即在诉讼程序推进运行方面，由法院掌控和管理。在当事人进行主义时期，当事人提出攻击防御的方法是其处分权的内容，法院基于权利保护之目的不加干预。然而，由当事人主导并推进诉讼进程不仅导致当事人诉讼权利的过度行使，也是导致诉讼拖延的重要原因之一。德国 1976 年民事诉讼制度改革的成功证明了职权主义与当事人主义的协调运作，有助于诉讼效率的大幅度提高。[1] 这一改革的成功经验迅速得到世界诸多国家的效仿。于是将控制诉讼程序的权利由当事人手中转移到法院来主导和推进，不仅在大陆法系国家进行，也得到英美法系国家的跟进和借鉴。法官在诉讼进程中运作使得诉讼进程顺利高效地推进，释明当事人完成其诉讼促进义务，就成为法官积极行使的职责——法官程序上的诉讼指挥权。

第二，在案件审理内容方面，部分恢复了职权探知主义。虽然从诉讼程序方面讲，诉讼中的期日之指定、期日中发言之整理等程序进行，依职权进行主义，法院享有主导权已成为两大法系的普遍共识，但是关于成为裁判基础的事实及证据收集，却随着自由主义诉讼观的衰落，不再是纯粹的辩论主义，有协同主义理念渗入；实体方面也增强了职权调查事项，并对当事人作出了真实义务的规定。在这种社会诉讼观的发展之下，民事诉讼程序出现了当事人之间对抗以及当事人与法官之间协同的诉讼程序。

第三，在法律解释与适用层面上，引入了法律观点指出义务，即法官对法律适用进行解释。尤其是在当法官发现当事人及其代理人对案件适用法律的预判与法官对案件法律适用的理解不一致时，法官在庭审中对当事人及其代理人进行法律观点的指出或释明。其效果为：纠正当事人及其代理人对适用法律错误的判断，使得当事人及其代理人能够在正确理解法律问题的基础上进行充分辩论。同时，在法官与当事人进行法律解释和释明等沟通后，当事人对裁判的结果有更接近正确的预判。这有效促进了庭审，提高了当事人

---

[1] 何德平："论诉讼指挥权"，载张卫平主编：《民事程序法研究》（第 2 辑），厦门大学出版社 2006 年版，第 154 页。

对裁判结果的认同。

诉讼模式的转变影响着法院诉讼指挥权的内容和范围；反之，诉讼指挥权的强化和扩张也必然带来了诉讼模式的修订甚至重新定位。首先，诉讼指挥权概念的提起，强调法官参与其中，使得诉讼程序由当事人双方之间的"对抗"转为当事人、法院三方之间的"对话"。其次，社会化民事诉讼观的兴起，从接近正义的角度重新阐释了国家在解决私益纠纷之外负担的社会保障功能。正如克莱因所言：在民事诉讼中不仅仅是当事人之间的事情，而应当在个人主义和公共福祉之间架起一座桥梁。[1]笔者认为，诉讼指挥权制度的建立与逐步完善，将会承担起这一桥梁作用。

（三）诉讼指挥权的缺失与滥用

在我国，职权主义是《民事诉讼法》制定之初的基本诉讼模式。随着20世纪90年代的司法改革，职权主义色彩逐渐弱化，当事人主义诉讼模式成为诉讼制度改革的方向。但是，当两大法系以当事人主义诉讼模式为基础的诉讼制度逐渐开始强化法院职权性时，我国也在推进当事人主义诉讼模式的转换中放缓了步伐。2012年《民事诉讼法》增加了诚实信用原则，落实到具体条款中，明确了当事人的真实义务以及法官的询问制度，虽然释明权的完善仍在襁褓之中，但是当事人真实义务的要求，必然需要法院对当事人诉权行使予以规范和限制，尤其是当前对于虚假诉讼的打击和制止，亦要求法官在民事诉讼中对于虚假诉讼、职业放贷等予以职权性审查。可见，法官职权方面的作用亦呈现出明显的强化趋势。

当前，虽然我国诉讼制度中当事人主义诉讼模式的发展方向并没有改变，但在日益强化的法院职权作用中，实践中法官的诉讼指挥功能呈现出一种滥用或缺失的交错状态。从程序方面讲，法官在程序方面体现了较强的职权主义色彩。虽然民事诉讼法律及相关司法解释规定了举证期限、庭前会议、鉴定等事项当事人可以协商进行，但是实践中法院主导、控制诉讼进程的权力依然很大，无论是指定举证期限，还是程序性事项的通知等，都是由法官来自行决定，当事人在等待之中提出的异议，仅为一种不满的表达和督促，但

---

[1] [德]鲁道夫·瓦塞尔曼："社会的民事诉讼——社会法治国家的民事诉讼理论与实践"，载[德]米夏埃尔·施蒂尔纳编：《德国民事诉讼法学文萃》，赵秀举译，中国政法大学出版社2005年版，第91页。

没有促进诉讼进行的实质性权利。从实体方面讲，当前存在两种倾向：一种是片面地借鉴英美法系中法官消极被动的角色定位，放任当事人在诉讼中的自由意志，法官在审理案件时消极沉默，法庭上一般不过多表态和释明，使得法院的诉讼指挥权是一种缺失状态。另一种是依然保留着法官的职权主义色彩，在审理案件时忽视当事人之间的辩论，强调法院的询问和主观判断，不仅程序正义无法实现，也是一种诉讼指挥权的滥用行为。

虽然建立高素质法治工作队伍，推进法治队伍的专业化、正规化已经成为时代之音，但以上情况在当前司法实践中仍有较为普遍的存在，不仅需要法官自身专业化素养的提升，对法官在诉讼程序中如何行使指挥职责，还需要制度的具体规范和落实。

三、诉讼功能扩张与多元发展

诉讼案件增多、诉讼拖延的司法现状成为世界诸多国家所面临的问题。美国20世纪60年代建立起的替代性解决纠纷机制（ADR）迅速被世界各国效仿，并在法院内部尝试以多元方式解决纠纷。诉讼功能的扩张使得法院仅仅依据审判流程作出裁判的结果已然无法适应现代社会的需求。法官在采取替代审判的方式解决纠纷时亦发挥着超越审判权范围的相对灵活的作用和功能，司法环境的变化为诉讼指挥权的产生提供了社会基础。

（一）社会矛盾的不可消解性

纠纷是主体之间产生的对立与冲突，当这个冲突可以在主体内部解决时，其就不会外化为一个社会问题，这时的冲突仅在主体之间产生影响、在主体之间解决。[1]无论双方使用何种方式，如协商、谈判、让渡等，其方式和结果都由冲突双方来决定。当纠纷无法自行解决而外在化为需要动员主体以外的力量来解决时，纠纷就进入了社会。比如夫妻之间为琐事争吵后自行和解，属于家庭内部矛盾的内部解决。但是如果夫妻争吵后未自行和解，而是将争议交由人民调解组织或利用诉讼，那么就外化为一个社会问题了。

纠纷进入社会，意味着第三方的介入，第三方以什么样的方式使得纠纷双方达成解决方案，由第三方的性质或具备的社会职能来决定。如果第三方

---

〔1〕 刘荣军：《程序保障的理论视角》，法律出版社1999年版，第5页。

以职权介入决定解决纠纷的方案和结果，我们通常称之为裁判或仲裁，这一职能的承担者是法院或仲裁组织；如果第三方仅是协助争议的各方自行达成解决方案，我们通常称之为调解。承担这一社会职能的是社会人民调解组织、行业组织等。调解意味着当事人双方会让渡一部分对于纠纷解决进程的控制权，但未必让渡其对结果的控制权；而裁判或仲裁则意味着当事人一旦将纠纷交由法院或仲裁组织，纠纷解决的进程和结果的控制权就不在当事人手中。[1]

因此，当社会中各种民事纠纷可以自行化解而没有外化为社会问题时，就不会有机构或组织去主动干预这种矛盾或争议，社会对民事矛盾或纠纷具有一定的包容性。而纠纷是否需要进入社会，冲突双方希望以什么样的方式来解决，如果社会调解组织、仲裁机构健全并获得民众信任，那么诉讼就不会是首选；如果社会解纷机构不健全，那么一旦冲突双方无法通过协商、谈判的方式解决，诉讼就成了主要的纠纷解决方式。同时也意味着当事人将纠纷解决的路径和结果让渡于司法。由此可见，司法解决纠纷不是主动干预，而是当事人的选择，社会对纠纷的包容性放置于司法制度中，被称为不告不理原则。

社会的发展离不开矛盾的产生与发展变化，社会对纠纷的容忍度来自矛盾在社会中具有的自我消解的功能。因为冲突在表达一种公开的暴力之外，更是社会上紧张、敌意、竞争以及人们对价值标准产生的分歧。因此，冲突是社会生活中一个持续存在和不可避免的组成部分。[2]笔者认为，承认冲突存在的正当价值，是法院不告不理原则的正当化社会基础。

法院的不告不理原则也体现了司法的消极被动性，以及国家司法资源和成本考量。因此，将矛盾交由法院来解决，不应是当事人最佳的选择，而应是最后的无奈。这原本是司法被动性的本质性解读，即诉讼是社会纠纷解决的最后一道防线。另外，从诉讼的经济性和审判成本来考虑，当使用有限的国家资源来解决以私益为主的民事纠纷时，正义的输出应将成本和效率考虑在内。基于此，诉讼的功能不应当仅仅是解决纠纷，保障权利、维护秩序与

---

〔1〕［德］斯蒂芬·B.戈尔德堡等：《纠纷解决——谈判、调解和其他机制》，蔡彦敏、曾宇、刘晶晶译，中国政法大学出版社2004年版，第3页。

〔2〕［美］尹恩·罗伯逊：《社会学》（上册），黄育馥译，第25页，转引自刘荣军：《程序保障的理论视角》，法律出版社1999年版，第19页。

法的安定性等对社会整体利益的维护，亦是诉讼的重要功能所在。

（二）选择诉讼的任意性

民事案件增多、社会解纷机构不健全，于是，当人们纷纷将纠纷诉至法院时，不得拒绝司法、让民众走进司法的现代审判理念，已然敞开了司法大门。例如，我国 2007 年《民事诉讼法》修改完善了民事申请再审制度、增加了执行异议之诉制度，2015 年变"立案审查制"为"立案登记制"等，司法为民理念贯穿于司法制度中，法院降低了立案门槛，将解纷的最后一道防线陈列于当事人面前供其选择，满足人们对诉讼的利用，满足当事人不服判决的救济渠道。显然，司法的被动性无论从社会角度还是司法角度都受到全方位的挑战和突破。解决纠纷成了诉讼的最主要功能。

制度的设计是各种价值博弈和平衡的结果。面对日益增长的诉讼案件，法院敞开大门让民众走进司法体现了为民情怀，但同时也必然要考虑国家对审判资源和力量的投入。实质上，当事人诉至法院，给予其诉讼救济的路径越长、渠道越多，救济制度越完善，资源的消耗越大，诉讼成本越高，甚至当事人积累的不满情绪亦在叠加。因此，在既定的诉讼制度和诉讼程序上使得司法资源有效地配置、提高当事人利用诉讼的有效性，是诉讼指挥权正当性基础的进一步深化。

法院作为中立第三方来解决纠纷，但并不必然是以审判的程序作出裁判结果。如果说是以对抗性辩论为基础的审判方式作出裁判结果，当事人的认同性来自裁判的终局性和司法权威。因此，当事人对实体内容不认同的，可以继续诉讼进行下一个程序的救济，这无疑也是一种成本的增加。而如果以判决以外的协商性交涉为基础的合意型方式解决纠纷，那么当事人的认同就是唯一的标准了。因此，所谓的"一裁终局""调解书签字生效"不仅意味着当事人的认同性，也极大地节约了司法的成本、提高了诉讼效率。从当事人角度分析，当其发现对抗制程序使司法成为成本最昂贵的解纷方式时，选择合意性解决纠纷将成为优先的选择。由此可见，司法的被动性在诉讼案件增多的情形下，成了审判制度自身的局限性，因而需要通过合意来弥补法律程序的正当化机制。当代社会的审判功能因此而扩大。[1]

---

〔1〕 ［日］棚濑孝雄：《纠纷的解决与审判制度》（修订版），王亚新译，中国政法大学出版社 2004 年版，代译序第Ⅵ页。

纠纷一旦进入社会，成为影响社会秩序的纠纷，当事人以何种第三方来解决，选择权依然在其手中。由于纠纷本身就是具有不同知识、文化背景和价值观念的主体之间的对立和抗争，因此，当事人选择诉讼的方式进入法院，即意味着选择了对抗形式来解决纠纷。但是，以对抗式方式作出力量抗衡的结果，即法院作为第三方以强制性路径和结果来解决纠纷，在很多时候并非最佳方式，因为其不仅消耗资源而且解纷过程具有融合不同价值观念和不同利益的积极功能无法得到实现。[1]因此，以什么样的方式来寻求解决的契合点：合意、离退抑或第三者介入的终结，路径的选择促使了多元化纠纷解决机制的发展。

（三）解纷方式的多元化

诉讼案件增多已经成为世界性话题。20 世纪 60 年代美国设立了替代性解决纠纷机制（ADR），与正式诉讼一起运用于诉前和审前阶段，目的是促进双方合意，达成和解方式解决纠纷。与对抗性的诉讼方式相比，调解具备一些明显的优势：一是减少对抗、强化合作，有助于社会矛盾的修复；二是经济、快捷，降低成本和资源消耗；三是调解的结果是当事人自愿接受的解决方案，因此最终的权威在当事人手中；四是争议的案件既不需要遵循某一先例，也不需要树立某一先例。[2]并且，和解使当事人的偏好和满意程度达到了最大化。

20 世纪 80 年代后期，ADR 在世界范围开始兴起并高速发展。虽然在不同的国家和地区，ADR 因制度、文化等差异，而有着不同的发展动因、侧重点以及运行模式，但是一个共同的发展趋势为：运用社会资源分流法院的诉讼案件，以双方合意避免对抗、以双方对结果的认同达到社会关系的有效修复。其目的为：节约资源、降低成本、减少对抗性，化干戈为玉帛，维护社会稳定。美国 ADR 解纷机制与我国传统的调解制度在解纷机制的内在组成部分不谋而合。2015 年 4 月，我国民事诉讼改立案审查制为立案登记制的同时，最高人民法院在四川眉山召开了"眉山会议"，全面部署深化多元化纠纷解决机制改革。多元化纠纷解决机制的建立，是运用社会资源来分担法院成本的一种方法，将案件分流在社会层面去解决，减少法院的拥堵。

---

〔1〕　参见刘荣军：《程序保障的理论视角》，法律出版社 1999 年版，第 21 页。

〔2〕　［美］斯蒂芬·B. 戈尔德堡等：《纠纷解决——谈判、调解和其他机制》，蔡彦敏、曾宇、刘晶晶译，中国政法大学出版社 2004 年版，第 160~161 页。

解决纠纷方式的多元带来了学界的探讨，诸多日本学者认为，现代法体系诉讼的功能，已经不再局限于消极与规制，而是逐渐向积极与促进方向扩大。[1]因此带来两个问题：其一，让纠纷得以多元化解决，在对抗中加入"合意"的元素，是法治国家发展到一定阶段出现的"非法化"现象，但是这种法治国家发展到一定阶段的产物是否适合于正处于向法治国家发展过程中的国家的法律制度，正是今日中国面临的问题，即正在向着法治国家发展的中国，高调呼吁多元化纠纷解决机制的建立，是否会弱化审判的功能，使得司法权威遭受挑战。其二，诉讼中强调多元方式解决，在纠纷得以和解或调解的方式解决时，诉讼程序中不再强调司法上的规制和程序性要求，这种以非审判方式解决纠纷的结果体现的诉讼程序上的灵活性，将这种对话、协同的方式作为法院诉讼指挥权的内容，无疑是没有问题的，但是将这种调解方式或称调解权等同于审判权，似乎缺少程序上的规制。但是，不可否认的是，在我国民事诉讼中，法院作出的调解书事实上与判决书有着别无二致的既判力和执行效力。[2]

从法院内部多元化纠纷解决路径来分析法院的作用，无论是在诉讼过程中以和解还是调解的方式解决纠纷，法官的诉讼指挥已经不再是在双方对抗中进行释明和建议，法官在诉讼中以最有利解决纠纷的目的进行方式方法的调整，审判功能的多元发展——强制到合意或取代强制的合意：在解决纠纷为目的时而实施手段的多样性和灵活性，解决纠纷之外承担着政策形成和政策引导功能，体现了法院诉讼指挥的灵活性或多元方法的发展。

实质上，无论诉讼是合意解决还是强制解决，强制与合意并不是简单的统一或对立关系，而是一种相互渗透、无法排除的复杂结构。[3]判决并非简单地强制性判定，也不是纯粹地根据逻辑从法律推导出的具体结论，它的正当性和约束力的基础同样存在交涉性的合意。[4]因为我们无法排除在对抗的诉讼模式中，双方没有合意的成分，也无法排除在调解或磋商的案件中双方

---

〔1〕 [日]田中成明：《现代社会与审判：民事诉讼的地位和作用》，郝振江译，北京大学出版社 2016 年版，第 14 页。

〔2〕 毕玉谦等：《民事审判与调解程序保障机制》，中国政法大学出版社 2015 年版，第 70~71 页。

〔3〕 参见 [日]田中成明：《现代社会与审判：民事诉讼的地位和作用》，郝振江译，北京大学出版社 2016 年版，第 52~53 页。

〔4〕 [日]棚濑孝雄：《纠纷的解决与审判制度》（修订版），王亚新译，中国政法大学出版社 2004 年版，代译序第 Ⅳ 页。

当事人最后的合意没有法官职权性干预。因此，在诉讼中无论以何种方式解决纠纷，法官的职权性都在或多或少或直接或间接地起着诉讼指挥的作用。

2008 年美国联邦法官处理的民事案件中，只有不到 5% 的案件进入审判阶段。另外 95% 的纠纷被转移到强制仲裁，与负责结案的地方法官或地区法官举行和解会议、即决审判、指导审前裁决，以及驳回因证据不足或不可信而提出的申诉。[1]以上数字体现了美国 ADR 成果的解纷效果，但数据也清楚地记录了审判现象正在消失，却依然没有找到令人满意的解释。[2]法官尽管也促进当事人之间的交涉、寻求合意和解的可能性，但其重心终究应当是判决。在诉讼程序地位设定中完全不考虑法官权威和判决的强制性质，不仅不现实而且是不恰当的。[3]不可否认的是，多元化纠纷解决机制的建立，在解决纠纷、扩大权利实现可能性方面起到了积极作用，但同时也有着消极的影响，模糊了权利义务的明晰化，减弱了法律的规范性，甚至在美国出现了审判消失的顾虑。

程序正义与实体公正是法院在诉讼中对公平正义的追求。但是当二者产生冲突的时候，是保障程序正义优先还是追求案件实体真实为最终目的，是两大法系的诉讼制度的一个重要区别。其实质蕴含了法官职能的主动性和司法被动性特点。国家强制力是审判权的权力来源和正当性基础。但是调解权却带有沟通、协商和引导的属性，似乎无法被审判权所包含，而与诉讼指挥权的内容并不相悖，即法院的诉讼指挥权不仅具有强制力作用，也包括协商功能。随着多元化纠纷解决机制在我国的探索和初建，司法权具有了一种延伸的功能：与法院外部的社会纠纷解决机构、机制联系、沟通和指导。在以解决纠纷为目的的多元途径中，法院的诉讼指挥权得到进一步延展和扩张。面对千年未有之大变局，社会转型而导致的利益多元化已是不争的事实。[4]

---

〔1〕　Margaret. Y. K. Woo，"Manning the Courthouse Gates：Pleadings，Jurisdiction，and the Nation-State"，*Nevada Law Journal*，2015，Vol. 15（No. 3），p. 1281.

〔2〕　Gelinas，Fabien，and Clement Camion，"Efficiency and Values in the Constitution of Civil Procedure"，*International Journal of Procedural Law*，2014，Vol. 4（No. 2），p. 208.

〔3〕　［日］田中成明：《现代社会与审判：民事诉讼的地位和作用》，郝振江译，北京大学出版社 2016 年版，第 105 页。

〔4〕　参见孙立平：《失衡——断裂社会的运作逻辑》，社会科学文献出版社 2004 年版，第 115 页。

第二节 理论基础与实践需求

民事诉讼必须是正当的,这一正当的内容包含两层含义:一是结果的正当,即裁判结果公正并获得当事人的认同;二是实现裁判结果的过程本身具有正当性。显然,结果的正当是指传统的审判意义上的实体法价值。而诉讼过程本身的正当则意味着保证人们利用诉讼的机会平等和便利、保证法院能够获取足够的诉讼资料。[1]诉讼指挥权的正当性基础旨在实现诉讼过程本身的正当性。

一、理论基础

法律规范具有流动性和差异性,但是法律思想体现的却是恒定的价值。民事诉讼在经历着历史变迁,展现出与社会经济发展极度吻合的变幻不定和适应性,是否亦存在永恒的价值?[2]正如具体的法律规范要在法律思想中寻找自身的正当性,在民事诉讼中,论及法院诉讼指挥权的正当性基础,笔者认为亦应从法理学和诉讼理论中寻找。

(一) 法的价值冲突与平衡

古罗马法学家乌尔比安认为:"正义乃是使每个人获得其赢得的东西的永恒不变的意志。"[3]西塞罗将正义描述为"使每个人获得其应得的东西的人类精神取向"。由上述两大法学家的定义可知,正义是一种主观层面的价值取向和追求,而没有客观样貌的绘制。也因此博登海默认为"正义有着一张普洛秀斯似的脸,变幻无常,随时可呈不同形状并具有极不相同的面貌"。[4]

---

〔1〕 参见 [日] 谷口安平:《程序的正义与诉讼》(增补本),王亚新、刘荣军译,中国政法大学出版社 2002 年版,第 49~50 页。

〔2〕 参见 [德] 沃尔弗拉姆·亨克尔:"程序法规范的正当性",载 [德] 米夏埃尔·施蒂尔纳编:《德国民事诉讼法学文萃》,赵秀举译,中国政法大学出版社 2005 年版,第 4 页。

〔3〕 *De Finibus Bonorum et Malorum*, transl. H. Rackham (Loeb Classical Library ed. 1951), Bk. V. xxiii, pp. 65~67. 转引自 [美] E. 博登海默:《法理学:法律哲学与法律方法》(修订版),邓正来译,中国政法大学出版社 2004 年版,第 277 页。

〔4〕 [美] E. 博登海默:《法理学:法律哲学与法律方法》(修订版),邓正来译,中国政法大学出版社 2004 年版,第 261 页。

　　亚里士多德将"正义"区分为分配正义与矫正正义。"分配的正义"主要关注在社会成员或群体成员之间进行权利、权力、义务和责任配置问题。比如，达到一定年龄的人应当被赋予选举或被选举权，合法的劳动就应当获得合法的收入，达到退休年龄的人就会获得养老金等。因此，分配的正义即为同等情形获得同等对待。当同等情形未获得平等对待时，分配的正义就出了问题，此时矫正正义即开始发挥作用。法院即被视为一个发挥矫正正义功能的国家司法机关，它通过审判使得合同的违约方承担责任、侵权的致害人受到惩罚，甚至违反犯罪者受到刑事处罚。

　　正义是衡量法律之善的标尺，但并不是唯一可适用的标准。正义的标准并不必然具有永恒不变的价值，尤其是对于分配的正义来讲，当人类平等与不平等的社会标准发生变化时，正义的概念会因为规范正义之标准的改变而发生变化。正义的概念关系到权利和义务，所以它与法律观念紧密相连。[1] 波斯纳认为，如果正义主要意味着"分配的正义"的话，那么法律权利的分配与经济资源的分配就具有互换性，正义的诉求与它的价格必须联系在一起考虑。[2]

　　在民事诉讼领域，公正抑或正义是最高价值追求。分配正义的诉讼观认为司法资源是有限的，因此，分配正义时应讲究效率。具体到诉讼程序中，体现为获得法院的时间和注意力，实现程序相称，因此分配的正义在诉讼中被认为更适合作为价值追求。从实质正义的实现角度分析，法院的功能在于查明事实并作出公正判断。但是如果公正需要耗费极大的资源——包括金钱、时间或精力——去追求，那么当人们发现其追求的实质正义远远小于其为实现正义而消耗的资源时，即使结果是公正的，人们获得这个结果的满意度也会大打折扣，甚至认为，如果其预知投入成本和产出正义的比例，也许在最初就会选择放弃。

　　由此可见，正义受到的管理和限制，是因为效率被纳入司法价值之中。[3] 效率是经济学研究的一个重要概念，在经济学领域是指私人成本或利

---

〔1〕　[美] E. 博登海默：《法理学：法律哲学与法律方法》（修订版），邓正来译，中国政法大学出版社 2004 年版，第 287 页。

〔2〕　[美] 波斯纳：《法理学问题》，苏力译，中国政法大学出版社 1994 年版，代译序第 5 页。

〔3〕　Gelinas, Fabien, Clement Camion, "Efficiency and Values in the Constitution of Civil Procedure", *International Journal of Procedural Law*, 2014, Vol. 4（No. 2），p. 206.

益与社会成本或利益之间的最优组合形式。[1]其进入司法视野成为司法追求的价值之一时，就备受司法理论界与实务界的重视。[2]棚濑孝雄指出，"无论审判能够怎样完美地实现正义，如果付出的代价过于高昂，则人们往往只能放弃通过审判来实现正义的希望"。[3]民事诉讼是一个动态的过程，在这个过程中不仅消耗着物质和精神成本，也有对时间极大的消耗。所以，民事诉讼的经济性就必然包含最低的物质消耗与时间消耗。[4]所谓"迟到的正义非正义"，将效率概念融入诉讼程序，无需因效率的加入而重新排序诉讼的价值，也无需认为效率高于其他诸如中立、公正、事实和规范的准确性、可接近性等，而是将其视为实现正义价值的重要评价标准，是现代民事司法程序的一个重要考量因素。[5]有时候，提高效率与提高其他正义价值是相容的。高效的法院不仅能增强人们对法院系统的信心，同时也降低了诉讼成本。然而，仅仅注重效率在方法上也是有问题的，因为在促进其他价值方面，效率往往不是一种适当的手段。因为有效的司法并不等同于公正的司法。[6]

自由是法的最高价值，但是自由应以不侵害他人权益为前提。一味地放任自由，会使得法律的其他价值受到侵害。如果当事人自由处分其诉讼权利造成了诉讼拖延，导致法律的正义价值无法及时得到实现，法院便会基于正义的实现而对当事人自由意志进行限制。因此，诉讼程序中的自由不是恣意的，是要承担相应责任的自由。以提高诉讼效率、促进诉讼、减少成本为由在诉讼中增强法院的职权干预，看似是对一方当事人的自由实施限制，实质是对双方当事人的自由给予了尊重。

---

〔1〕 ［美］托马斯·G. 罗斯基："经济效益与经济效率"，王宏昌译，载《经济研究》1993 年第 6 期，第 55~58 页。转引自张曦："立案制度改革中民事诉讼公正与效率的价值博弈"，载《河南科技大学学报（社会科学版）》2015 年第 6 期。

〔2〕 沈明磊、蒋飞："资源配置视野下的司法效率"，载《人民司法》2008 年第 17 期。

〔3〕 ［日］棚濑孝雄：《纠纷的解决与审判制度》（修订版），王亚新译，中国政法大学出版社 2004 年版，第 267 页。

〔4〕 张卫平："论民事诉讼法中的异议制度"，载《清华法学》2007 年第 1 期。

〔5〕 See Gelinas, Fabien, Clement Camion, "Efficiency and Values in the Constitution of Civil Procedure", *International Journal of Procedural Law*, 2014, Vol. 4（No. 2），p. 206.

〔6〕 Gelinas, Fabien, Clement Camion, "Efficiency and Values in the Constitution of Civil Procedure", *International Journal of Procedural Law*, 2014, Vol. 4（No. 2），p. 205.

(二) 调整程序正义与实体正义的平衡

1. 矫正程序正义的局限性

根据《布莱克法律辞典》的释义，正当程序是指："任何权益受判决结果影响的当事人有权获得法庭审判的机会，并且应被告知控诉的性质和理由。"[1]这一以程序正当来保障实体正义的诉讼原则，是对私益在面临公权力时处于弱势地位的保护。自中世纪以来，程序正义一直作为西方国家的一项法治原则。英国崇尚自然正义，为美国正当程序原则的建立提供了良好的范例和理论基础，并在长期发展中逐渐成为美国人权保护的重要原则。[2]

如果说形式公平在一定程度上代表了程序正义，那么在人们逐渐意识到给予双方当事人形式上的平等地位并不代表双方实质公平时，如何矫正形式公平的这种内在局限性，弥补正当程序在保障当事人诉讼地位实质平等性的缺陷，是诉讼指挥权产生的正当性所在。

程序具有自身独立的价值，无论是大陆法系还是英美法系，这是无争议的事实。所不同的是，在追求程序独立价值的国家，不仅强调了程序独立于实体的价值，而且在程序与实体发生冲突时，其毫不犹豫地选择了程序价值优先。晓谕全球法律人的美国辛普森案被称作程序正义胜出的典范。而这个案件在中国，不仅不会出现，一旦出现也必然成为民众心目中的冤假错案。

民众对程序正义的接受度来自这个国家的文化背景、法律传统以及对法律的认知、素养等。在一个追求实体正义的法律制度中，让一个被告因为程序上的理由而败诉，他通常会无法理解。因为他认识不到，仅仅因为耽搁了期间，没有及时提出能够保证胜诉的证据，错误地表述了一个申请等，他就不得不因此而丧失权利。如果仅仅告诉他在诉讼中必须遵守规则似乎很难安慰他。[3]同样地，如果由于当事人能力或条件的限制，致使其无法提供或说明自己的主张，法官是选择沉默寡言致使当事人丧失诉讼权利，还是积极主动向当事人进行释明，从而使当事人诉讼权利得以保障，笔者认为，如果法律赋予法官积极的释明权或职责，没有法官愿意放任程序的自洽而使得当事

---

〔1〕 闫晓洁："在司法实践中坚守程序正义"，载《济宁学院学报》2017 年第 3 期。

〔2〕 闫晓洁："在司法实践中坚守程序正义"，载《济宁学院学报》2017 年第 3 期。

〔3〕 ［德］沃尔弗拉姆·亨克尔："程序法规范的正当性"，载［德］米夏埃尔·施蒂尔纳编：《德国民事诉讼法学文萃》，赵秀举译，中国政法大学出版社 2005 年版，第 5 页。

人权利难以得到保障。[1]

在大陆法系国家,不仅对法官提出释明要求,法官亦有权视案件情况进行调取证据。因为法官选择袖手旁观下的程序正义,不仅极有可能判决的结果与事实相违背,导致案件实体的不公正,也有悖民事诉讼发现案件事实的目的,与司法的国家性和社会性相违背。

一个国家法治的发展程度的重要标志是对程序法的认识和信仰,它以两种表现形式出现:法的外在强制力和内在当事人的认同性。汪习根教授认为,"司法权威是司法的外在强制力与内在说服力达到了高度一致而被同化为社会的内心信念的产物"。[2]诚然,在一个司法权威较高的国家,当事人及民众对裁判的认同性是因为判决具有的强制力——终局性,二者的高度统一体现了一个国家较高的司法权威。但是,在一个司法权威不高的国家,当事人对裁判的认同性源于其以结果是否对自己有利为标准。一旦当事人没有得到让自己满意的裁判结果,其便以事实错误、程序违反、适用法律不当等为由寻求下一个救济途径。此时如果诉讼程序非常方便地为其打开救济程序之门,那么当事人以判决错误为由将进入无尽的程序之中,裁判的终局性淡化,司法权威消失殆尽。

2. 追求实体正义的有限性

审判追求的是法律真实,而非客观真实,这一点必须澄清,否则证明标准就成了荒谬的标准。不仅因为其证明标准的模糊,而是因为其本身就是一个错误。

诉讼中案件事实的查明和认定,是法官的主要职责之一。但是查明事实所依据的证据则主要来自当事人举证,这是目前大多国家普遍遵循的证据规则。对于事实认定的标准,不同国家诉讼制度制定了不同的证明标准。例如,美国实行优势证据法则,我国及大陆法系国家规定了高度盖然性标准。如果按照系数计算,优势证据规则中事实认定与否的标准会在51%和49%之间;如果高度盖然性以75%来分析,虽然相较于优势证据,证明标准相对较高,但是由此认定的法律真实与客观真实之间依然有25%的误差。换句话说,即

---

〔1〕 [德] 沃尔弗拉姆·亨克尔:"程序法规范的正当性",载 [德] 米夏埃尔·施蒂尔纳编:《德国民事诉讼法学文萃》,赵秀举译,中国政法大学出版社2005年版,第5页。
〔2〕 汪习根主编:《司法权论——当代中国司法权运行的目标模式、方法与技巧》,武汉大学出版社2006年版,第10页。

使在高度盖然性证明标准的国家，法官对案件事实的认定中，会出现一定比例的事实认定错误，而这是一种合法的存在。那么在优势证据法则的国家，如美国，可能有49%的案件认定事实出现错误的可能性。

在强调程序正义的国家，追求案件真实并非诉讼的目的。美国联邦大法官杰克逊有句名言，"我们是终审并非因为我们不犯错误，我们不犯错误仅仅是因为我们是终审。"[1]而在追求实体正义的国家，却会制定出对案件客观真实不停挖掘的诉讼制度。即使判决已经生效，一旦发现生效判决确认的事实可能被推翻，即会启动再审来对事实重新认定。我国《民事诉讼法》第205条规定了对于发生法律效力的裁判和调解书，可以通过院长发现、上级法院监督等途径进入再审；《民事诉讼法》第207条第1项规定了"有新的证据，足以推翻原判决、裁定的"，是当事人申请启动再审的法定事由。上述法律条文不仅体现了在以追求实体正义为目的的情形下，程序正义显然已被忽略，而且法律真实与客观真实之间合法存在的差距，也会成为案件无期限纠错的一个重要条件。

陈瑞华教授在中国政法大学诉讼法专业的一次毕业论文答辩时曾言："调查事实，是为了发现事实，法官对事实准确性的追求，只是证据价值的一种。反过来，事实准确性那么重要，为什么我们要限制事实准确性？排除规则是对事实真相发现的妨碍。诉讼法中有诸多这种妨碍事实发现的规则，其正当性何在？"笔者认为，诉讼程序中以判决解决纠纷的案件需要在查明事实的基础上作出裁决，但是这里的事实应该是运用证据规则推出的法律真实，其以裁判的终局性来维护其确定性。因此，如果一个生效判决认定的事实基于当时的证据证明、事实判断以及法律认知都是没有问题的，那么即使当时认定的法律事实在之后发现并非客观事实，亦不应再以"确有错误"为由启动再审。司法的终局性应该建立在法律事实的基础上，程序才有价值可言。

追求案件的客观真实不应成为无休止程序运转的条件。正如陈瑞华教授所言，民事诉讼制度中除了证明标准作为阻碍客观真实发现的制度外，我们尚有诸多妨碍事实发现的规则，如时效制度、举证、变更诉讼请求的期限规定、举证不能的不利后果等，既是诉讼效率的追求，也是程序正义的体现，

---

[1]　转引自苏力：《送法下乡：中国基层司法制度研究》，中国政法大学出版社2000年版，第161页。

而这些明确的制度规定，不仅阻碍了案件事实的发现，也为法律真实与客观真实之间的差距创造了条件。

瓦赫说过，"确定真相并不是民事诉讼的目标，而仅仅是'偶然的结果'，只有在职权主义诉讼程序中才可以考虑将实体真实作为诉讼目的"。[1]笔者认为，虽然实体正义的重要性不言而喻，但是在以牺牲程序为代价无限制追求案件真实时，既无助于解决纠纷，也难以保证公平正义的实现。实质上，当事人诉至法院的最终目的是维护自身权益，而案件事实仅为其实现目的的手段和方法。因为在诉讼进程中，法院依据认定的事实作出裁判，并非终结诉讼的唯一途径。当当事人同意调解解决纠纷时，双方达成的调解协议是在原来事实的基础上作出的妥协和让步，既非客观真实，也非法律真实；当事人提出撤诉时，是当事人以放弃诉讼的方式进行的妥协，抑或纠纷已经以其他方式得到解决。因此，即使案件已经到二审阶段，法院同样可以根据当事人撤回起诉的请求，作出准予撤诉的裁定。在当事人之间以谈判、和解、撤诉等方式终结诉讼时，意味着双方之间的争议已不存在，法院对个案事实的认定在双方争议已通过其他方式解决后，即丧失了任何价值。

因此，为当事人本人所明白易懂且具有说服力的程序被作为当今司法应追求的目标时，判决就不是诉讼唯一的结果，亦不是最佳效果。所谓"差一点的和解也胜过完美的判决"的法谚就是这种见解的生动表达。[2]

诉讼中矫正程序正义的内在局限性，以及适当限制实体正义的无限追逐，构成当事人主义诉讼模式和职权主义诉讼模式下的两大弊端。因此，放任法官的消极被动，抑或不加限制法官对案件事实的职权探知，都是当下法官在诉讼中行使权力的两个极端。诉讼指挥权的提出，既要纠正法官应为而不为、不应为而为的权力行使方式，也要适应现代诉讼的类型和解决纠纷方式，实现诉讼指挥权积极参与、灵活指导的特性，在程序正义与实体正义之间把握平衡。

（三）保护私益与维护秩序的平衡

民法是调整民事主体之间权利义务关系的私法，民事诉讼法是用来判断

---

〔1〕［德］汉斯·弗里德黑尔姆·高尔、波恩："民事诉讼目的问题"，载［德］米夏埃尔·施蒂尔纳编：《德国民事诉讼法学文萃》，赵秀举译，中国政法大学出版社2005年版，第34页。

〔2〕参见［日］谷口安平：《程序的正义与诉讼》（增补本），王亚新、刘荣军译，中国政法大学出版社2002年版，第49~50页。

民事权利义务关系的公法。当法院代表国家来实施民事诉讼法以解决民事主体之间的纠纷时，以公法来解决私益纠纷，实质上就出现了公权力如何在公法与私法之间进行整合的问题。私法强调的是当事人之间的意思自治，公法强调的是公平、迅速以及经济的诉讼运行，[1]因此如何以公平、迅速以及经济的诉讼运行来解决当事人之间的私益纠纷，法院的公权力介入不仅是作出判断，还应肩负更多公益的职能。

诉讼的功能不同，其价值取向必然影响着程序设计。比如，以解决纠纷为目标的司法制度更强调个案的妥善解决，而以保障权利为目标的司法制度更强调对法律秩序的维护。[2]20世纪90年代，日本学者棚濑孝雄在其《纠纷的解决与审判制度》中即对社会意识形态的变化以及诉讼制度的发展进行了分析，其认为在现代治理框架下，国家已从"夜警国家"理念摆脱出来，为了实现特定的政策目的要更直接和积极地干涉经济活动。[3]日本学者中村宗雄、中村英郎在其《诉讼法学方法论——中村民事诉讼理论精要》对诉讼构造的分析中认为，近代国家司法权力的逐渐扩大和强化，"诉讼"作为国家制度的功能得到了极大的加强，国家意志不仅仅介入个别裁判，实际上"裁判"本身就是国家意志的体现。[4]

近年来，群体诉讼与公益诉讼的出现，使得法院在解决纠纷的同时也要承担着执行社会政策的角色。民事诉讼从"当事人自己的事"向"直接关系公共利益的事"进行转变，民事诉讼制度所具有的公共性质被日益强调，并逐渐居于主导地位。[5]传统的法官为了保持19世纪的司法形象，拒绝介入集团和集体诉讼领域，但是这种司法形象显然无法适应社会的进步。传统法官是个人权利和利益的维护者，但是集团诉讼和公益诉讼的出现代表了社会进步、文明发展的特征。在这种发展下，法官在诉讼中将担负起一种前所未有

---

〔1〕　刘荣军：《程序保障的理论视角》，法律出版社1999年版，第241页。

〔2〕　傅郁林："追求价值、功能与技术逻辑自洽的比较民事诉讼法学"，载《法学研究》2012年第5期。

〔3〕　[日]棚濑孝雄：《纠纷的解决与审判制度》（修订版），王亚新等译，中国政法大学出版社2004年版，第251页。

〔4〕　参见[日]中村宗雄、中村英郎：《诉讼法学方法论——中村民事诉讼理论精要》，陈刚、段文波译，中国法制出版社2009年版，第17~21页。

〔5〕　肖建华、李志丰："从辩论主义到协同主义"，载《北京科技大学学报（社会科学版）》2006年第3期。

的积极角色。

实质上，计算司法的经济与成本，本身就是站在社会整体利益与司法公权属性来考量的。民事诉讼法是一部公法，法官在诉讼中为解决纠纷行使的职权、花费的资源都代表了国家利益和权力。因此，从宏观分析角度，即可得出裁判是为了解决纠纷而宣布的国家意志这一命题。[1]当今社会，民事诉讼程序的公法性质已经得到各国诉讼法学理论和司法实务的广泛承认。保障当事人权益与社会秩序之间的平衡，即为司法公权属性的最大效用，也是法官应积极行使职权的正当性基础。

二、实践需求

当社会从一种生产方式转变成另一种生产方式的时候，司法程序并不会完全改头换面。[2]当两大法系基于不同的法律制度和文化传统却出现了同样的诉讼爆炸、诉讼拖延、司法资源浪费等问题时，大多数国家会不约而同地寻找类似的解决路径。文化的趋同和制度的借鉴，早已超越了资本主义和社会主义制度的区分。

（一）诉讼经济性需求

笔者认为，诉讼的经济性从以下三个方面来考虑：一是制度层面，体现在诉讼构造、司法资源的有效配置上；二是当事人诉讼利用上，从经济学角度讲，当事人从提起诉讼到诉讼终结，其投入的成本和产出的正义之比较；三是法院的管理方面，即法院在诉讼程序中如何调整和影响人们利用审判购买正义的行动，以达到使正义的生产与社会投入的总资源之间实现最佳配置的目的。

1. 司法资源有效配置

资源是指一定区域内人、财、物等各种物质要素的总称。而资源的利用则会涉及投入、产出以及资源配置问题。司法资源是国家公共资源的重要组成部分，由国家为司法公共服务投入的人力、财力、物力等要素组成。如果

---

〔1〕［日］中村宗雄、中村英郎：《诉讼法学方法论——中村民事诉讼理论精要》，陈刚、段文波译，中国法制出版社 2009 年版，第 64 页。

〔2〕［美］米尔伊安·R. 达玛什卡：《司法和国家权力的多种面孔：比较视野中的法律程序》（修订版），郑戈译，中国政法大学出版社 2015 年版，第 10 页。

将诉讼看作是对司法资源利用的过程，即会产生三个变量：一是资源（人、财、物），二是程序构造（资源的配置），三是正义的生产。因此，所谓司法资源的有效利用，是指司法资源以什么样的构造去运作，从而生产正义的动态结构。司法资源的配置和使用，直接关系到民众权利的实现程度和司法正义的质量。因此，在资源保持不变的前提下，优化司法资源配置的方式、提高资源的利用率，借此提高司法效率。

效率是经济学研究的重要概念，当其进入司法视野成为司法追求的价值之一时，备受司法理论界和实务界的重视。[1] 以优化司法资源的配置，来提高诉讼效率，以低成本实现最佳诉讼目的和价值，应该是两大法系共同追求和意欲达到的司法目标。

首先，从制度层面来看，民事诉讼中简易程序、独任审判、小额诉讼等程序的建立，均是在以简化审判程序的方式优化资源配置。2015 年《民事诉讼法司法解释》对案件发还次数进行了限制性规定、将庭审调查与法庭辩论合二为一、增加庭前会议制度等，均是以优化和限缩审判程序来优化司法资源的配置。其次，在优化审判队伍方面，我国近几年的审判方式改革，员额法官与助理法官的配比和晋升条件、制定合理的法官激励机制、对业务人员与综合管理部门人员的配备比例的科学测算等，均体现了在审判队伍人数不增加情形下进行机构的整合以及人员配置的优化。最后，从法院对多元化纠纷解决机制的回应来看，加强与社会纠纷解决机构的联系、沟通、指导与监督，帮助人民调解组织提高业务水平，促进更多的矛盾纠纷化解在基层，以协助社会多元化纠纷解决机制的建立和完善。而对于进入诉讼的案件，法院立案窗口设置诉前化解中心、案件繁简分流机制等，针对不同的案件，作出最经济、最便捷、最理想的纠纷解决方式的选择。

从以上分析可知，提高诉讼效率表现在两个方面：一是缩短案件审理周期以达到较快审结案件的目标，是以提高审判效率的方式优化配置；二是通过对案件的分流，减少案件进入审理程序。而如何将优化的资源配置落到实处，真正实现诉讼经济性目标，需要法官在诉讼中发挥其积极作用。在当下法院裁判任务繁重、积案数量多且依然日趋增长的情况下，协助多元化纠纷解决机制的建立，亦是法院应予承担的职责。

---

〔1〕　沈明磊、蒋飞："资源配置视野下的司法效率"，载《人民司法》2008 年第 17 期。

效率是追求的目的还是实现目的手段，在不同的语境下有着不同的定义。如果将实现正义作为司法制度的目标，效率即是正义被时代所定义后的一个新元素。其既不是诉讼所追求的价值，亦不影响司法追求的价值分配。[1]因此，在诉讼制度中，以诉讼效率作为价值目标去追求，以加速程序或简化程序来提高诉讼效率，是有危险的。而加大资源供给又会提高司法成本。因此，为了有效地利用诉讼，法院应当行使诉讼指挥权，以保障对当事人在利用诉讼方面的供给与限制。

2. 诉讼的有效利用

如果说司法资源的有效配置是成本的消耗与正义的产出之间的比例关系，以诉讼周期的减缩和诉讼时间的节省为效率的评价标准；那么，在诉讼的物质成本既定的情况下，司法程序的经济性主要是通过诉讼时间的经济性反映出来。而对于当事人来说，其利用诉讼解决与对方当事人之间的纠纷，投入的时间、精力、经济负担等成本，是希望通过诉讼产出有利于自己的胜诉判决结果。因此，对于当事人利用诉讼的经济成本与产出，法院与当事人有着不同的衡量结果：对于法院来说，虽然案件各有不同，在考虑整体经济性同时也会关注个案的区别；但是对于个案的当事人来说，个案的裁判结果是其唯一考量因素，必然有着与法院不同的标准与衡量。因此，相对于当事人而言，法院既要保障当事人的合法诉权，也要避免当事人基于不当或非法目的利用诉讼。

从当事人角度分析诉讼的利用，当事人一旦进入诉讼，其投入的成本包括时间、精力和经济负担等，由于当事人诉至法院的正当目的（司法实践中也有不少以非法目的进行虚假诉讼的案件）是希望通过诉讼获得胜诉判决，而当诉讼程序的结束并未使其获得胜诉结果时，在一个司法权威不高，但诉讼救济途径较为完善的国家，当事人随即将胜诉的希望放置于下一个程序。如果下一个程序仍然败诉，成本的增大未必使得当事人息诉，其极有可能穷尽办法去寻找下一个救济途径，于是当事人将一个案件循环于无数个诉讼程序中，其不仅累加着自己的诉讼成本，也消耗着法院与对方当事人的诉讼资源。

笔者认为，赋予当事人诉权保障，并不意味着无休止进入诉讼；赋予当

---

[1] Gelinas, Fabien, Clement Camion, "Efficiency and Values in the Constitution of Civil Procedure", *International Journal of Procedural Law*, 2014, Vol. 4 (No. 2), p. 206.

事人完整的诉讼程序以及救济途径，亦不意味着每一个案件当事人都要将诉讼权利用尽。救济途径的常态化使用，不应视为正常现象，而应是法院的职责性考量。确切的解读应为：监督和规范当事人对诉讼的有效利用，是法院诉讼指挥权的职责所在。

法律赋予当事人诉权行使的机会越多，或者说在诉讼程序中由当事人来运作的诉讼程序权利越大，诉讼资源的消耗越无法得到控制。例如，在诉讼过程中，法官向当事人进行释法明理，使其不仅对自己案件的结果有一个合理预期，且对于诉讼投入的成本与产出结果的比例亦有客观判断，那么也许诉讼的路径就未必一直消耗下去，及时终结诉讼是法院诉讼指挥权在经济性方面的有效使用。

提出诉讼经济性要求，既是对当事人合法行使诉权的保障，也是对其不当行使诉权的限制。实践中恶意拖延诉讼或虚假诉讼的情形越来越变得司空见惯，将诉讼作为获得不法利益的筹码已经成为当今司法实践中严厉打击的行为。例如，当事人故意提起诉讼后申请法院保全对方财产，从而使得商业竞争对手因陷入诉讼而经营受限；败诉后的当事人在被法院执行过程中串通第三人提起执行异议之诉，导致胜诉方不仅再次进入诉讼，且正在执行的财产被迫中止等，这些对虚假诉讼或制造诉讼障碍、规避执行等行为的审查，亦是法院的职责所在。在保障当事人诉权行使的同时，赋予法院对诉讼活动进行指挥和管理的权力，不仅保障了当事人诉讼权利正当行使，同时也起到了防止诉讼程序无效利用甚至诉权滥用的作用。

3. 法院的管理

从上述结论得到启示：其一，纯粹的当事人主导型诉讼体制不可能自发地保障接近正义，却与诉讼迟延、费用高昂、诉讼结果过分不确定等弊病难脱干系。[1]因此，一旦当事人选择诉讼、利用诉讼，法院就要担当起保障当事人正当权益的实现、纠纷的妥善解决。其二，如果诉讼成本超出当事人的利益，便会导致时间与金钱的浪费，降低社会资源分配效率，并在当事人之间制造了愤怒与仇恨。[2]因此，在诉讼过程中，法官要具备成本与效率意识，

<hr>

〔1〕　何德平："论诉讼指挥权"，载张卫平主编：《民事程序法研究》（第2辑），厦门大学出版社2006年版，第160页。

〔2〕　Remme，Verkerk，"Fact-Finding in Civil Litigation：A Comparative Perspective"，259，*Intersentia*，2010.

不仅要考虑司法资源的消耗，也要对当事人成本与收益的整体性予以分析，并在与当事人沟通中传递给当事人。其三，民事诉讼案件越多，消耗的公共资源越多，社会福利就会越少。通过对当事人进行释明沟通来增强当事人利用审判购买正义的成本意识，使其在诉讼中对自己的消耗和投入与产出和受益有一个明确、理性的认识，是法院诉讼指挥权的重要内容和目的。

如果是诉讼程序的设置给了当事人无限延长诉讼的可乘之机，并造成各方当事人乃至社会诉讼资源的浪费，那么法院行使诉讼指挥权时更要对当事人不断寻求下一步的救济途径是一种程序的无效运转，还是必要的救济途径进行释明。同时呼吁立法在设置制度时要针对诉讼救济途径的完善与保护当事人合法权益、资源消耗之间的关系进行综合评价和价值衡量。如果法院在诉讼程序上无限制拖延诉讼，造成当事人诉讼成本加大，同样也是整个社会资源的浪费，不仅使当事人之间的纠纷久拖不决，也在当事人与法院之间制造了不满和猜疑。久拖不决的案件目前在我国是造成当事人不满的一个重要因素。由于迟迟等不到裁判的结果，当事人在等待中对法律的公正性、对法官的行为产生怀疑。并且双方由于经济或其他方面的实质不平等造成了弱势一方在等待中无法坚持，从而增加了诉讼差别机会。不仅双方之间机会无法平等，诉讼的迟延对程序正义的实现以及实体正义的实现也形成了障碍。[1]

（二）程序自主的局限性

诉讼指挥权来源于司法权。诸多实践表明，传统自由主义意识形态支配下的当事人主义诉讼模式，存在着一定的局限性。首先，当事人的诉讼请求决定着法院的审理范围，法官不得在当事人诉求之外进行审理和认定事实。其次，案件的诉讼资料、证据材料由当事人提交，并在法庭上进行攻击和防御，法院和法官只充当消极的裁判者角色，其任务就是根据双方竞技的结果宣布哪一方获胜。最后，在英美法系国家，整个诉讼程序是由当事人及其代理人来推进和决定的，这种过分依赖于当事人各自拥有的资源和诉讼结构，实际上预设了一个未经证明的理论前提：双方当事人的"诉讼武器"是完全对等的。

辩论主义原则的平等观，是指当国家给予所有的人以同样的机会时，自

---

〔1〕 刘荣军：《程序保障的理论视角》，法律出版社 1999 年版，第 100 页。

由就已经得到了保障。但实质上，同等的机会未必带来同等的自由。平等是一种理想的追求，不平等才是社会现状。在上述辩论主义原则下的诉讼结构和程序推进，必须是在双方拥有对等的资源和实力，无论是经济实力还是法律专业，只有在这种前提下，法庭上的辩论主义才可以有效开展和实施。换句话说，辩论主义是一种话语权，让当事人在法庭上将案件事实、证据材料以及法律问题说透，然后法官根据双方的辩论对事实进行认定，继而形成判决。

然而现实情况并非如此。参与诉讼的当事人无论是在经济实力、法律知识的掌握，抑或社会地位上总是存在着差距，并且这种差距表现在案件审理中，一方拥有专业性较强的代理律师，而另一方既不懂司法程序，也无诉讼技巧，更无雄厚的经济实力去购买诉讼代理服务。在这种"武器不对等"的情形下，不管如何保障诉讼程序的正当性，都有可能导致裁决结果的非正义性。让一场竞赛的程序违背了自身的原则，让竞赛的优胜者并不吻合实体性的结果。纠纷解决者的公正性就会因此蒙上阴影。这种看似有利于保护私权的辩论主义原则，却难以适应时代需要，无法实现真正的社会正义。因此，法院面临的是一个既属于普遍性又极具个别性的问题：如何平衡诉讼当事人的优劣势态，以便使他们拥有势均力敌的武器。

辩论主义制度设置的目的是平等保障当事人诉讼权利的行使，但是由于当事人诉讼能力的差距是一种天然的存在，因此看似公平的机会却无法使得当事人诉讼权利得到平等的保障。正当程序自身的局限性使得正义无法得到实现，法官在这种实质不平等的情形下，适时给予当事人一定的释明，使得缺乏诉讼经验的当事人能够充分完善证据、完整陈述、充分辩护，使得争点程序的机制有效实施，"公平的程序得出公平的结果"，需要法官在诉讼过程中行使诉讼指挥权予以补充和完善。因此，诉讼指挥权具有矫正正当程序原理局限性的功能，弥补了诉讼程序的正当性与解决纠纷的妥当性之间的冲突。

在我国，当事人诉讼能力普遍不足，民事诉讼中缺乏律师强制代理制度，诉讼援助制度亦不完善。因此，当事人诉讼能力的差异会造成形式上的平等掩盖了实质上的不平等。[1]所谓诉讼能力，其内涵比较丰富。广义上讲，包

---

〔1〕　熊跃敏、张伟："民事诉讼中的协同主义：理念及其制度构建"，载《法治研究》2012年第1期。

括当事人起诉后对法律关系的明确度，诉讼资料的搜集和证据提交、举证的认知度，以及对诉讼程序的选择和进程等是否明晰。因此，在双方当事人对上述能力不平等的情形下，法院给予平等机会，就无法实现正义。因此，法院为了保障当事人平等地收集与提出诉讼资料，缩短和拉近当事人之间的诉讼能力，而予以提示和指挥，便是广泛存在于大陆法系各国民事诉讼法中的释明制度。[1]

（三）司法公开的需求

柏拉图言："在私人诉讼中，也应尽可能让所有的人参与，因为没有参与司法的人易于想象他全然没有参与国家管理。"[2]美国最高法院大法官奥利弗·温德尔·霍姆斯曾说过："民事案件的审判应该在公众的注视下进行，这不是因为一位公民与另一位公民之间的纠纷需要公众关注，而是因为这是一个最佳时刻，让那些行使司法的人应该凭公共责任感行事，让每一个公民满意地亲眼看见执行公务的方式。"[3]《法国民事诉讼法》也明确规定了公开原则，法国实体审判司法机构表述为："在民主的法国社会中，公开辩论原则是一项涉及公共秩序的程序性原则。这一原则可以消除人们对法官的怀疑，因为它将法官置于法国人民的监督之下了。"[4]纵观两大法系国家对司法公开的态度和目的，可以发现，司法公开不仅体现了公众参与国家管理的权利，更表达了公众对于司法人员实施司法行为合法性的监督。在英国的法院，首先公开裁判理由，之后作为该理由的结果才得出裁判，这是符合逻辑的，[5]而裁判的理由形成于司法过程之中。

司法公开主要是指司法过程的公开，裁判的理由主要形成于庭审之中，

---

[1] 参见熊跃敏："辩论主义：溯源与变迁——民事诉讼中当事人与法院作用分担的再思考"，载《现代法学》2007年第2期。

[2] Plato, *Laws*（ca. 350 B. C.），trans. by A. E. Taylor, in E. Hamilton & H. Cairns, eds. Plato, *The Collected Dialogues*, New York: Pantheon Books, 1961, p. 767. 转引自［美］H. W. 埃尔曼：《比较法律文化》，贺卫方、高鸿钧译，清华大学出版社2002年版，第155页。

[3] 参见"人民的权利——个人自由与权利法案"，载 http://usinfo. state. gov/regiona/ea/mgck/rop/roppage. htm，2023年2月1日访问。

[4] ［法］洛伊克·卡迪耶：《法国民事司法法》（原书第3版），杨艺宁译，中国政法大学出版社2010年版，第451页。

[5] ［德］彼得·戈特瓦尔特、雷根斯堡："法官的裁判和理性的论证"，载［德］米夏埃尔·施蒂尔纳编：《德国民事诉讼法学文萃》，赵秀举译，中国政法大学出版社2005年版，第484页。

当事人对裁判结果的认同主要来自对裁判过程的认同，而裁判获得当事人认同的前提是法庭应确保案件得到了充分的辩论。如果法庭上只有当事人的陈述和相互辩论，没有法官参与和互动，由于当事人不知悉法官对其证据以及陈述如何认识，是否有误解或理解的偏差，是否需要进一步举证等情形，从而对自己的辩论缺乏正确认知，这样的法庭辩论看似是充分的，但实质是欠缺的。其导致裁判结果一旦对自己不利，当事人不仅对裁判结果不认同，还因为裁判理由的后置性而进行上诉或申请再审。因此，在裁判的过程中，民众监督什么，当事人诉讼权利是否在法庭审理中得到充分保障，法官在庭审中如何行使其诉讼指挥职责，即为庭审公开的主要内容。英国阿克顿勋爵（Lord Acton）言："秘密使人腐化，在司法亦然，任何事物，经不起讨论及公开的，均非妥当。"[1]

对法院的信任不仅取决于与法院打交道的经验类型，而且还取决于人们对案件处理和裁决方式的印象。[2]公开庭审过程，如果仅仅公开当事人的陈述、举证、质证和辩论，不公开法官在庭审中的态度，既不易获得当事人对裁判结果的认同，也无法达到庭审公开的实质效果。诉讼指挥权具有主动性、公开性特点，其目的在于督促、释明当事人积极充分行使诉讼权利，指导诉讼进程的顺利进行，而司法公开重在公开法官在庭审中如何与当事人释明、沟通建议和指导。因此，司法公开为法官诉讼指挥权的充分发挥提供了更为广阔的平台。

（四）法官的角色和责任

诸多学者认为，诉讼指挥权的正当性主要是人们对诉讼的经济性追求、当事人诉讼地位的实质性平等。但是笔者认为，诉讼指挥权的正当性并不仅仅是关注程序和实体上谁应该得到保护的问题，而是程序正义和实体正义如何平衡的问题，是效率的正义价值与自由的关系如何协调的问题，是在个案公正与法的安定性之间怎样衡量的问题，在平衡、协同与把握之间，不仅体现了诉讼指挥权的灵活主动性，也表明其具有较大的自由裁量范围。

---

〔1〕 李木贵：《民事诉讼法》（上），元照出版有限公司2007年版，第625页。

〔2〕 Sara C. Benesh, "UnderstandingPublic Confidence in American Courts, The University of Chicago Press on behalf of the Southern Political ScienceAssociation", *The Journal of Politics*, 2006, Vol. 68（No. 3）, p. 704.

　　诉讼指挥权的多样性和灵活性，是基于法官不同的身份定位和功能。法官既是一个中立的裁判者，也是一个事实判断者、解决纠纷者和秩序维护者。其一，法官作为一个中立的裁判者，其追求形式中立还是实质公平，是法官诉讼指挥权的主要内容之一。其二，作为事实判断者，法律真实是法官最终依据证据认定的案件事实，法官作为事实判断者，其判断的亦是法律真实。但是当事人心目中的事实为客观事实，因此法官最终认定的法律事实与当事人心目中的客观事实不一致，是高度可能性证明标准导致的不可避免的现象，而非法官的错案，但是当事人对裁判结果不认同，会因为法官认定的事实不是客观真实而无穷尽进入诉讼、信访之路。如何让当事人认同法律认定的事实是其必须接受的结果，亦是诉讼指挥权恰当行使的一个极为有效的尝试和探索。其三，法官作为一个纠纷解决者，能调则调，当判就判，多种终结诉讼的方式因案制宜，综合衡量。虽然最终的选择权在当事人，但给予当事人作出决策的因素中，法官的释明和指导必不可少。其四，法官作为一个秩序维护者，其在适用法律和维护法的秩序时彰显国家强制力。在诉讼涉及集体利益、公共利益时，其应该依职权实施司法行为，此时法官不再是解决私益纠纷，而是在多数人利益、集体利益、社会公共利益等面前进行判决和决策。

　　综上可见，法官在诉讼案件中具有多种角色定位，其不仅要追求"定分止争"的法律效果，还要追求"胜败皆服"的社会效果，进而将涉诉类信访案件遏制在萌芽状态。[1]如何担当好如此众多且具有冲突性的角色，需要法官基于个案的不同、诉讼目的的不同行使相应灵活性的诉讼指挥职责。

---

〔1〕 江国华、韩玉亭："论法官的角色困境"，载《法制与社会发展》2015 年第 2 期。

第三章
诉讼指挥权域外比较与启示

诉讼指挥权形成于自由主义诉讼观向社会化诉讼观的发展过程中，由两大法系逐渐强化的法院职权作用梳理而出。虽然经济一体化发展使得不同国家出现相同的司法现象并在诉讼制度中出现融合发展之势。但是由于政治制度和文化背景的不同，各国的诉讼制度依然有着自己的历史发展轨迹和本土化特点。本章针对两大法系诉讼制度中诉讼模式的发展以及诉讼指挥权的形成特点、内容进行比较分析。两大法系诉讼模式的同构性引发笔者对我国诉讼模式发展转型的思考。当前来看，多样化的文明彼此交流、互鉴、共存是一种不可阻挡的趋势。我国民事审判方式在改革进程中，立足本国国情，在充分利用本土资源、保留优秀历史传统的基础上，有甄别地吸收国外资源，吸收人类法治文明的优秀成果。[1]

第一节　大陆法系诉讼指挥权形成与内容分析

一、诉讼模式的变迁与诉讼指挥权形成

诉讼模式是指法院与当事人在诉讼构造中所起的作用。职权主义诉讼模式是以法院的职权作用为主轴支撑着诉讼的构造；当事人主义诉讼模式是以当事人的自由意志推进着诉讼程序的进行。因此，诉讼模式的变迁即为法院与当事人之间作用大小的发展和变化。如果说，19世纪是大陆法系国家在自由主义诉讼观下的当事人主义诉讼模式得到充分发展，那么20世纪《德国民事诉讼法》的修改历程，则是一个法院实现了从自由的民事诉讼向社会的民

---

〔1〕 江必新："以改革促进审判制度的完善——兼论法院改革之初心、问题与路径"，载《中国应用法学》2020年第1期。

事诉讼的转变，即从竞争的、在诉讼中自由进行力量角逐的当事人主义诉讼模式转变为在法官的指挥和照顾下进行诉讼上的合作，[1]并衍生出诉讼指挥权的概念。

（一）职权主义模式的更替与保留

当代世界程序体系的一个常见的划分为：普通法系的对抗制和大陆法系的纠问制。而大陆法系的律师们并不认为他们的制度是纠问制，甚至认为这是一个带有侮辱性的概念。但是这些标签方便记忆，人们一旦提起，其局限性和差异点就会跃然纸上。[2]

"职权主义"（inquisitoire）最早起源于罗马法，是动词"inquirere"的衍生词，词根"in"和"quierere"的意思为"查找""搜寻""请求""寻找"等。[3]最初的含义是查清案件事实的一种方法。在现代法语中，"inquisitoire"的基本含义是审问制，具体指由法官"控制、管理和指挥"诉讼的制度，也有"专横的""专断的"意思，与英语中的同一词语意思基本一致。后来发展为一种审判模式。[4]从编年史的角度来看，欧洲传统的职权主义源于13世纪末，并在16世纪及17世纪达至巅峰。[5]

职权主义主要有以下三方面特征：其一，法官在诉讼程序的管理方面享有绝对的控制权。整个诉讼程序的启动、推进由法院来主导。其二，不受当事人诉讼请求的约束，对于案件的事实，法院有探知和调查的权力。其三，对证据搜集的权力。在案件审理中，法院主动调查搜集证据，证据来源可由当事人提供线索，也可根据审判需要独立进行调查获取。由上可见，传统职权主义在实体和程序两方面表现为职权探知主义、职权调查主义、职权进行主义。

职权探知主义又称"纠问式"，是指法院依职权主动调查事实和搜集证

---

〔1〕[德]鲁道夫·瓦塞尔曼："从辩论主义到合作主义"，载[德]米夏埃尔·施蒂尔纳编：《德国民事诉讼法学文萃》，赵秀举译，中国政法大学出版社2005年版，第361页。

〔2〕Chase, Oscar G, "American Exceptionalism and Comparative Procedure", *American Journal of Comparative Law*, 2002, Vol. 50（No. 2），p. 282.

〔3〕Cornu G, "Vocabulaire juridique", *Association H. Capitant*, 1994, p. 430. 转引自施鹏鹏："为职权主义辩护"，载《中国法学》2014年第2期。

〔4〕左卫民："职权主义：一种谱系性的'知识考古'"，载《比较法研究》2009年第2期。

〔5〕施鹏鹏："职权主义与审问制的逻辑——交叉询问技术的引入及可能性反思"，载《比较法研究》2018年第4期。

据，而不限于当事人主张的事实和提供证据的范围，即法院对判决的事实基础负完全的责任。[1]在职权主义由当事人主义历史替代后，出现了与职权探知主义相对应的另一个概念"辩论主义"，或者称"当事人主义"，其表明是当事人双方——而非法官——应当提出判决的事实基础。在辩论主义原则下，当事人对判决的事实承担完全的举证责任。

法官行为与当事人自由之间的界限问题不仅出现在诉讼标的方面，而且"谁决定诉讼程序的进展"这个问题的出现也区分了职权进行主义与当事人进行主义。职权进行主义是指整个诉讼的推进由法院来管理并掌控，当事人在程序的运行和推进过程中处于被动接受地位。在职权进行主义下，当事人虽然有启动诉讼的请求，但是案件是否受理由法院决定，并且法院在诉讼的各个阶段均处于主导地位，并指挥着庭审的运行。而当事人进行主义，则是指在整个诉讼的进程中的节点，由当事人来推动，法院在诉讼的推进中呈现消极被动角色。以当事人进行主义的视角来看，法官作为一位中立的裁判者，以消极被动的姿态居坐于法庭之上，其不需要表态，而是倾听，并基于当事人在法庭上所呈现的内容作出裁判。

18世纪之前，职权主义代表了大陆法系国家诉讼模式，在18世纪后期当事人主义诉讼模式逐渐兴起，两种模式的演变与替代是不同历史时期司法制度发展的写照，其区别亦显而易见。在彻底的职权主义与当事人主义诉讼模式下，按照"一切和没有"的原则在当事人和法院之间分配责任，[2]诉讼过程中不存在法院与当事人之间的沟通，亦没有法院与当事人之间共同作用的分担。因此，诉讼指挥权的概念，既不会产生在职权主义模式下，也不会在当事人主义诉讼模式下找到生长的空间，其必然产生于职权探知主义与辩论主义的变通和融合之下，有学者称之为"协同主义"模式，也有学者认为，这是对"辩论主义的修订"。

社会的发展带动着诉讼制度的更替与变迁，大陆法系在当事人主义诉讼模式的发展中，自19世纪初法官的某些职权性作用在大陆法系国家再次得以延续。从奥地利开始，之后法国、德国、日本开始迅速效仿。1933年《德国

---

〔1〕　[德] 奥特马·尧厄尼希：《民事诉讼法》（第27版），周翠译，法律出版社2003年版，第124页。

〔2〕　[德] 奥特马·尧厄尼希：《民事诉讼法》（第27版），周翠译，法律出版社2003年版，第124页。

民事诉讼法》增加了对当事人真实义务的要求，并强化法院的释明义务等，诉讼指挥权的概念开始兴起，对于诉讼模式的演变，学界中也有称"职权主义"的回归。实质上，在 20 世纪下半叶，英美法系国家也开始强化法官在诉讼进程中的管理作用，职权进行主义开始推行。

法律是这样一种文化，从历史角度来看，既具有稳定性，也有着流变性特质；从空间概念出发，很难一致，但可以共享。司法制度既是法律的承载者，又是法律的实施者，其地域性差别以及随着时间的流动而变迁的特征更为明显。但是即使如此，依然包含了一些共同之处，这些共同之处会随着时间的推移而持续存在。[1]

（二）当事人主义诉讼模式发展与转换

自由主义诉讼观是自由资本主义发展的产物，自由主义诉讼观认为，民事诉讼制度之运作，仅系当事人在法官面前之一种决斗，而民事诉讼系此决斗之规则，如球场比赛之规则一样，法官仅系一个旁观者，故采取彻底的当事人主义。[2]在自由主义诉讼观念下，民事诉讼形成了当事人主义诉讼模式。具体表现为：程序上的当事人进行主义，实体上的当事人处分原则和辩论主义原则。1806 年，法国在其《民事诉讼法》中首先确立了当事人主义诉讼模式，随后德国、日本先后进行了效仿。

1. 当事人主义诉讼模式特点

（1）当事人处分原则。

处分原则是实体法上的私法自治原则在诉讼法上的体现，主要是指当事人可以自行决定"是否"开启诉讼以及对"什么"进行诉讼，并可通过起诉、上诉确定法官裁量的范围，也可通过变更或放弃使得裁判的范围和结果出现多种可能性。[3]处分原则实质上是当事人对需要以什么样的方式救济自己的权利具有选择权。这个选择权包括选择诉讼的权利、选择诉讼对象的权利，当然也可以有放弃诉讼、放弃部分诉讼请求的权利，选择辩论和认可对

---

〔1〕 Chase, Oscar G, "American Exceptionalism and Comparative Procedure", *American Journal of Comparative Law*, 2002, Vol. 50（No. 2）, p. 279.

〔2〕 邱联恭：《口述民事诉讼法讲义（一）》，元照出版有限公司 2012 年版，第 139 页。

〔3〕 ［德］罗尔夫·施蒂尔纳、阿斯特里德·施塔德勒："法官的积极角色——司法能动性的实体和程序"，载［德］米夏埃尔·施蒂尔纳编：《德国民事诉讼法学文萃》，赵秀举译，中国政法大学出版社 2005 年版，第 419 页。

方事实的权利，撤诉和调解的权利等。在当事人主义诉讼模式下，对于当事人处分权的内容国家不能干预，法院在诉讼中应当处于消极地位。[1]

（2）辩论主义原则。

如果说当事人提起诉讼、确定诉讼的范围以及终结诉讼的方式体现的是当事人处分权原则，那么诉讼材料和证据的搜集体现的便是辩论主义原则。辩论主义一词是由德国学者肯纳首先使用的，是大陆法系国家用于描述法院与当事人在诉讼中作用分担的一个术语。[2]其基本含义是指当事人双方应当提出判决的事实基础（包括证据手段）；因此他们对此负全部责任，即法院的判决只允许以当事人在诉讼中提出的那些事实为基础。[3]

按照辩论主义理论，诉讼资料的搜集、事实的陈述、证据的提交都应由当事人来承担。法官相对于证据提交和事实陈述这一领域表现出消极作用，即使当事人所作陈述不真实、不完整，对方是否积极进行了抗辩等，都是当事人自己的事情，法官既不探究案件事实，也不干预当事人举证，更不会为当事人搜集证据而主动进行调查。反之，法院审理的事实和证据，则必须是当事人主张的事实和提交的证据。随着社会发展，辩论主义原则出现了种种弊端。20世纪初，《德国民事诉讼法》经多次修改，在强化法院释明义务以及增加当事人真实义务的同时，辩论主义正在被赋予新的内容。

2. 当事人主义诉讼模式发展与变迁

在大陆法系国家，代表着典型当事人主义特征的诉讼法，要提及1806年《法国民事诉讼法》，可称之为绝对当事人主义或彻底当事人主义。[4]整个诉讼过程完全由当事人主导，双方当事人为了赢得诉讼的胜利，采取各种诉讼策略和技巧，甚至滥用程序权、故意拖延诉讼。而法官消极中立地作为旁观者，任由当事人以竞技赢得裁判结果。[5]在这样的民事诉讼程序中，由于过于放任当事人意思自治的行为，缺少司法机关的职权干预，产生了诉讼迟延

〔1〕 ［日］三月章：《民事诉讼法》，弘文堂1986年版，第186页。
〔2〕 唐力："辩论主义的嬗变与协同主义的兴起"，载《现代法学》2005年第6期。
〔3〕 肖建华、李志丰："从辩论主义到协同主义"，载《北京科技大学学报（社会科学版）》2006年第3期。
〔4〕 何勤华主编：《法国法律发达史》，法律出版社2001年版，第441页。
〔5〕 李夏："民事诉讼观的类型与变迁研究——兼论其对我国民事司法现代化的启示"，苏州大学2015年硕士学位论文。

和费用高昂的弊病，严重影响了诉讼的经济性和迅捷性。[1]

法律固然是保守的，但一味迷恋往昔的故步自封，也并非妥当。[2]1877年《德国民事诉讼法》借鉴了《法国民事诉讼法》的当事人主义，亦导致了诉讼拖延等严重弊端，德国在之后的《民事诉讼法》修改中，为了加速诉讼进程，逐渐将诉讼进程中的控制权转移到法院身上，并且法官的权限在每一次的修改中越来越被强化，在 1933 年的《德国民事诉讼法》中，不仅法院来确定期日和期间以及送达等程序性实现，而且法官对与实体有关的内容也越来越多地进行了干预。1909 年《德国民事诉讼法》修订，规定了法官的讨论义务，使得法官从消极的、只关注是否遵守了诉讼规则的"观众"变成了辩论的积极参与者。[3]鲁道夫·瓦塞尔曼在其《从辩论主义到合作主义》一文中提到："应当承认，当时的立法者并不完全清楚自己选取了一条什么样的道路，但是学术界已经看清楚，这是一条……有力地推动了纠问主义，近似于职权探知主义……"[4]

（三）协同主义理论与诉讼指挥权

在当事人主义诉讼模式成为大陆法系主流诉讼制度时，辩论主义作为核心原则在理论界和实务界推崇备至。但是随着社会的发展，民事诉讼法学研究者们发现，辩论主义主张的武器平等过于理想化、其产生的作用一维且单向性、由于极力限制法官的权力和行为反而使得当事人权利行使过度自由等，这些现象不仅导致了司法资源的浪费和诉讼拖延，也与当前多元化社会发展、世界命运趋于共同等多元价值格格不入。于是逐步放开法院的职权、适当限制当事人诉讼权利、弱化双方对抗、强调多方对话等理论和制度得到实施并发展，促成了"协同主义"理论，也产生了诉讼指挥权的概念。

1. 协同主义理论的提出

1972 年，德国学者贝特曼（Bettermann）提出"协同主义"理论。[5]之

---

[1] 何德平："论诉讼指挥权"，载张卫平主编：《民事程序法研究》（第 2 辑），厦门大学出版社 2006 年版，第 157 页。

[2] ［美］理查德·波斯纳：《超越法律》，苏力译，北京大学出版社 2016 年版，译者序第 2 页。

[3] ［德］鲁道夫·瓦塞尔曼："从辩论主义到合作主义"，载［德］米夏埃尔·施蒂尔纳编：《德国民事诉讼法学文萃》，赵秀举译，中国政法大学出版社 2005 年版，第 362 页。

[4] ［德］鲁道夫·瓦塞尔曼："从辩论主义到合作主义"，载［德］米夏埃尔·施蒂尔纳编：《德国民事诉讼法学文萃》，赵秀举译，中国政法大学出版社 2005 年版，第 362 页。

[5] 唐力："辩论主义的嬗变与协同主义的兴起"，载《现代法学》2005 年第 6 期。

后，德国学者巴沙曼（Rudolf Wassermann）在其所著《社会的民事诉讼：在社会法治国家民事诉讼的理论与实务》一书中，对协同主义进行了诠释，[1]指出了协同主义强调法院、当事人三方的协同关系。随后德国立法层面也作出呼应。1976 年《德国民事诉讼简化法》已表现出法官的权限向当事人支配的领域"扩张"。[2]协同主义不仅强调了法院与当事人在程序方面的协同，在实体方面，也强化了法院对事实调查的介入。更进一步说，即使当事人没有要求，法官也可以依职权进行照会，或者让当事人提出文书，以及传唤鉴定人出庭等。[3]由此可见，在辩论主义下，强调案件事实的探知是当事人的责任，法官严格遵守不干预原则；而在协同主义下则强调法院的职权作用。协同主义认为，发现案件真实是当事人与法官共同的任务。

　　如果不吸收更多的合作的观念，民事诉讼面临的前景则会越来越狭窄，在国际上可能陷入孤立的境地。英美法系一直秉持对抗制度，坚持法官应当在争议双方之间保持消极中立地位的英国，在诉讼现代化的过程中已经走到了德国的前面：1998 年《英国民事诉讼规则》将"法院与当事人必须共同合作以便实现公正、公平和节约的诉讼目标"规定为最高原则。法官现在已经变成了积极的管理者，在共同讨论诉讼的进展，需要澄清的事实问题、法律问题和费用问题以及采用替代性纠纷解决方法的可能性等方面，应当致力于与当事人共同合作。[4]

　　2. 协同主义与辩论主义的关系

表 3-1　辩论主义与协同主义的区别

辩论主义	协同主义
当事人主义诉讼模式的核心原则	当事人主义诉讼模式的修订
强调双方对抗，法官消极中立	强调三方对话，法官积极参与
事实查明是当事人的责任	发现真实是法院与当事人的共同任务

　　[1]　唐力："辩论主义的嬗变与协同主义的兴起"，载《现代法学》2005 年第 6 期。
　　[2]　参见肖建华、李志丰："从辩论主义到协同主义"，载《北京科技大学学报（社会科学版）》2006 年第 3 期。
　　[3]　唐力："辩论主义的嬗变与协同主义的兴起"，载《现代法学》2005 年第 6 期。
　　[4]　[德] 赖因哈德·格雷格："作为诉讼主义的合作"，载 [德] 米夏埃尔·施蒂尔纳编：《德国民事诉讼法学文萃》，赵秀举译，中国政法大学出版社 2005 年版，第 449 页。

续表

辩论主义	协同主义
强调裁判的终局性，树立司法权威	强调成本和效率，多元化方式解决纠纷

由于当事人主义诉讼模式的程序设计是基于"竞争"的理念，"非黑即白"的事实认定结构将当事人双方置于对立的关系之中，为保持双方"竞争"的平等性，法官中立及程序的完整性就显得尤为重要。[1]辩论主义的庭审模式认为，裁判者只能是观众，而不是演员，因此不能参与其中。[2]而在协同主义理念下，诉讼并非一定是一个对抗的场所，双方当事人亦并非一定要进行争辩或博弈，而是在法官的参与下，三方沟通构建一个对话的平台。法官作为裁判者的同时以纠纷解决的协调者角色介入，向当事人释明、指示，并与之沟通和讨论。法官从消极的、只关注是否遵守了诉讼规则的"观众"变成了积极的参与者。[3]如果说，辩论主义下当事人权利与法院的职权有着清晰的界限，那么在协同主义下，法院与当事人之间的权利和权力的区分已经变得模糊，并相互交织。

关于协同主义是否会替代辩论主义，大陆法系不少学者认为，"合作"或称"协同"，根本不会与辩论主义相冲突，也不会排斥或者取代辩论主义。当事人之间的"合作"并不意味着双方亲密地协商解决问题，[4]它只是表达了仅仅是当事人双方进行的争论不能更有效地解决问题。合作并未摆脱辩论主义，也不会淡化当事人主义，而是在当事人主义的诉讼模式中，强化了法官的作用。

笔者认为，关于辩论主义与协同主义的关系问题，可以从辩论主义的三原则分析。其一，诉讼由当事人提起并由当事人主张事实、承担举证责任，这是辩论主义的第一要素，显然，协同主义理论的提出并不触及辩论主义这一要素。其二，对当事人自认事实的确认是辩论主义的第二要素。而对于协

---

〔1〕 唐力："论协商性司法的理论基础"，载《现代法学》2008年第6期。

〔2〕 Shmuel Lederman, "The actor does not judge: Hannah Arendt's theory of judgement", *Philosophy and Social Criticism*, 2016, Vol. 42 (7), pp. 727~741.

〔3〕 ［德］鲁道夫·瓦塞尔曼："从辩论主义到合作主义"，载［德］米夏埃尔·施蒂尔纳编：《德国民事诉讼法学文萃》，赵秀举译，中国政法大学出版社2005年版，第362页。

〔4〕 ［德］赖因哈德·格雷格："作为诉讼主义的合作"，载［德］米夏埃尔·施蒂尔纳编：《德国民事诉讼法学文萃》，赵秀举译，中国政法大学出版社2005年版，第444页。

同主义来说，对当事人真实义务的要求在一定时候有可能与当事人自认制度相冲突。但协同主义并不全盘否定当事人自认制度，而是对当事人自认的真实性进行了要求和规范。基于诚实信用原则，当事人应对其自认的真实性负责，以防止虚假陈述和恶意串通，否则法院应予调查。应该说，其是对当事人自认制度的完善。其三，对于辩论主义来说，主张事实和提交证据是当事人自己的事情，法院不予干预；而在协同主义情形下，对事实的查明是法院和当事人的共同职责，因此法院在一定情形下应予调查或协助。但是协同主义并不改变辩论主义下当事人的举证义务，其仅仅是在当事人举证无法查明事实的情形下法院予以的协助，或由于公共利益的维护法院进行的职权调查。因此，协同主义下法院对事实的调查，亦在当事人主义诉讼模式下完成。

笔者亦认为，协同主义与辩论主义的典型区别在于辩论主义是对法院权力的限制，在辩论主义原则下法官以消极被动来体现其中立性。而协同主义旨在强调法院以释明、讨论、对话等方式积极参与到诉讼中，其并不否认法官的中立性，但认为法官应秉持实质中立才更为公平。因此，协同主义并非独立于辩论主义的一种理论模式，更非对辩论主义的替代，其仅仅是建立在辩论主义基础之上对辩论主义的修订和完善。其作为民事诉讼模式发展中一个理论上的概念，不仅反映出自由主义诉讼观向社会主义诉讼观的发展，也为诉讼指挥权的系统化提供了理论支撑。

3. 协同理论与诉讼指挥权的关系

协同主义理论并不是无根之木、无源之水。这一理论的形成并被提出，是德国民事诉讼在立法和司法中已经进行了实践和探索后的理论升华。但是理论与实践的结合往往不会一帆风顺，其中一个重要原因在于理论的宏大与抽象性往往与实践现实性和具体性难以相融，二者之间的断层导致了理论研究者和实务操作者各行其道，陷入各自领域的汪洋大海之中[1]。笔者认为，借鉴这样一个中观概念可以使得理论与实践相衔接，让理论研究者与实践相接，让实践操作者得到理论支撑。在诉讼模式理论与具体制度的研究中，诉讼指挥权作为模式理论与具体规则之间的中观概念，起到了承上启下的衔接作用，对于诉讼模式的实践意义起到了重要作用。

---

〔1〕　刘哲玮："论民事诉讼模式理论的方法论意义及其运用"，载《当代法学》2016 年第 3 期。

表 3-2　诉讼模式、诉讼指挥权与具体规则之间的关系

宏观模式理论	中观概念	司法实践
协同主义	诉讼指挥权	具体规则
当事人主义诉讼模式的修订，强调三方对话，法官积极参与	职责型诉讼指挥权 权力型诉讼指挥权 协力型诉讼指挥权	释明权与释明义务、当事人真实义务、讨论义务、共同促进义务等

　　协同主义理论体现在《德国民事诉讼法》的立法层面，在实体方面，以释明义务、法律观点的指出义务以及讨论义务等内容的规定来强化法官在诉讼中的指挥作用，同时以强调当事人真实义务、完整陈述义务以及诉讼促进义务等来强化法院的监督之责。表现在程序方面，是当事人及其诉讼代理人在法院的参与、协助和指导下，一起推动程序的进行。[1]这些具有可操作性的法律条款和规则，可以说是协同理论在立法中具体化的表现形式，即法院的诉讼指挥权内容。

　　不少学者认为，协同主义理论只是一种理想状态，就其本质而言，其功能只能带有启发意义。即便在德国，协同主义作为民事诉讼法学者的理想，如果将其指导实践，就会出现界限不明确、规范不严谨的现象。例如，对于法官的阐明义务，法官行使到何种程度，无法进行具体明确的规范予以限制，更多的是法官在不同案件中的自由裁量，不确定的阐明范围又极易导致阐明权的滥用。对于当事人的真实义务而言，何为真实；不承担举证责任的当事人是否负有真实义务；法官在与当事人共同讨论诉讼材料时，是鼓励双方进行讨论，还是引导双方进行讨论；法官在讨论义务中是辅助地位还是平等交谈；法官如何督促双方当事人使自己的陈述完整，以达到澄明案件事实情况的目的。如果仅仅以法官不突破中立性底线为界，那么法官的权力和职责的边界将无法确立。也有人担心，推行法院的讨论义务或者指示义务则可能会令民事诉讼重陷职权主义泥沼。

　　笔者认为，诉讼指挥权概念的提出，以协同主义理论为基础，以强化法官在诉讼中的指挥职责，规范当事人在诉讼中的权利行使，并构建法院与当事人二者既分工负责又相互协作为工作方式，将上述内容以法律条款的形式

---

　　[1]　汤维建："理念转换与民事诉讼制度的改革和完善"，载《法学家》2007 年第 1 期。

予以规范，构建诉讼指挥权制度体系，既有裁判路径的诉讼指挥，也有多元纠纷解决的扩大功能。这既是对当事人主义诉讼模式的进一步完善，也符合诉讼社会化发展的未来需求。

二、诉讼指挥权分类与内容分析

关于诉讼指挥权是权力还是义务问题。从《德国民事诉讼法》最初强化法官职权作用开始，将法官的诉讼指挥设定为"权力"，在之后逐渐转化为"义务"。这一过程表明了两层含义：一是与传统职权主义进行了区分，二是避免法院权力滥用。将诉讼指挥设定为法院的义务，是法律对法院行使诉讼指挥的职责要求以及职权滥用的防止。基于此，笔者在论述大陆法系诉讼指挥作用时，遵循《德国民事诉讼法》的规定，称之为诉讼指挥义务。

大陆法系诉讼指挥义务概念，在《德国民事诉讼法》的发展中较为完善，日本和法国等则借鉴了《德国民事诉讼》中诉讼指挥权的相关内容。因此，笔者在本章以《德国民事诉讼法》规定为主，并结合法国和日本等国民事诉讼法的相关规定，将诉讼指挥义务分为三类：一是法院诉讼指挥义务的基本内容，包括释明义务、指示义务、讯问义务等，主要是指法院为查明事实对当事人的协力性义务或职责；二是法院诉讼指挥义务的反射责任，主要是指法律对当事人的义务性规定，法院应督促当事人履行，包括命令当事人提交文书、亲自出庭义务以及当事人的真实和完整义务；三是法院与当事人共同合作的义务，由当事人与法院共同完成，包括程序上的诉讼促进义务以及案件事实和法律方面的讨论义务。

（一）诉讼指挥义务基本内容

1. 释明义务

"释明"一词，源于大陆法系民事诉讼立法和理论。因此，它既是一个学术概念，又是一个法律术语。根据《德国民事诉讼法》第139条的规定，释明是指以发问、提示等方式提示当事人不明确的声明、不完整的陈述等，并令其补充。[1] 关于释明的范围，主要是指对当事人诉请、陈述事实和提交证据不完整时的提示和建议，但并不以此为限。一般来说，只要不违反辩论主

---

[1] 韩俊红："释明义务研究"，西南政法大学 2006 年博士学位论文。

义，法官对当事人进行事实、证据、法律以及程序方面的提示和建议等，都属于广义上的释明。

关于释明的内容，主要在事实和证据方面。法官向当事人进行释明，当事人产生接受和不接受两种反应。如果当事人接受法院的建议，即会按照法院的释明补充观点和证据，对案件事实产生影响；如果不接受法院的建议，法院仍然受到当事人主张的事实和证据的约束。对于法律观点的释明，德国称之为法律观点指出义务，向当事人就法律观点指出和解释，旨在避免裁判突袭。因此，释明的目的在于发现真实、促进诉讼，对于当事人来说，是一种协助作用，而不是替代当事人行使权利。笔者认为，既然是一种协助作用，除非法律明确规定，否则不应定性为一种义务。也基于此，释明是一种义务还是权力在不同的国家有着不同的定性，但是均不突破两项原则：一是以"必要性"为限，二是不突破法官的中立性。

《法国民事诉讼法》也规定了释明制度，被称为询问权，规定在民事诉讼法典的基本原则部分。该法典第8条、第13条[1]规定了法官认为必要时可以向当事人进行发问的情形。可见，《法国民事诉讼法》中的释明是一项权力而非义务。从释明的范围看，亦规定得相对宽泛，既包括案件争议的问题，也包括法律的解释。《日本民事诉讼法》将释明作为一项权力进行规定，"审判长为了明了诉讼关系，在口头辩论的期日或者期间之外，就有关事实上及法律上的事项进行发问，并且催促其进行证明"。[2]

2. 法律观点指出义务

法院不应秘密适用法律，而应公开说明其观点，以免造成裁判突袭。这是对法官法律观点指出义务的要求。其不仅包括当事人认为不适用的法律被法官在最终裁判上援引，也包括双方进行过争执的但法院认为不重要的法律观点，法院亦有义务向当事人进行说明并给予其发表意见的机会。[3]狭义的法官知法原则推定适用法律是法官的权力，因此不需要向当事人进行解释。

---

〔1〕《法国民事诉讼法》第8条规定："法官可以要求当事人对事实提供解决争讼所必要的说明。"第13条："如果法官认为对解决纷争有必要的话，可以要求当事人提供其对法律根据的说明。"参见张卫平、陈刚编著：《法国民事诉讼法导论》，中国政法大学出版社1997年版，第36页。

〔2〕王亚新：《对抗与判定：日本民事诉讼的基本结构》，清华大学出版社2002年版，第37页。

〔3〕参见［德］鲁道夫·瓦塞尔曼："从辩论主义到合作主义"，载［德］米夏埃尔·施蒂尔纳编：《德国民事诉讼法学文萃》，赵秀举译，中国政法大学出版社2005年版，第376页。

但是广义的法官知法原则认为，虽然法律适用是法官的职权，但在当事人对法律并不清楚的时候，法官也有帮助弱者的责任。[1]法律规定法官负担法律观点指出义务，旨在避免突袭性裁判，应属于广义的释明义务范畴。

在德国，由于实行强制代理制度，双方当事人必须能够对法院裁判依据的法律观点表态，以避免裁判突袭。因此，《德国民事诉讼法》中法律观点指出义务的立法根据为德国基本法规定的庭审请求权与突袭性裁判的禁止。[2]《日本民事诉讼法》第 278 条将法律观点的指出作为释明义务的一种，予以实定法化，逐渐成为一种独立的形态来把握。[3]

对于法律观点指出义务的适用范围，一般认为，在不突破法官中立性原则的情形下，法官应对当事人认知不够的法律观点进行指示。可见，在法律观点指出方面，法官亦有一定的自由裁量。在《德国民事诉讼法》中，如果法官怠于履行这一义务，并导致当事人权益受到损害，法院要承担违反义务的法律后果。例如，导致丧失攻击防御方法或失权的，视为不构成失权并允许提出新的防御方法；导致当事人败诉的，则会导致原判决的撤销并进行改判。

3. 讯问义务

受《奥地利民事诉讼法》第 133 条的影响，讯问当事人是 1933 年《德国民事诉讼法》修订时增加的一项当事人义务。[4]《德国民事诉讼法》第 448 条规定了"当辩论结果或者是可能进行的证据调查不足以使法官形成对需要证明的事实的真实性或不真实性的心证时，无需当事人申请并且无需考虑证明责任而命令对当事人进行讯问"。该法第 452 条补充了宣誓的内容以及法院最后作出评价。[5]对该法律条文内容分析，首先，讯问义务并非法官负担的真正义务，而是法官基于一定的事实调查情况，需要当事人到庭接受询问，

---

〔1〕 李木贵：《民事诉讼法》（上），元照出版有限公司 2007 年版，附第 22 页。

〔2〕 熊跃敏："民事诉讼中法院的法律观点指出义务：法理、规则与判例——以德国民事诉讼为中心的考察"，载《中国法学》2008 年第 4 期。

〔3〕 参见 [日] 高桥宏志：《民事诉讼法：制度与理论的深层分析》，林剑锋译，法律出版社 2003 年版，第 368 页。

〔4〕 参见 [德] 奥特马·尧厄尼希：《民事诉讼法》（第 27 版），周翠译，法律出版社 2003 年版，第 296 页。

〔5〕 [德] 鲁道夫·瓦塞尔曼："从辩论主义到合作主义"，载 [德] 米夏埃尔·施蒂尔纳编：《德国民事诉讼法学文萃》，赵秀举译，中国政法大学出版社 2005 年版，第 366 页。

而要求当事人履行的义务。因此，确切地讲，讯问义务应视为法官的一项职责。其次，无需考虑举证责任的分配，即只要在案件经过审理、调查、辩论后，法官仍无法形成心证，即可要求当事人到庭接受讯问。在德国，法官对当事人本人进行讯问，作为案件事实发现的手段，发挥着重要的作用。

大陆法系对于当事人讯问制度有严格说和缓和说两种。严格说认为，当事人讯问制度是在当事人提交证据后，法官依然无法形成心证时使用的方法。而缓和说认为，由于"当事人陈述"这一追求案件事实的方法具有成本低、效率高的优点，因此，法官可以根据案件的不同类型、当事人的不同情况进行自由裁量，只要其认为案件确有必要，即可对当事人进行讯问，在当事人对案件事实的陈述中挖掘并分析案件事实。

（二）法院诉讼指挥义务的反射责任

所谓反射责任，实质上是指当事人应当履行的义务，在当事人不履行时法院应督促和命令其履行，这种督促和命令当事人履行义务的法院职责即为法院诉讼指挥义务的反射责任。在德国民事诉讼过程中，对席的言词辩论必须前置一个和解辩论（《德国民事诉讼法》第278条、第279条），立法者希望通过这个和解辩论提高和解率，并借此加快诉讼解决。[1]因此，书面的准备程序和言词辩论在诉讼程序的设置以及诉讼目的的要求下，都应该作为当事人的义务而由法院予以指挥。

1. 当事人出庭义务

《德国民事诉讼法》第139条一直以来被誉为"帝王条款"，该条不仅规定了当事人释明义务、指示义务、当事人真实义务，同时也规定了法院可以命令当事人亲自出庭，如果当事人拒不出庭，法院可以对其实施处罚。[2]修订后的《德国民事诉讼法》第279a条规定了，法院可以对被传唤但依然未出庭的当事人像对待未出庭的证人一样施以同样的处罚，但不得拘留。[3]对于亲自出庭义务，也曾有学者认为，该规定有突破辩论主义之意，是纠问主义

---

[1] [德] 奥特马·尧厄尼希：《民事诉讼法》（第27版），周翠译，法律出版社2003年版，第148页。

[2] [德] 鲁道夫·瓦塞尔曼："从辩论主义到合作主义"，载 [德] 米夏埃尔·施蒂尔纳编：《德国民事诉讼法学文萃》，赵秀举译，中国政法大学出版社2005年版，第364页。

[3] [德] 鲁道夫·瓦瑟尔曼："从辩论主义到合作主义"，载 [德] 米夏埃尔·施蒂尔纳编：《德国民事诉讼法学文萃》，赵秀举译，中国政法大学出版社2005年版，第364页。

占据上风的表现。

关于亲自出庭是否为当事人强制性义务，也是值得讨论的事情。因为在当事人主义诉讼模式下，当事人基于处分原则享有起诉、撤诉、和解等主张和放弃权利的选择权，因此其不出庭进行言词辩论是其放弃权利，在当事人主义诉讼模式下，法院一般不予干预。但是在协同主义理念下，随着诉讼的社会化发展，人们逐渐意识到民事诉讼不仅仅是当事人私益权利之争，其一旦诉至法院即意味着公权力干预具有一定的正当性。因此，法院基于调查事实、促进诉讼的需要，要求当事人出庭参加诉讼，则当事人即负有亲自出庭义务。笔者认为，亲自出庭义务旨在配合法院调查事实。在案件需要当事人出庭进行陈述或说明，从而有助于案件真实之发现时，当事人应当出庭予以配合。因此，法院对当事人出庭义务的要求不应视为与辩论主义相冲突的纠问式干预，而是当事人履行真实义务的体现。

2. 真实义务

"诉讼是确定实体真实的手段，并且必须如此，否则诉讼就缺乏社会正当性。"当事人在诉讼中"仅仅使用光洁的、透明的武器"，而不应当通过"谎言和刁难"来维护其利益。[1]1877 年《德国民事诉讼法》是建立在自由主义民事诉讼观基础上，贯穿和体现的是辩论主义原则的要求。1895 年奥地利率先规定："当事人据以声明所必要的一切情事，必须完全真实且正确地陈述之。"[2]继奥地利之后，1933 年《德国民事诉讼法》第 138 条第 1 款规定，"当事人应就事实状况作完全而真实的陈述"，即正式确立了德国法上的真实义务。

通说认为，真实义务有广义和狭义之分。狭义上的真实义务是指当事人不得对自己明知的事实故意作出虚假陈述。也就是说，只要当事人自己认为是真实的、确定的，即不违反真实义务。由此，狭义的真实义务指向主观真实，而不是客观真实，这是一种诚信义务。[3]广义上的真实义务要求当事人

---

〔1〕［德］鲁道夫·瓦瑟尔曼："社会的民事诉讼——社会法治国家的民事诉讼理论与实践"，载［德］米夏埃尔·施蒂尔纳编：《德国民事诉讼法学文萃》，赵秀举译，中国政法大学出版社 2005 年版，第 92~93 页。

〔2〕傅郁林："论民事诉讼当事人的诚信义务"，载《法治现代化研究》2017 年第 6 期。

〔3〕［德］奥特马·尧厄尼希：《民事诉讼法》（第 27 版），周翠译，法律出版社 2003 年版，第 141 页。

不仅不得故意进行虚假陈述，而且对于自己知道的事实不得隐瞒，要向法庭作真实、完整的陈述义务。显然，广义上的真实义务是一种加重当事人义务的规范，对真实义务完整性要求似乎已经突破了当事人的主观认知。1933年《德国民事诉讼法》第138条规定的是一种广义上的真实义务，即禁止有意的不真实，同时还要求当事人对主张的真实性进行仔细详尽的调查。[1]这种过于加重当事人义务的规定不仅缺乏实践操作性，也加重了法官的职责。在之后与其他规定整合之后，当前德国的通说采狭义真实义务说。

目前，通说认为，真实义务要求的是主观真实，只有故意作出非真实的陈述才会被禁止。这种对真实义务的最低限度的解释，表明真实义务的导入只是对辩论主义及由此产生的当事人处分权能的最低程度的限制。[2]《日本民事诉讼法》虽未明文规定真实义务，但有关诚实信义原则的立法条文已经隐含了对当事人真实陈述的限定。

当事人真实义务，顾名思义，不仅要陈述对自己有利的事实，也必然包括对自己不利事实的陈述，而后者更为重要。因此，当事人真实义务必然涉及两个问题：其一，举证责任的分配，对于负有举证责任和不负担举证责任的双方，是否都负有真实完整义务；其二，如果对己不利的事实，当事人亦负有真实义务，那么自认制度就没有存在的必要性。而举证责任和自认制度即为辩论主义的核心内容。因此，举证责任、自认制度与当事人真实义务的关系，或者说当事人真实义务是否脱离了辩论主义原则，是一个有争议的问题。

关于举证责任、自认制度与当事人真实义务的关系。笔者分析如下：其一，当事人真实义务是诚实信用原则的体现，当事人是否负有举证责任，诚实信用原则都是其必须遵守的基本准则和底线。因此，无论是举证责任的分配还是自认制度的规定，并不会必然与当事人真实义务相冲突。其二，当事人真实义务，应依据举证责任的分配区分为积极真实义务和消极真实义务两个标准。对于负有举证义务的当事人来说，其应承担积极的真实义务，但依然在主观真实之限。而对于不负举证责任的当事人来说，其承担消极真实义

〔1〕 任重："民事诉讼真实义务边界问题研究"，载《比较法研究》2012年第5期。
〔2〕 熊跃敏："辩论主义：溯源与变迁——民事诉讼中当事人与法院作用分担的再思考"，载《现代法学》2007年第2期。

务即可，即只要当事人不是明知、故意作出与真实相反的行为和陈述。其三，自认制度与举证义务无关，但一定程度上受真实义务的制约。在自认制度中，无论当事人是否负有举证责任，其都需要体现为一种积极的真实义务，陈述对己不利或明确认可对方陈述的事实，被法院固定下来，免除了对方举证义务。笔者认为，自认制度与当事人真实义务有一定的牵连，但并非完全包含关系，因为当事人相一致但并非真实的陈述对法官是有一定约束力的。[1]

3. 阐明义务

阐明义务理论在《德国民事诉讼法》中曾引起广泛探讨，即通过败诉风险来促使当事人在阐明事实情况上进行协助，一般由不能提出证据、反证或者反面证据的当事人来承担案件事实阐明以及未能阐明的责任。[2]阐明义务的正当性依据不是证据规则，亦不是诉讼法上的标准，而是实体法上的法律后果。

在《德国民事诉讼法》中，当事人阐明义务适用于两种情形：一是法院要求一方当事人承担阐明义务的原因是其对案件事实的掌握比对方当事人更有便利条件，或者其掌握着对方当事人无法掌握的证据资料，这种情形下无需举证责任的分配，而由知悉事实或持有证据资料的当事人承担阐明义务。二是由一方举证证明对方持有对其不利的证据而拒不提交，法院经查实后要求持有证据的一方提交，拒不提交的，要承担该证据内容为真实的法律后果。上述两种情形中，第一种更倾向于法官在具体案件中的自由裁量；而第二种情形需要具备一定的条件。针对第二种情形，德国称之为文书提出义务，又称为证明妨碍理论。

任何当事人均无义务为了对方当事人的胜诉设法创设对方当事人还未占有的材料。[3]当事人阐明义务的正当性来源于真实义务、诉讼协力义务，其目的是促进真实发现。依据《德国民事诉讼法》第 138 条第 3 款的规定，对于某种事实，只有在它既非当事人自己的行为，又非当事人自己所亲自感知

---

〔1〕　王玲："当事人真实义务研究"，西南政法大学 2015 年博士学位论文。

〔2〕　[德] 罗尔夫·施蒂尔纳·康斯坦茨："民事诉讼中案件事实阐明时的当事人义务——兼论证明妨碍理论"，载 [德] 米夏埃尔·施蒂尔纳编：《德国民事诉讼法学文萃》，赵秀举译，中国政法大学出版社 2005 年版，第 350 页。

〔3〕　[德] 彼得·阿伦斯·弗莱堡："民事诉讼中无证明责任当事人的阐明义务"，载 [德] 米夏埃尔·施蒂尔纳编：《德国民事诉讼法学文萃》，赵秀举译，中国政法大学出版社 2005 年版，第 294 页。

的对象时，才可准许说"不知"。[1]可见，这种对于阐明义务的强制性要求必然会使得辩论原则、证明责任等制度的防线摇摇欲坠。

法官基于案件的情况行使自由裁量权，并对于需要阐明的情形要求不承担举证责任的当事人承担阐明义务，这种对案件事实进行阐明的诉讼指挥职权，使得当事人的从属地位明显，法官的地位进一步提高。德国不少学者认为，当事人阐明义务混淆了辩论主义与纠问主义的界限，法官基于自由裁量权要求当事人对案件事实承担阐明义务，最终会导致纠问，因为它没有留下诉讼上的自由空间。

（三）合作义务

法院与当事人在诉讼进行中的合作义务，来源于协同主义理念。这是大陆法系继辩论主义后的一个创新，其理念正在被英美法系国家以及我国借鉴与效仿。协同主义提出的"对话"理论极大地动摇了英美法系长期以来引以为豪并享誉世界的"对抗制"诉讼模式。对话理论中强调法院与当事人的合作，具体为程序上的诉讼促进义务和实体上的讨论义务。

1. 诉讼促进义务

诉讼促进义务是指为了通过诉讼解决纠纷的目的可以迅速实现，赋予法院督促当事人及时履行义务的权力，以促进诉讼。人们通常认为，诉讼促进义务是一项程序性义务，包括各方当事人以及法院在内，旨在促使诉讼程序便捷、高效进行。从法院角度来看，《德国民事诉讼法》规定了"促使原告注意其欠缺说服力，促使被告注意其防御欠缺显著性能，促使当事人作完整陈述……"[2]即法院在针对案件的进程以及诉讼的每一个节点都有督促和指挥的义务。对于当事人来讲，《德国民事诉讼法》第 282 条第 1 款规定，当事人应当在言词辩论中如此及时地提出其证据手段，以至于与根据诉讼情况进行的谨慎的、考虑到了程序促进义务的诉讼实施相适应。[3]当事人及时提交证据是典型的促进义务，许多大陆法系国家都规定了证据失权制度，在《德国

---

[1] 王玲："当事人真实义务研究"，西南政法大学 2015 年博士学位论文。

[2] ［德］鲁道夫·瓦塞尔曼："从辩论主义到合作主义"，载［德］米夏埃尔·施蒂尔纳编：《德国民事诉讼法学文萃》，赵秀举译，中国政法大学出版社 2005 年版，第 376~377 页。

[3] ［德］彼得·阿伦斯·弗莱堡："民事诉讼中无证明责任当事人的阐明义务"，载［德］米夏埃尔·施蒂尔纳编：《德国民事诉讼法学文萃》，赵秀举译，中国政法大学出版社 2005 年版，第 334 页。

民事诉讼法》中，当事人拖延提交证据被认为是存在重大过失的行为，将直接导致证据失权的法律后果。

诉讼促进义务与当事人真实义务有着相互牵连的关系。但二者还是有着明显区别：真实义务是事实查明（真相/公正）层面上的义务，而诉讼促进义务是诉讼进程（即成本效率）层面上的义务。[1]但是，诉讼促进义务与当事人真实义务相同，其正当性基础皆来自诚实信用原则。法院所担负的诉讼促进义务亦源于诚实信用原则的要求。将法院与当事人皆纳入诚实信用原则之下，从宗旨上体现了由辩论主义走向协同主义，由事实层面的真实保障走向诉讼程序方面的全面合作。[2]

2. 讨论义务

《德国民事诉讼法》第139条规定的法官阐明义务和讨论义务，是法官诉讼指挥以及贯穿于整个诉讼过程的法官诉讼指挥义务的一部分。[3]法官的讨论义务源自1877年《德国民事诉讼法》第464条规定[4]中的法官责问权，其要求当事人作出的说明，实质上是对当事人真实义务的要求。虽然未明确法院应如何运作，但是却是一项指示或命令。1909年《德国民事诉讼法》修订，该条规定明确地由"法官要求当事人作出说明"修改为"与当事人进行讨论"，[5]虽然仍是对当事人真实义务的规范，但是对于法官来说，是以讨论的方式使得当事人作完整说明。这种从问责权向讨论义务的转变，可以发现法官相对于当事人的地位从权力转化为义务，继而以对话的方式进行讨论，民事诉讼更倾向于在一种平等场所和对话的形式中进行。

讨论义务使得法官从消极的、沉默的观众转变为积极参与者，而且其致力于当事人提出有益申请的权力，有着明显的职权探知主义倾向。修订后的《德国民事诉讼法》第139条亦是一项讨论义务的规定。其不仅规定了法官致

---

〔1〕 傅郁林："论民事诉讼当事人的诚信义务"，载《法治现代化研究》2017年第6期。

〔2〕 傅郁林："论民事诉讼当事人的诚信义务"，载《法治现代化研究》2017年第6期。

〔3〕 ［德］鲁道夫·瓦瑟尔曼："从辩论主义到合作主义"，载［德］米夏埃尔·施蒂尔纳编：《德国民事诉讼法学文萃》，赵秀举译，中国政法大学出版社2005年版，第373页。

〔4〕 1877年《德国民事诉讼法》第464条规定："在言词辩论中法院应当致力于让当事人对所有重要的事实作完全的说明并且提出有益的申请。"参见［德］米夏埃尔·施蒂尔纳编：《德国民事诉讼法学文萃》，赵秀举译，中国政法大学出版社2005年版，第362页。

〔5〕 ［德］鲁道夫·瓦塞尔曼："从辩论主义到合作主义"，载［德］米夏埃尔·施蒂尔纳编：《德国民事诉讼法学文萃》，赵秀举译，中国政法大学出版社2005年版，第362页。

力于使得当事人作完整陈述的目的而行使命令、指示、释明等诉讼指挥义务，并释明未完整说明的当事人可以予以补充说明、补充证据，并就事实和法律问题展开讨论。修订后的《德国民事诉讼法》第279a条规定了当事人亲自出庭义务，以便于法官进行讯问。

　　未经讨论的事实是否可以作为裁判的基础，是辩论原则的内容，为法定听审的基本原则所禁止。对于法院与当事人的共同促进义务来讲，也与诉讼上的共同合作、为了勾画案件图案而共同努力的观念相悖。因此，必须告知当事人法院将何种事实视为判决的基础，并赋予当事人对此发表意见的机会。[1] 这是法官讨论义务的正当性基础。赋予法官讨论义务，与当事人主义诉讼模式中的辩论主义的重大区别在于：不是当事人的陈述和辩论，而是法官与当事人之间进行的法律和事实方面的对话在诉讼中占据了核心地位。笔者认为，法官的讨论义务是法官释明义务的进一步演变和发展，是随着诉讼由单向指挥向共同促进的方向发展中的转变。

　　关于法官的讨论义务是否影响当事人处分权。如上述分析，法官无论是对当事人的建议或释明、询问以及对当事人真实义务的规范，都会对当事人的思想意识和行为产生一定的影响，但是产生的影响力有多大，取决于当事人自己的意志。因此，法官的讨论可以对案件施加影响，但不能让法官的理智取代当事人的意志。[2] 这是法官行使诉讼指挥权的根本底线。

第二节　英美法系法官作用变化之分析

　　英美法系与大陆法系司法风格的差异性，根源于不同的文化背景、法律传统、国家和法律在社会中承担的功能和司法组织等。首先，英美法系国家法律来源于社会交往，国家立法的作用较弱，体现的是一种柔性法律文化，而不以绝对的禁止或命令去维护。相较于大陆法系国家对社会的管理职能，英美法系国家倾向于为社会提供一个制度框架。其次，在权利意识和权利保障方面，英美法系国家重视私人权利、个人权利，为避免国家介入于个人事

---

　　〔1〕［德］鲁道夫·瓦瑟尔曼："从辩论主义到合作主义"，载［德］米夏埃尔·施蒂尔纳编：《德国民事诉讼法学文萃》，赵秀举译，中国政法大学出版社2005年版，第370~371页。

　　〔2〕［德］鲁道夫·瓦瑟尔曼："从辩论主义到合作主义"，载［德］米夏埃尔·施蒂尔纳编：《德国民事诉讼法学文萃》，赵秀举译，中国政法大学出版社2005年版，第380页。

务，英国和美国奉行"最低限度的国家干预原则"。[1]而大陆法系国家的观念为：法律并非发生于市民社会并反映着它的管理，而是源自国家并表达着它的政策。[2]最后，在司法制度方面，英美法系国家司法重在使私人安排有约束力并得到执行，因此英美法系国家司法意味着解决纠纷。为了避免国家对私益纠纷解决的干预，以对抗制和陪审制为纠纷解决的主要特征。大陆法系国家并不将自己视为纠纷解决者，而将自己看作是合作行为的管理者。在大陆法系国家，法律程序的目标应当不仅包含解决纠纷，还包括实施法律，乃至包括实施国家政策。[3]两大法系上述的差异性，体现了司法组织在结构方面的不同表现：干预主义司法和自由放任式司法的二元景图，引出了不同的法律程序和司法构架。[4]

一、司法竞技主义及其理论基础

法律根植于特定地域和时间的文化之中，因此理解法律不仅要了解规则，还要了解规则的来源、它们所代表的选择、它们背后的政策，以及它们在实践中如何实际运作。美国与英国在司法模式的传统上是极为相似的，即都属于协作型组织模式。英美国家崇尚个人主义、自由主义，并认为政府本身是一种必要的罪恶，如果在美国存在一种普遍政治共识的话，这种共识曾经是——或许仍然是——对官僚机构、科层式组织安排以及法律作为一门技术性学科这种观念的反感。[5]

（一）个人主义价值观

个人主义精神是英格兰性格的基础，英国如此，美国亦然。在美国，"它有一种极端个人主义特征，即对个人自由的极端重视和对私人财产的无限尊

---

〔1〕 ［美］米尔伊安·R. 达玛什卡：《司法和国家权力的多种面孔：比较视野中的法律程序》（修订版），郑戈译，中国政法大学出版社 2015 年版，第 117 页。

〔2〕 ［美］米尔伊安·R. 达玛什卡：《司法和国家权力的多种面孔：比较视野中的法律程序》（修订版），郑戈译，中国政法大学出版社 2015 年版，第 106 页。

〔3〕 ［美］米尔伊安·R. 达玛什卡：《司法和国家权力的多种面孔：比较视野中的法律程序》（修订版），郑戈译，中国政法大学出版社 2015 年版，第 116 页。

〔4〕 ［美］米尔伊安·R. 达玛什卡：《司法和国家权力的多种面孔：比较视野中的法律程序》（修订版），郑戈译，中国政法大学出版社 2015 年版，第 92 页。

〔5〕 See S. P. Huntington, "Paradigms of Amercian Politics", *Political Science Quarterly*, 1974, pp. 20~22.

崇"。〔1〕利普塞特指出，美国的平均主义即是由个人主义和自由主义构成。自由主义体现了个人的自我选择，而个人主义突出的是自我利益的关注。因此，所谓美国的平均主义，是指平等的机会和尊重，而不是结果和条件。〔2〕从这个层面讲，司法制度中的"武器平等""程序正义"均源自这种平均主义思想。

美国人强调真正的个人主义，他们相信只有在保持个人自由的基础上，才能创造出超出理性预见的结果和超乎想象的成绩。他们认为，人们自由地适用自己掌握的知识和技能，按照自己的意愿去做自己关心的事情，才能作出重大的贡献。当然，这种过于强调个人主义带来的消极的一面就是对个人利益的过分关注和片面的追求。而恰恰是这种个人主义对自我利益的过分关注，形成了对抗主义文化：抑制人性恶的一面使之不造成损害的方式并不是消灭野心，而是"野心必须用野心来对抗"。〔3〕

英国的自由主义、个人主义传统是在自由权利与君主专制权力进行对抗的历史进程中形成的。〔4〕深爱自由的英国人对政府没有加以神圣化的习惯，这是对抗性文化产生的特定历史传统。英美国家尊重个人主义，追求自由意志的实现，体现在诉讼中，不仅是当事人对诉讼的个人发动权和控制权，〔5〕"制约"与"抗衡"的文化根基在诉讼程序中发挥得淋漓尽致。

我国自20世纪末开始借鉴两大法系的诉讼制度，其中对抗制以及法官消极被动的中立性也是我国借鉴的主要内容。但是历经20余年审判制度改革，却发现这些制度并未与我国本土相洽融合。笔者认为，其主要原因在于，中国传统文化和借鉴的诉讼制度有着明显的不同，中国民众强调国家、民族意识，崇尚集体主义思想，与英美国家崇尚个人主义、追求自由意志的文化传统大相径庭。中国历来不崇尚这种个人主义价值基础以及对抗性的诉讼文化。

〔1〕 张建伟：《司法竞技主义——英美诉讼传统与中国庭审方式》，北京大学出版社2005年版，第30页。

〔2〕 See Chase, Oscar G, "American Exceptionalism and Comparative Procedure", *American Journal of Comparative Law*, 2002, Vol.50 (No.2), p.281.

〔3〕 张建伟：《司法竞技主义——英美诉讼传统与中国庭审方式》，北京大学出版社2005年版，第69页。

〔4〕 张建伟：《司法竞技主义——英美诉讼传统与中国庭审方式》，北京大学出版社2005年版，第51页。

〔5〕 肖建华、杨兵："对抗制与调解制度的冲突与融合——美国调解制度对我国的启示"，载《比较法研究》2006年第4期。

（二）对抗制诉讼构造

英美法中的"adversary system"（对抗制）有时被翻译为"当事人主义"或"辩论主义"，但与德国法上严密界定的"辩论主义"定义比较，两者并不相同。[1]主要体现在证据方面：在大陆法系，当事人只要提出证据申请，之后的事情就委托法院，即在法院的主持下进行证据交换、质证、辩论等。而在英美法对抗制中，所有的证据原则上通过证据开示制度，从证人之口传递给审判者，而这些都是当事人自身（律师）的任务。[2]其原理为：只有与案件有直接利害关系的人，才最有强烈的动机来收集并提供对其最有利的证据。由于双方当事人均与案件结果有利害关系，因此可以推定，在双方对抗、辩论等作用与反作用中，所有相关的事实都会得到呈现，达到揭示事实真相的目的。[3]

但是，这种从外表上看似是自由的争议方式和解决争议的方式，是基于当事人之间平等这一暗含的前提。[4]然而，在当事人委托律师进行诉讼时，这种以付费购买正义的方式，必然与当事人的经济基础有关。而在双方当事人经济基础不平等的客观现实下，双方武器不平等就成为必须面对的客观现实，案件事实真相能否在双方不平等的对抗下产生相互作用的理想效果，不仅成为对抗制的现实缺陷，也使得英美国家开始反思：在双方不平等的权利下，无法达到相互制约和平衡，法院仍然作为消极被动的袖手旁观者，不仅实体正义无法实现，程序正义也难以维持。

美国学者曾说："对抗制深深植根于英美的法律和政治传统中……更为根本的是，对抗制并不仅是一种审判理论，它同样也是英美视法律制度为对国

---

〔1〕　Taniguti Yasuhei, *Between Verhandlungsmaxime and Adversary System—In Search for Place of Japanese Civil Procedure*, Cottwald & PRütting, Hrsg, Festschrift fur Karl Heinz Schwab, 1990, C. H. Beck. 转引自［日］谷口安平：《程序的正义与诉讼》（增补本），王亚新、刘荣军译，中国政法大学出版社2002年版，第111页。

〔2〕　［日］谷口安平：《程序的正义与诉讼》（增补本），王亚新、刘荣军译，中国政法大学出版社2002年版，第111页。

〔3〕　参见［美］史蒂文·苏本、玛格瑞特（绮剑）·伍：《美国民事诉讼的真谛：从历史、文化、实务的视角》，蔡彦敏、徐卉译，法律出版社2002年版，第29页。

〔4〕　［美］H. W. 埃尔曼：《比较法律文化》，贺卫方、高鸿钧译，清华大学出版社2002年版，第146页。

家权力予以重要限制的政治理论的写照。"〔1〕在美国，无论是政治制度的设计还是司法制度的构造，都体现出了对抗的精神构筑制度格局。在政治制度上，以立法、行政、司法三权分立来进行权力的划分和配置，一系列制衡原则均体现了对抗功能的应用。落实在司法上，即体现为当事人之间的对抗方式，所谓防御规定必须与攻击的危险相称，体现在诉讼制度中，即为"武器平等"原则。〔2〕实质上，陪审制度同样是分散权力的一种机制。

司法竞技主义在美国法律界盛行，原因在于宪法保障诸多自由。只有当人们明白美国人如何看待政府在其生活中的作用时才能切实理解司法竞技主义。〔3〕在我国，由于政治制度和文化基础的截然不同，司法竞技主义恐怕不会有合适的土壤供其生长和发展。

（三）消极被动的裁判者

消极被动的法官角色是对抗制诉讼的基本特征，它与对抗制国家的纠纷解决传统、社会、文化背景是一脉相承的。〔4〕在传统的英美诉讼程序中，"真相"即所争议的事实的发现，基本上留给当事人。法官体现中立性的唯一角色以消极被动的仲裁者身份沉默寡言于诉讼之中。不允许对事实问题作出判断，也不允许在一方不在场的情形下法官或陪审团听取一方当事人的言词。〔5〕在美国，法院的中立受"正当程序"的要求，而加拿大是建立在"公正听审"（fair hearing）的基础上。〔6〕在英国，中立性要求被视为"自然正义的基本原则"。英国著名法官丹宁言："一名法官要想得到公正，他最好让争诉双方保持平衡而不要介入争论。假如他超越此限，就等于是自卸法官责任，改演律师角色。"〔7〕因此，英美国家司法制度给予法官角色的正统理解为：法

---

〔1〕 张建伟：《司法竞技主义——英美诉讼传统与中国庭审方式》，北京大学出版社2005年版，第57页。

〔2〕 参见张建伟：《司法竞技主义——英美诉讼传统与中国庭审方式》，北京大学出版社2005年版，第69页。

〔3〕 张建伟：《司法竞技主义——英美诉讼传统与中国庭审方式》，北京大学出版社2005年版，第57页。

〔4〕 参见韩波：《民事证据开示制度研究》，中国人民大学出版社2005年版，第113页。

〔5〕 参见［美］米尔伊安·R. 达玛什卡：《司法和国家权力的多种面孔：比较视野中的法律程序》（修订版），郑戈译，中国政法大学出版社2015年版，第178页。

〔6〕 ［德］卡尔·海因茨·施瓦布等："宪法与民事诉讼"，载［德］米夏埃尔·施蒂尔纳编：《德国民事诉讼法学文萃》，赵秀举译，中国政法大学出版社2005年版，第147页。

〔7〕 常怡、肖瑶："论法官中立——以民事诉讼为视角"，载《昆明理工大学学报（社会科学版）》2008年第5期。

官不能介入审判的案件，消解被动性才能使得法官不偏不倚地审理案件。

法官的消极被动性不仅是中立、公正的体现，更是当事人权利对法官代表的国家权力的制约。但是随着社会发展，不仅对抗制度的缺陷越来越明显，在双方武器不平等的情形下法官袖手旁观已经无法实现不偏不倚的中立效果。社会的发展使得不相适宜的制度弊端日益明显，如对抗制带来的低效性，陪审制带来的高成本的时间消耗以及法官消极被动导致的诉讼拖延等，诉讼的拖延和不经济性使得英美国家传统引以为豪的自由主义、个人主义价值观开始动摇，反映在诉讼中，一切以个人主义为价值基础的当事人主义诉讼模式，开始强调法官在诉讼中的管理作用。

20世纪60年代开始，诉讼拖延、司法成本的提高也使得英美国家不得不开始接受一些新的理念和制度构想。毕竟对抗不是目的而是手段，如果对抗制度与法官的消极被动无法使得双方当事人在诉讼中达到一种制约和平衡状态，亦无法实现个人自由与社会秩序之间的平衡，司法公正将无法实现。

二、"接近司法"的转变

在英美法系，无论是在政治制度、司法制度中，都体现出一种对抗文化，当对抗体现出一种文化时，对抗性是一种蔓延和沉浸状态，如果进而蔓延为一种环境，那么对抗将失去规则的管控而没有限制。[1]因此，在对抗的环境中，诉讼将成为一种没有规则的战场，于是出现了不计成本的消耗、不成比例的费用负担、不可预测的投入与产出之比，乃至造成诉讼拖延和司法消耗。这些问题的产生植根于两点：一是当事人权利行使的无限制性，二是法官消极被动的角色定位。

杰洛维兹（Jolowicz）教授指出，"如果只有富人才能付得起钱利用它，那么，一种司法制度即便拥有精细设计的保障也几乎没有什么价值可言"。[2]人们诉至法院的权利是宪法基本权利，任何人不得剥夺。但是，如果贫穷的当事人因无力支付代理费而导致司法救济出现阻碍，司法的正义价值必然无

---

〔1〕［英］西蒙·罗伯茨、彭文浩：《纠纷解决过程：ADR与形成决定的主要形式》（第2版），刘哲玮、李佳佳、于春露译，北京大学出版社2011年版，第93~94页。

〔2〕Jolowicz, *Fundamental Guarantees of the Parties in Civil Litigation*：*England*，p.142. 转引自［意］莫诺·卡佩莱蒂：《比较法视野中的司法程序》，徐昕、王奕译，清华大学出版社2005年版，第323页。

法实现。因此，将社会保障引入裁判之中，是立法和司法两方面共同的力量。

（一）"诉讼拖延"对司法改革的影响

诉讼迟延是一个困扰许多国家的问题，尤其是在英美法系国家，诉讼没有时效限制，一个案件放置多年不足为奇。在当今社会的节奏中，诉讼的拖延更显得与社会各项制度格格不入。将裁判的效率与法院和当事人的诉讼成本一并考虑，为正义赋予新的内涵，是当今社会对正义的基本要求趋势。德国和意大利等国宪法宣称，诉至司法保护的权利不可能意味着姗姗来迟、无关紧要的保护。

迟延对于当事人来说，亦是一个不幸的根源，尤其是对于遭受侵害的当事人而言，长期拖延和消耗不仅延误了损害救济，而且时间和投入均是一种成本消耗，对当事人现有生活是一种扰乱和损害的加重。对于法院来说，纠纷长期得不到解决不仅是一种司法资源的投入，也是一种不稳定的社会现象。迟延唯一有利的方面就是对于接受委托的律师来讲，其在受托情形下，迟延的诉讼对其资源的消耗皆有对价。因此，在英美法国家，由律师来主导和推进诉讼进程，是造成诉讼拖延的主要因素。

在美国，审前程序过程中的和解率达到90%以上，每年只有不足10%的案件进入审理。这种高和解率一直以来被大陆法系国家津津乐道、借鉴和效仿。但是恰恰是冗长的审前程序导致了诉讼的拖延，当事人在漫长的等待中因消耗不起被迫和解，同时造成诸多案件的堆积。而作为推进案件进程的律师来说，解决纠纷才是目的，诉讼进程的迟缓或加速与其无关。

20世纪80年代，在应对因诉讼案件增加、滥用发现程序等引起的诉讼迟延、费用高昂及复杂公共诉讼增加等问题时，美国司法改革逐渐展开了以强化"案件管理"（case management）为基础的改革，以期通过法官积极参与诉讼运行来实现纠纷的公正、迅速解决。[1]因此，一种迈向法官"协助作用"之趋势在西方许多国家的司法制度中浮现。由法院来管理和主导诉讼的进程，督促和解在早期完成、纠纷及时得到解决，成为英美国家诉讼模式的改革方向，并借鉴大陆法系诉讼指挥权来强化法官的权力。

英国在1995年由沃尔夫勋爵牵头研究《接近司法》的中期报告发表后，

---

〔1〕[日]田中成明：《现代社会与审判：民事诉讼的地位和作用》，郝振江译，北京大学出版社2016年版，第37页。

实施了民事司法改革。新的《英国民事诉讼法规则》于 1999 年 4 月生效。在诉讼结构方面依然延续了当事人主义诉讼模式的构造,但是强化了法官对案件的管理职责。[1]重点通过两方面来扭转诉讼迟延现象:一是在审前程序阶段给当事人一定的压力,促使其自行和解;二是在诉讼开始后实施严格的案件管理。[2]

从两大法系诉讼模式的发展分析,现代国家的法律体系中,司法部门的进制已变得比以往更加复杂、多样和细化。今日的法官在司法机构中的作用,已不单单是传统的职责,其表现出积极的创造性和能动性。

(二)"管理型法官"的出现

20 世纪后半叶,社会的发展、文化的多元逐渐解构了自由主义传统和社会观。政府由"守夜人"向积极代理人转化,涉及司法领域,司法能动势态的增长,法院和法官的积极介入成为一种不可逆转的趋势。从诉讼程序看,裁判员式法官时代一去不返,法官开始采取积极的、"管理型"的姿态指导当事人、促进纠纷的和解,法官的角色定位发生了很大改变,司法管理成为诉讼法治改革的潮流和方向。[3]

1998 年《英国民事诉讼规则》以促进诉讼和降低成本为目标,在诉前和解(议定书)、文书诉答、证据开示等多个程序环节中对当事人进行了强力规制,并在诉讼促进和制裁拖延方面不惜颠覆当事人主义传统而赋予法官巨大的程序控制权和裁量权。[4]而美国替代性纠纷解决机制(ADR)的建立,一个首要的冲突就是对程序正义上的放弃,因为,在以调解解决纠纷的方式上,不仅英美法系著名的对抗制不再有发挥空间,更重要的是,在以解决的效率和效果为主要目的时,其程序正义中诸如听讯权等基本原则地位已然被撼动。

1983 年,美国对联邦民事诉讼规则进行修改,正式采纳了案件管理制度。《美国联邦民事诉讼规则》第 1 条规定:"确保对每一个诉讼作出公正、迅速

---

〔1〕 何德平:"论诉讼指挥权",载张卫平主编:《民事程序法研究》(第 2 辑),厦门大学出版社 2006 年版,第 157~158 页。

〔2〕 [英]西蒙·罗伯茨、彭文浩:《纠纷解决过程:ADR 与形成决定的主要形式》(第 2 版),刘哲玮、李佳佳、于春露译,北京大学出版社 2011 年版,第 93 页。

〔3〕 参见韩波:《民事证据开示制度研究》,中国人民大学出版社 2005 年版,第 116~117 页。

〔4〕 傅郁林:"论民事诉讼当事人的诚信义务",载《法治现代化研究》2017 年第 6 期。

和经济的决定。"[1]这旨在纠正由于当事人滥用证据开示程序所导致的诉讼严重迟延的弊端,削弱当事人的程序控制权,法院对案件实行流程管理。[2]该规则不仅要求地区法官在案件早期阶段作出命令,规定关于限制证据开示和完成当事人合并的时间,并且授权法官作出与诉讼活动范围直接相关的其他命令。[3]在美国诉讼规则的流程管理下,美国管理型法官的主要任务包括:对诉讼文书的审查;安排审前程序,其中包括证据开示程序、庭前会议的主持等;在开庭审理时对陪审团作出指示。

1. 审前程序的管理与促进

在美国联邦法院,案件进入法院后,法官作为案件管理者开始就诉讼进程、时间安排、审前和审后处理的事项范围与当事人沟通。日期安排是审前阶段对诉讼进行有效管理的关键。日期安排包括庭前会议的召集、决定动议、开庭审理等。《美国联邦民事诉讼规则》第 16 条即规定了有关民事诉讼日程的安排和期限,并规定日程安排令一经签发,即代表了法官对案件后期程序的控制。[4]可见,期限安排的规定,既约束双方当事人,同时也约束法院,对诉讼进行具有促进作用。

由此可见,在审前程序中,为了诉讼便捷高效,将案件的程序管理从律师主导转移到法官手中,法律赋予法官安排期日的权力,以及法官对律师出庭的次数等管理和控制的权力。而对于期日安排等程序性事项,除非有正当的理由,一般不予逾期。在庭前会议中法官也介入了双方当事人的交流,由律师之间的对话转化为律师和法院之间对争议问题的共同理解,使得案件的事实变得越来越简单,并可以通过这种方式,使得案件中的一些问题在沟通后得到解决。[5]

2. 证据开示程序中的监督作用

美国著名大法官特雷诺(Traynor)曾言:"真实不可能在诉讼突袭中发

---

〔1〕 汤维建、徐卉、胡浩成译:《美国联邦地区法院民事诉讼流程》,法律出版社 2001 年版,第 157 页。

〔2〕 参见陈桂明、吴如巧:"美国民事诉讼中的案件管理制度对中国的启示——兼论大陆法系国家的民事诉讼案件管理经验",载《政治与法律》2009 年第 7 期。

〔3〕 [英] 阿德里安·A. S. 朱克曼主编:《危机中的民事司法——民事诉讼程序的比较视角》,傅郁林等译,中国政法大学出版社 2005 年版,第 98 页。

〔4〕 参见汤维建、徐卉、胡浩成译:《美国联邦地区法院民事诉讼流程》,法律出版社 2001 年版,第 163 页。

〔5〕 J. Skelly Wright, "Pre-Trial on Trial", 14 *La. L. Rev.*, 391 (1954), p. 398.

现，而最可能发现于一方当事人合理了解另一方时。"[1]美国的证据开示制度是证据提交的重要程序，是事实认定的主要依据。宽泛地讲，证据开示，是指当事人可以用迫使对手或者第三方揭示由其占有或控制，并与诉讼有关的信息的任何形式的中间程序。[2]

证据开示制度的雏形产生在 16 世纪的英国，19 世纪英国民事诉讼进行改革，证据开示制度逐渐形成。1996 年，沃尔夫勋爵开始起草《民事诉讼规则》，该诉讼规则于 1999 年正式施行。《民事诉讼规则》对"书证的开示和查阅"进行了规定，再加上司法实践中不断形成的相关判例，此时，英国的证据开示规则已趋于完备。[3]在美国诉讼制度中，民事证据开示制度确立于 1938 年颁布的《联邦民事诉讼规则》，根据《布莱克法律辞典》的定义：证据开示，即把原先被隐藏起来的东西揭示出来，发现原先所不知道的东西。[4]

在传统的美国证据开示程序中，开示程序的主体是诉讼当事人，开示的时间、地点与方式都由当事人自行决定。通过证据开示程序，当事人双方相互从对方处获得该案件的证人证言、文件等证据资料。[5]在证据开示程序中，律师的坦率是必不可少的。经验肯定会向律师证明，在争议的问题上达成共识，将会促进更公平、更迅速的审判。而且，如果不对法庭坦白，就会受到惩罚的代价。[6]但是，将自己的弱点暴露给坐在审判席上的人，对于当事人及其律师来说是一件极不情愿的事。[7]

20 世纪 80 年代，美国诉讼制度进行了一项重要的改革，《联邦民事诉讼规则》中涉及证据开示制度的条款被大幅度修改，强化了法官在证据开示程序中的作用。在程序中，法官会要求每一方都必须提供其将使用的证人的姓名，并简要说明各自将向其作证的内容，同时出示在有关审判中将出示的任

---

[1] Traynor Roger J, "Ground Lost in Criminal Discovery", *New York University Law Review*, 1964, pp. 228~249.

[2] [英] J. A. 乔罗威茨：《民事诉讼程序研究》，吴泽勇译，中国政法大学出版社 2008 年版，第 33 页。

[3] 夏先华："英美法系民事证据开示制度检视及其启示"，载《湖南工业大学学报（社会科学版）》2019 年第 4 期。

[4] *Black's Law Dictionary*, West Publishing Co, 1979, pp. 418~419.

[5] 张卫平主编：《外国民事证据制度研究》，清华大学出版社 2003 年版，第 171 页。

[6] Douglas T. Wetmore, "Pre-Trial Hearings", 30 Advocate (Vancouver), 48 (1972), p. 49.

[7] Douglas T. Wetmore, "Pre-Trial Hearings", 30 Advocate (Vancouver), 48 (1972), p. 48.

何文件，包括证人的证词。[1]即法院对各方代理律师准备的证据的证明目的、内容及方式都要向对方及法官公布，法官与对方代理律师均可以审核证据的必要性。

法官在证据开示程序中的作用主要表现在两个方面：一是通过完善程序设置来压缩在证据开示过程中由于当事人及其代理人滥用权利导致时间上的浪费；二是为证据开示程序安排了法官进行监督。[2]证据开示制度强化了法官的作用，预示着一种新的诉讼文化在英美法系开始形成，传统的当事人主义诉讼模式中的竞技式对抗制正在让位于具有更多合作色彩的对抗制。[3]

3. 陪审团的指示义务

陪审制是民众参与司法的形式，体现了司法民主性。英美法系司法制度的许多特点都与陪审制有关。例如，事实审与法律审的分配机制，体现了司法权力的进一步分散。由陪审团来认定事实、法官来解释法律，在裁判时陪审团与法官形成权力制衡，进而保障司法公正的实现。在美国，陪审制被认为是重要的自由保障机制，被誉为"自由的保护神"。[4]

虽然陪审团与法官在裁判过程中有着明确的分工，而且陪审员们在对事实进行认定时是采用封闭式评议，法官不得参与。但是，在不侵夺陪审员认定事实的独立任务情形下，对于一些法律事实、法律概念等，法官应当向陪审员进行解释、指导。基于此，在有陪审团参与的民事案件中，陪审团与法官之间既有分工，又有协作。

美国民事证据的证明标准为优势证据规则，这一规则的制定实质上也与陪审团制度有关。而陪审员对案件事实的认定来自聆听法庭举证和双方当事人对抗式辩论，然后各陪审员基于自己的朴素情况和个体的经验认知作出认定。由于陪审员都是由法律职业以外的人员组成的，因此其对于案件事实的认定就具有高度的不确定性，从这一点也可以看出英美国家民事证据的证明标准为优势证据的规则的原因所在。由于陪审团来认定事实体现的是民主参与和程序正义，其本身并不是为了更好获知案件的真相而存在，因此在有陪

---

〔1〕 See J. Skelly Wright, "Pre-Trial on Trial", 14 *La. L. Rev.*, 391（1954），p. 398

〔2〕 参见韩波：《民事证据开示制度研究》，中国人民大学出版社 2005 年版，第 118 页。

〔3〕 韩波：《民事证据开示制度研究》，中国人民大学出版社 2005 年版，第 122~123 页。

〔4〕 张建伟：《司法竞技主义——英美诉讼传统与中国庭审方式》，北京大学出版社 2005 年版，第 112 页。

审团的民事案件审理中，更加注重保障当事人双方对抗性的重要性。

另外，陪审制度不仅对事实认定有着不确定性，且时间和经济成本消耗巨大，也是造成资源消耗和诉讼拖延的因素之一。一项制度的产生和衰落，与社会发展息息相关。陪审制度虽起源于司法民主化，但是在成本和效率被提上日程的今日之社会发展，不计成本的诉讼无法实现公平正义。

陪审团制度曾是传统的英美法系中重要的司法制度之一，但是时至今日，民事诉讼中的陪审团制度正在走向弱化。美国的陪审团制度源自《美国宪法第七修正案》，表达了人民直接行使国家权力这一"民主的意识形态"，但陪审团参与的民事诉讼越来越少。在英国和加拿大，法律规定了陪审团仅仅在特殊案件中参与，但实践中陪审团参与诉讼基本已经从裁判权中消失了。

4. 法律解释权

在普通法系国家，虽然法官在认定事实方面体现的更多是被动性，但是在适用或解释法律方面，法官却发挥着重要职责。法官尽管名义上不过是在宣示现行法律，但可能事实上被认为是在创制法律，[1]即使消极被动的法官角色在严守法律约束中也会获得对解释法律的主动性以及合宪性审查的主动性。法官造法最初是英美法系的普遍共识，但随着社会发展，这一现象已经不限于普通法，它呈现出时间范围的维度。因为即使最好的立法技术也会留下司法填补的空间，还会留有隐藏的模棱两可和不确定之处交由司法解释。[2]

法官造法有广义和狭义之分，广义的法官造法包含司法解释，即整体法官的智慧。首先，法律概念的模糊性需要进行解释。一个词语通常有几种含义，即便在字典里也不例外。此种疑问和不确定将由解释者来解决。因此，法律的解释除了客观因素外，在很大程度上取决于法官的文化素养、专业能力、情感等主观因素。其次，法律具有时代性的壁垒。随着社会发展，其不周延性或法律漏洞就会显现出来，因此对于法律的解释也必然具有填补空隙、解释模糊不清的功能。最后，即使立法意图和语言表达非常清晰明确，司法

〔1〕　Barwick, "Judiciary Law: Some Observations Thereon", 33 *Contemp. Legal Probs*, 1980, pp. 239~240. 转引自［意］莫诺·卡佩莱蒂：《比较法视野中的司法程序》，徐昕、王奕译，清华大学出版社 2005 年版，第 4 页。

〔2〕　［意］莫诺·卡佩莱蒂：《比较法视野中的司法程序》，徐昕、王奕译，清华大学出版社 2005 年版，第 5 页。

解释也不可避免地具有创造性。这是不言自明的道理，因为法律的滞后性与社会发展的冲突性是法律需要被解释的一个重要因素。而狭义的法官造法仅指在普通法系国家，法官在个案中对法律的解释，以案例的形式创设法律。虽然受判例法约束，但是法官在"追随社会共识"的变化中，往往喜欢标新立异地进行"超越社会共识"的司法运作。[1]美国法律现实主义之父奥利弗·温德尔·霍姆斯（O. W. Holmes）的话再次表明这一点，"在存有疑问的场合，简单的逻辑工具是不够的，即便蓄意掩饰或毫无意识，法官也会被要求行使至高无上的选择特权"。确实，解释者不得不赋予本身已死亡的文本——只是另一个人生命行为的符号而已——以新的生命。[2]

三、美国 ADR 与法院的功能扩张

人类纠纷的实质并不是经法的思维逻辑加工过的权利之争，法律并不必然是纠纷解决必须仰仗的载体，尤其是大量超出法定权利形态的纠纷需要解决时，理论与实践自会寻找其各自的出路。[3]当不同政治、法律、文化背景的国家出现了相同的诉讼现象和法律问题时，人们研究、寻找的解决路径出现了价值趋同现象，即妥善、正确、迅速、低廉解决纠纷得到的广泛的认同。

20 世纪 60 年代美国司法制度改革中的一项重大内容，即尝试了一种替代性纠纷解决机制（ADR）来分流进入诉讼的案件。这一解纷机制的尝试和探索获得了巨大成功，并作为世界级典范被多国效仿。也因此发现在解纷机制呈现"非法化"走向、诉讼功能呈扩张趋势之时，法院和法官的作用亦发生着变化。

（一）纠纷解决方式的决定权

在美国联邦法院，民事案件有三种方式得以解决：一是裁决的方式，包括法官的裁决、陪审团的裁决；二是协商谈判，当事人之间达成和解协议；三是替代性纠纷解决机制（ADR）。显然通过和解、ADR 程序解决纠纷可减

---

〔1〕 ［意］莫诺·卡佩莱蒂：《比较法视野中的司法程序》，徐昕、王奕译，清华大学出版社 2005 年版，第 54 页。

〔2〕 O. W. Holmes, "The Theory of Legal Interpretation", *Collected Legal Papers*, 1952, p. 203. 转引自 ［意］莫诺·卡佩莱蒂：《比较法视野中的司法程序》，徐昕、王奕译，清华大学出版社 2005 年版，第 7 页。

〔3〕 毕玉谦等：《民事审判与调解程序保障机制》，中国政法大学出版社 2015 年版，第 97 页。

少诉讼成本和诉讼迟延。[1]在这三种纠纷解决的方式中，法律赋予法官根据具体案件情形自由裁量地选择最适合的纠纷解决方式。

法院不仅有选择纠纷解决方式的决定权，并且对于有些案件，可以决定将替代程序插入划分调查程序阶段的日常安排中。如果当事人不和解，在替代程序之后，调查程序的后期阶段即告产生。[2]美国替代程序，除了和解，还有调解和仲裁。调解是一个没有拘束力的程序，该程序由中立的第三方——调解员（通常是富有经验的律师）来主持。美国联邦法院附设仲裁，仲裁员适用法定标准，就案件中所涉及的法律争议问题，发布判决。仲裁可以是有拘束力的，也可以是没有拘束力的，取决于程序开始前当事人之间的协议。对于没有拘束力的仲裁，任何一方都可以拒绝，并请求法院开庭审理。[3]为增加 ADR 使用率，法院在纠纷解决的方式选择方面有一定的主动权。即使案件已经进入诉讼，法院亦可将其交由法院附设的调解或仲裁先行处理。对拒绝调解的当事人，即便赢得了官司，仍要支付败诉方的诉讼费、律师费。[4]

由上可见，美国在法院附设 ADR 程序，其中多个纠纷解决方式中当事人享有自由处分的权利，但是选择何种方式解决纠纷，一旦进入法院，当事人似乎就丧失了选择权，而是由法官对纠纷使用哪种方式解决最优进行判断并作出选择。在选择最终纠纷解决方式上，已全然没有了当事人主义的痕迹，可以说，成为一种完全的职权主义行为。

ADR 以一种非正式方式解决纠纷的路径和方法在大陆法系国家也很快得到借鉴和效仿。20 世纪后期，德国提倡在司法机构以外设有调解委员会，专门处理生产者和消费者、服务者和其客户之间的纠纷。法国也同样采用了ADR 机制来提高民事司法系统的运行效果。[5]尤其是一些劳动争议、家庭纠

---

〔1〕　参见汤维建、徐卉、浩成译：《美国联邦地区法院民事诉讼流程》，法律出版社 2001 年版，第 177 页。

〔2〕　参见汤维建、徐卉、浩成译：《美国联邦地区法院民事诉讼流程》，法律出版社 2001 年版，第 179 页。

〔3〕　参见汤维建、徐卉、浩成译：《美国联邦地区法院民事诉讼流程》，法律出版社 2001 年版，第 181 页。

〔4〕　杜豫苏："对中美多元化纠纷解决机制的观察与思考"，载《人民法院报》2018 年 12 月 19 日。

〔5〕　［英］西蒙·罗伯茨、彭文浩：《纠纷解决过程：ADR 与形成决定的主要形式》（第 2 版），刘哲玮、李佳佳、于春露译，北京大学出版社 2011 年版，第 8~9 页。

纷更是普遍通过调解来解决。

(二) 促进和解职责

诉讼的拖延、成本的增大，以及律师在法庭上对无关紧要的事情进行不必要的争论，在法庭上对证人进行毫无意义的询问，询问没有争议的或无关紧要的事实，[1]造成了诉讼的拖延、成本的增大。在民事诉讼案件不断增加的总趋势下，美国法院内部已经处理的案件与仍在处理的案件之间的差距不断扩大，这种危险使得法院如果要继续保持受到尊重，在公众面前，必须找到加快诉讼进程的方法。[2]

庭前会议制度的发源地在美国，又称审前会议，与诉答程序、证据发现程序共同组成了美国审前程序的三位一体模式。比如，第一次审前会议往往在证据开示程序之前，可能由法官动议，也可能是当事人申请。在第一次会议中确定争点、证据开示以及相关审前准备工作。通过证据开示，审前会议可能再次或多次进行。在这一阶段中，双方当事人通过多次的会议交流，彼此彻底熟悉了各方的强弱，意识到在哪些争点上需要让步。这恰恰是美国证据开示制度的意义所在。通过庭前会议中的证据开示程序，双方争议的事情会变得越来越清楚，各方当事人及律师对案件的事实有了新的认识，对案件的审理结果会有新的预测和评估。通过在桌前与相对方不停地交谈，律师们逐渐对案件的理解不再产生错觉，对案件下一步的发展不再盲目，当意识到并无太大希望胜诉时，盲目的自信已不复存在。在这种气氛中，解决的结果不一定是在庭审后研究案件的会议桌上，而是在审判日期之前。[3]因此，通过庭前会议的召集，当事人通过和解、自愿撤销或者其他终结诉讼的方式得以解决。这充分体现了审前程序具有化解纠纷的终结诉讼之功能。

审判的目的就是最终解决纠纷，但是解决纠纷的方法并不限于诉讼，更不限于必须通过庭审作出判决。美国庭前会议制度是诉讼程序中的一个独立程序，其除了为下一步集中审理进行准备工作，一个重要的工作就是促进和解。在美国进行司法改革之前，促成和解是律师的工作，而在改革之后，促成和解就成了法官的管理职责。让当事人通过和解、自愿撤销或者其他终结

---

[1] Thomas H. S. Curd, "Pre-Trial ofLawsuits", 46 *W. Va. L. Q.*, 148 (1940).

[2] Robert L. Taylor, "Federal Pre-Trial Procedure", 23 *Tenn. L. Rev.*, 24 (1953), p. 24.

[3] J. Skelly Wright, "Pre-Trial on Trial", 14 *La. L. Rev.*, 391 (1954), p. 399.

诉讼的方式得以解决，充分体现了审前程序具有化解纠纷的终结诉讼之功能。从各国近年来的发展趋势来看，审前程序从审判程序中分离作为一个相对独立或完全独立的程序，成为解决纠纷、终结诉讼的程式与手段，已经成为两大法系共同趋于一致的目标。但是，美国审前程序中的和解率也使得审前程序曾遭受指责和批评。有人认为，审前程序是法官胁迫律师达成和解的一种手段，从而避免了审判的必要性。[1]

（三）法院功能的扩张

面对纠纷作出裁判，是法院最为重要的功能和职责。但是，当法院置身于纠纷迭起、诉讼拖延的循环状态中，其不仅寄希望于将纠纷分流于其他社会机构来分担，并在诉讼程序中也肩负起裁判以外的纠纷解决方式。在以解决纠纷为目的的英美法诉讼制度中，ADR 的出现不仅使得法院的功能得到扩张，也使法官审理案件并作出裁判的职责发生了变化。

"和解"的理念和文化是所有替代性纠纷解决机制的核心。用意识形态的一些话说，"裁判"（judgement）和"合意"（agreement）是两种基础性程序，却有着相逆的价值选择。[2]20 世纪 90 年代，英国官方开始将"和解"作为公共司法系统的一项正式目的。在诉讼开始阶段，法院优先鼓励案件能够和解，故"和解"成为司法的优先路径，而将审判退居次要辅助位置。

命令裁判与协商合意之间的关系，体现出两种不同的诉讼文化：对抗制与合意制。英美法国家有着"对抗制"的社会基础和诉讼文化，但是在这种传统文化中却率先塑造出 ADR 文化。前者的对抗和冲突与后者的合作和妥协并存于英美法国家的民事诉讼制度中，再一次验证了文化的融合力与制度的兼容性。美国 ADR 功能拓展带来司法正义观的重新审视；ADR 制度的发扬光大扩大了法治的含义，标志着司法的社会化发展方向。

随着社会经济的发展，无论是英美法系国家还是大陆法系国家，其司法理念、价值观念等，虽有着固有恒定的坚守，也有着与时俱进的演变；两大法系的诉讼制度也在转变中相互借鉴和吸收。在美国，历来以当事人主义为中心的对抗制诉讼模式，也因当事人诉权滥用和诉讼迟延等弊端的出现，在

---

〔1〕　J. Skelly Wright, "Pre-Trial on Trial", 14 *La. L. Rev.*, 391 (1954), p.393.

〔2〕　[英] 西蒙·罗伯茨、彭文浩：《纠纷解决过程：ADR 与形成决定的主要形式》（第 2 版），刘哲玮、李佳佳、于春露译，北京大学出版社 2011 年版，第 5 页。

诉讼制度的不断改革和完善中一定程度地吸收了大陆法系的法官职权干预原则。而在大陆法系中，英美法系诉讼制度中的审前会议制度、集中审理原则以及审前程序的多元化诉讼价值的实现，也使得其在诉讼理念上发生着潜移默化的变化。可以说，在世界经济一体化发展时代，两大法系的诉讼制度正在呈现相互借鉴、相互融合的发展之势。

第三节　比较分析与启示

通过比较两大法系诉讼模式现状与发展、诉讼指挥权的作用及内容分析，对产生的问题思考：随着经济全球化、经济一体化的概念提出，法律制度也正在由统一走向多元，但是多元是一种发展的阶段性现象还是归属？大陆法系的法律制度是有条理的、逻辑的和系统性的，相比较下的英美法系，它是不系统的，甚至杂乱无章而无法编辑成典的。但是，在法律制度方面二者也正在由分歧走向融合。大陆法系和普通法系相互接近，各方放弃了一些自己的特点，而共用了另外一些特点，尤其是在法院的职权作用方面发生了共鸣，值得我们以发展的视角分析和借鉴。正如习近平总书记所言，文明因多样而交流，因交流而互鉴，因互鉴而发展。[1]

一、两大法系职权强化对我国诉讼体制转型带来的启示

无论是当事人主义诉讼模式，抑或单纯的职权主义诉讼模式，都有其不可避免的局限性，在经济全球化的旗帜引领下，两大法系诉讼模式随着社会发展逐渐走向融合，是适应现代民事诉讼发展的必然结果。但是，融合的背景下，不同国家有着不同的文化、历史背景、政治、经济状况。因此，各国在相互融合中亦会出现不同的形式和内涵，即借鉴与本土化是各国民事诉讼制度构造的特点，并随着社会的发展而赋予新的内涵。

（一）诉讼模式发展比较

我国自 20 世纪 90 年代开始进行司法体制改革，不仅借鉴了大陆法系的当事人主义诉讼构造，英美法系的程序正义理念、对抗制庭审规则、法官的

―――――――――

〔1〕 习近平："深化文明交流互鉴　共建亚洲命运共同体——在亚洲文明对话大会开幕式上的主旨演讲"，载《解放军报》2019 年 5 月 16 日。

消极中立性等也深刻影响了我国立法制度和司法实践。而诉讼模式由职权主义向当事人主义转型，弱化法官在诉讼中的职权作用，被认为是民事审判方式改革的最重要内容。然而，正在我国民事诉讼模式向当事人主义诉讼模式转型之际，实行当事人主义诉讼体制的国家正在向着法院职权强化的方向努力：英美法国家"对抗制"的诉讼机制强调了"和解"机制，法官以消极被动而闻名世界的角色定位中，开始逐渐强化法院对案件的管理。大陆法系的辩论主义原则中，由双方"对抗"开始走向三方"对话"，诉讼模式中增加了协同主义色彩。在两大法系民事诉讼制度中，如何合理分担当事人与法院的作用，以此促进诉讼、高效解决纠纷，已经成为两大法系一致的走向和目标。[1]

20世纪上半叶，两大法系诉讼模式的风向开始发生转变。尤其是大陆法系国家，不仅强化了法院对诉讼程序的主导作用，在案件真实发现方面，也持续不断地在立法上对当事人进行义务性规范，同时也强化了法院协助发现真实的诉讼义务。上述一系列义务性规范在德国诉讼法中不断推出，形成了诉讼指挥权的概念。法院的职权作用以新的面貌再次进入诉讼法理论并登上立法的舞台。这使得我们不得不思考并自问：我国是否还要继续借鉴已经被两大法系修订过的民事诉讼模式？

（二）诉讼模式修订成因对我国的启示

英美法国家诉讼制度中，诉讼的推进完全依赖于当事人及代理人，法官在诉讼中消极被动，造成了诉讼拖延、成本不断增大等现象。大陆法系亦然，诉讼中对当事人意思自治的放任，使得当事人及其代理人不仅越来越希望依靠于诉讼技巧而取胜，有的甚至抱有不法目的滥用程序权、故意拖延诉讼等，两大法系在司法实践中出现了同样的诉讼拖延与资源浪费问题。因此，以法院职权强化来限制当事人诉权滥用、提高司法成本的有效利用成为诉讼指挥权形成的主要原因。尽管两大法系在诉讼模式的发展中法院职权强化的内容有所不同，但是在追求迅速解决纠纷和降低消耗成本方面，其追求的价值趋于一致，并迅速得到广泛的普遍认同。

英美法系国家在法院职权强化方面重在程序的管理，尤其是在审前程序

---

〔1〕　唐力："辩论主义的嬗变与协同主义的兴起"，载《现代法学》2005年第6期。

中，由以往的当事人代理律师来推进诉讼进行，在经过司法改革后由法官来管理和指挥，其目的是提高诉讼效率、防止诉讼拖延。另外，美国自 20 世纪 60 年代 ADR 兴起，将部分纠纷在法院入口即分流到其他社会机构去替代解决，从源头减轻了法院的解纷压力，降低了诉讼成本，是国家对诉讼资源的有效配置，并得到世界诸多国家的效仿。

ADR 解纷的功能不仅依赖于社会自治系统的有效建立，在法院附设 ADR 的构架中，以 ADR 解决纠纷的路径选择方面，法官具有对案件分配的决定权。具体可分为三个方面：一是在诉讼案件中的调解，包括审前程序中促进和解；二是针对法院附设 ADR，法院有程序的选择权；三是对 ADR 末端的控制和审查，体现出以其他方式解决纠纷时法院的功能有扩大之势。

大陆法系诉讼指挥权的内容兼具程序和实体两个方面。释明义务、当事人真实义务、法律观点指出义务、讨论义务等由法院义务与当事人义务共同组成的法院诉讼指挥义务，其目的不仅是提高诉讼效率、降低诉讼成本，协助当事人发现真实，还是法院诉讼指挥权的重要内容。并且大陆法系在 20 世纪 70 年代提出的协同主义理论，于 21 世纪初在我国学界引起讨论。虽然该理论最终并未上升为一种独立的诉讼模式，但是为法院促进诉讼、发现真实形成的诉讼指挥权内容打下了理论基础。

二、我国诉讼模式定位与立法分析

我国当前民事诉讼模式是一个什么样的定位，理论界有着不同认识和观点。多数意见认为，当前我国当事人主义诉讼模式已经基本构成，但是尚不完善，因此应该继续走发展和完善之路；少数意见认为，当事人主义诉讼模式与我国诉讼文化并不完全适合，而且也与当前社会发展不相适宜，建议构建协同主义诉讼模式。笔者认为，任何制度的借鉴都离不开本国制度和文化根基的匹配度。关于理论与立法之间的关系，是理论指导立法，还是以立法的推进来完善理论，两种路径互为因果，皆有可取之处。当前我国诉讼模式的定位，应从立法规定和司法实践两个方面进行分析。

（一）保障当事人诉权的立法分析

我国于 2007 年开始，对《民事诉讼法》进行了四次修正，2015 年，《民事诉讼法司法解释》开始施行。从法院职权和当事人诉权之间的关系来梳理法律条款，在保障当事人诉权方面，有立案登记制度的设立，申请再审制度、第三人撤销之诉制度、执行异议之诉制度等相继出台，可以发现无论从立案受理，还是救济性诉权保障，都体现出对当事人诉讼权利的进一步完善。如果从诉讼模式的发展来看，似乎我国民事诉讼模式依然是在向当事人主义诉讼模式发展。需要说明的是，我国这种不断保障当事人诉权的制度规定实质与两大法系当事人主义诉讼模式的内涵并不相同，在两大法系中，当事人主义诉讼模式体现的是当事人意思自治、主导程序、法官消极被动保持中立，也因此造成了诉讼拖延和资源的浪费。而我国诉讼程序并非当事人主导，法官在诉讼中也不完全是一种消极被动的地位，但是我国诉讼立法规定以持续不断的权利救济渠道赋予了当事人绵延不断的诉讼之路。这看似是诉讼权利的保障，但恰恰是这种权利保障造成了诉讼成本因赋予了持续的权利救济渠道而增大、诉讼时限因诉讼路径不断延长而拖延。

笔者认为，我国立法中诉权保障制度带来了三个问题：一是立案登记制带来的民事案件不断增多。二是诉讼救济制度的增多不仅带来当事人循环诉讼，也使得虚假诉讼增多。例如，申请再审制度无门槛限制，无需缴纳诉讼费。只要当事人不服一审判决，即可以在判决生效后半年内向作出生效判决的上一级法院申请再审。执行异议之诉使得拖延执行有了可乘之机。三是纠纷的增多不仅与经济高速发展有关，也是在利益的驱动下不诚信现象增多使然。这种不诚信现象反映在司法现象中，即导致虚假诉讼、虚假陈述等情形时常发生。近两年，打击虚假诉讼已经成为法院在民事审判中依职权审查的一项重要工作，法院在维护个人私益与社会公共利益之间的平衡再次得到了调整。

（二）规范当事人诉讼行为的立法分析

2012 年我国《民事诉讼法》修改，增加了诚实信用原则。2015 年《民事诉讼法司法解释》在落实诚实信用原则的基础上，规定了当事人真实义务。2019 年修正的最高人民法院《关于民事诉讼证据的若干规定》（以下简称《民诉证据规定》）可以说是对诚实信用原则的全面落实，不仅规定了当事人真实完整义务，并且对于证人、鉴定人的出庭义务亦进行了规范，要求证人、鉴定人填写保证书等宣誓制度。笔者认为，对于当事人义务性的规定，同时也是对法院的职责要求，因为当事人是否履行义务，不是当事人自己的事情，而是法庭的职责，法院负有监督、要求、责令当事人履行的职责性权力。

需要说明的是，2015年《民事诉讼法司法解释》规定了当事人真实义务，并要求其填写保证书以促进真实。但是从实践上来说，并未显现出明显效果。近几年的司法实践中，虚假诉讼频频出现，庭审中的虚假陈述、证人虚假证言、鉴定人不出庭等现象司空见惯，亦可以看出我国民事诉讼法的发展是朝着强调当事人义务方向，同时对法院的职权予以强化并提出要求。

实质上，当事人不诚信的起诉和诉讼，并不仅仅是一个阻碍真实发现、拖延诉讼进行的行为，其对于诉讼案件增多、成本加大、社会秩序的维护等都有着极为恶劣的破坏性。如果诉讼成为不法之人借机利用的平台，则是对我国建立法治国家的极大破坏。

从我国民事诉讼立法的历史性发展分析，在不断保障当事人诉权的进行中，开始逐渐对当事人义务进行要求并规范。如果从职权主义向当事人主义诉讼模式转型来看，其步伐明显放缓。尽管在几次《民事诉讼法》修改中对于当事人诉讼权利的保护在不断完善，但是法院在诉讼中的职权作用并没有持续弱化，而是始终保留了一部分法院的职权性内容，其妥当与否暂且不论，但是却吻合了当前两大法系诉讼模式中法院职权强化的发展方向。

关于我国法官在案件审理过程中是一种积极职权行为还是以沉默表示中立，从近几年立法来看，对于法官的职权性条款基本没有改变。但是实践中，法官面临案件数量大、当事人服判率低以及司法公开等情形使法官在审理案件时更愿意秉持一种消极态度以体现其中立性。落实在司法实践中，就是少释明、少建议，只要当事人不提出，法官严格按照诉求去审理。即使在裁判文书的说理部分，尽管最高人民法院一再要求强化文书说理，但是大多数法官的一贯思路是"能少说、就少说""多说多错、不说不错"。

笔者认为，无论是职权主义诉讼模式还是当事人主义诉讼模式，都已随着社会的发展，带着其曾经的辉煌成为翻过去的历史篇章。今天，以职权主义和当事人主义的原有之意来定义和定位各国的诉讼模式，已经显得与社会的发展格格不入。当事人诉讼权利的限制与规范、职权主义的回归与重构、协同主义理念的渗入和影响，即使依然用原有的概念来定义，其内涵、外延、功能也均已发生了改变。这个改变的核心，是法院以一种带有当事人主义元素的、协商主义色彩的、突破官僚职权性的诉讼指挥形态构架了当前的民事诉讼模式。如果当前尚没有更加准确的称谓来定义当前的诉讼模式的话，笔者将称其为修订后的当事人主义诉讼模式。

三、制度借鉴与本土化之思考

通过历史分析，以及两大法系国家的制度比较来看，各国的法律制度都与本土政治、经济、文化传统等息息相关。中国是一个崇尚和平的民族，有着深厚的"共享与融合"理念，今天中国的经济模式、政治模式都显示着这样的中国特色。习近平总书记指出："一个国家实行什么样的司法制度，归根到底是由这个国家的国情决定的。评价一个国家的司法制度，关键看是否符合国情、能否解决本国实际问题。"[1]建设有中国特色的社会主义国家，必然要构建中国特色的政治、经济和法律制度。因此，中国民事诉讼制度的发展，不仅要与西方国家法律制度进行比较后尝试借鉴，也必然要结合中国的民族特色、文化传统以及当今经济社会发展的模式和走向。

（一）法官的消极被动与我国诉讼传统的不相宜性

以个人主义价值观为基础的英美国家诉讼制度，体现的是当事人对诉讼程序的控制、法官的消极被动、陪审制的民众参与等，形成了极具特色的对抗主义诉讼制度。虽然近年来随着制度带来的弊端而出现了强化法官职权的发展趋势，但是竞技主义依然是诉讼制度的核心。近年来，我国在向着当事人主义诉讼模式的转型过程中，借鉴吸收了诸多美国诉讼制度。例如，美国庭前会议制度、ADR 等，在借鉴了部分"对抗制"诉讼制度的同时，也借鉴了英美法中法官在法庭上的沉默寡言。这种以消极被动体现法官中立性的角色定位是否适合我国的社会制度和文化传统？

笔者认为，美国是一个崇尚个人主义、自由主义的国家，对政府的极度不信任反映在诉讼制度中产生了"对抗制"的诉讼文化。美国重个人、轻政府的传统理念，也造成了美国好讼的社会基础。这与我国的传统文化恰恰相反。中华民族是一个集体意识强、国家概念重的民族，具有以维护公共利益和社会集体利益为荣的传统价值观。不仅如此，美国人的多讼，体现了对抗性文化，中国人厌讼，属于和为贵的诉讼文化。这种截然不同的文化背景，使得司法竞技主义在我国没有生存的土壤和意识形态的基础。因此，"对抗制"诉讼

---

〔1〕 习近平："加快建设公正高效权威的社会主义司法制度"，载习近平：《论坚持全面依法治国》，中央文献出版社 2020 年版，第 59 页。

模式、消极被动的法官角色，实质上与我国文化传统、意识形态并不吻合。

从近些年《民事诉讼法》修改及相关司法解释的规定来看，我国在两个方面借鉴了美国诉讼制度。一是 ADR 借鉴。我国多元化纠纷解决机制的建立，是在人民调解制度基础上，借鉴了美国 ADR。我国称之为多元化纠纷解决机制。目前，我国法院在多元化纠纷解决中发挥着重要作用。例如，在民事诉讼的审前程序中增加了促进调解的功能；法院在立案窗口设置的诉前化解中心以及诉调对接机制等亦体现出法院在多元化纠纷解决机制中的促进作用；对于进行仲裁后当事人不服仲裁裁决的案件，法院亦有监督审查权，以及对于社会调解机构作出的调解书，法院亦可以进行司法确认和审查。二是对证人制度和鉴定人制度的完善和强化。我国在证据制度方面传承于大陆法系国家，重书证、轻人证一向作为证据制度不言自明的事实。但是，从 2015 年《民事诉讼法司法解释》到 2019 年《民诉证据规定》，不仅强调了当事人真实义务，而且对于证人、鉴定人的作证行为进行了规范，并规定了签署保证书的程式要求。笔者认为对当事人陈述、证人证言、鉴定人意见的重视，是我国在诉讼制度中对当事人及诉讼参与人诚实信用原则要求的具体化。

（二）诉讼指挥权与我国传统职权主义的区别

我国采用传统的职权主义诉讼制度，虽然在不断借鉴和改革中向着当事人主义诉讼模式发展，但是当前两大法系诉讼模式的修改中强化的法院职权作用，无疑更加吻合我国本土的诉讼制度基础和社会背景。但是为提高诉讼效率，高效、高质解决纠纷的诉讼指挥权与我国传统的职权主义内容有着本质上的不同。

其一，虽然传统的职权主义与诉讼指挥权均源自司法的公权属性，但诉讼指挥权的行使并非如职权主义那样体现过多的强制力，而是以释明、建议等灵活的、具有弹性的方式为主；其二，诉讼指挥权的指向对象包括当事人、诉讼程序及案件，而职权主义的行使针对的是案件事实和法律适用，既不考虑原告的诉权是否得到保障，也不会顾忌程序是否公平公正；其三，诉讼指挥权是在当事人主义诉讼模式的修订下得到的强化和运作，在实质上并未脱离当事人主义的三角构架，即以尊重当事人诉讼权利，保持法官中立性，有效推进诉讼程序为职责；而职权主义是一个单向模式，忽视原告的诉权和处分权，将被告与案件一同作为法院调查的客体；其四，职权主义以国家强制力为保障行使职权，由于过于强调权力的作用已经被替代。而诉讼指挥权带有一定的社会属性，其目的是保障当事人诉权行使的同时督促当事人义务的履行，促进诉讼，有效解决纠纷。虽然诉讼指挥权源自司法公权属性，但是诉讼指挥权属于历史不断发展、诉讼模式逐渐完善的产物。

虽然我国正在由职权主义向当事人主义诉讼模式转型和过渡，但是审判权一直是法院用于裁判案件的主要职权。在纯粹职权主义的诉讼模式下，审判权具有天然的独断性；在引入现代当事人主义进行修正后，审判权的独断性因诉权的制约而受到限制。[1]

（三）诉讼指挥权与审判权的区别与联系

从我国民事诉讼构造的建立与发展看，法院在诉讼中的职权性始终起着支撑、推进与指挥的作用。尽管诉讼模式的走向是朝着当事人诉权保障发展，但是民事诉讼法是公法，法院解决民事纠纷的同时肩负着公与私两个层面的功能：于私以当事人诉权保障为诉讼目的；于公是维护法的安定性和社会秩序。鉴于法院解决纠纷目的公私兼有，民事诉讼功能的多元化即具有正当性与合法性。也因此，诉讼中促成当事人调解、与社会多元调解机制的对接等，均体现了法院在解决纠纷时多元方式和路径的融入和吸纳。在多元化纠纷解决机制下，法院的审判权已无法涵摄法院为解决纠纷所采取的多元路径和多元功能。例如，诉讼过程中法院与当事人的协商机制正在建立、讨论义务在增多，甚至调解权能不能被审判权所包含，也一直是一个理论上商榷的问题。而这些无法被审判权所包含的法院为解决纠纷表现出的各项职能，均属于诉讼指挥权的内容。

在我国，法官在审判案件中行使的权力和职责，往往被认为是一种审判权。因此，笔者在第一章即对法院的诉讼指挥权与审判权进行了简单区分。但是在比较分析域外诉讼指挥权的发展之后，笔者更加认为，将诉讼指挥权予以借鉴并使其本土化意义重大。对于其与我国传统的、代表法院职权的审判权之间的关系在实践中如何把握，能否作出区分，笔者再作梳理和分析。

第一，从功能和内容而言，审判权是指法官代表国家司法权针对双方当事人的纠纷进行判断并作出强制性结果的行为。具体到实践中，包括法官审

---

[1]　陈冠男："民事审判权与诉讼指挥权的张力消解——兼及中立评估程序的程序价值"，载《东南大学学报（哲学社会科学版）》2019年第S1期。

理案件时对证据的把握、事实的认定以及法律适用等问题的处理，不局限于庭审中，反而更倾向于法官内心活动或者内部操作，包括调卷、阅卷、研究合议、汇报等，旨在通过分析最终作出裁判，并将裁判的理由公布于裁判文书中。而诉讼指挥权贯穿于整个诉讼程序中，其以积极、公开的、书面的或口头的方式推进着诉讼程序的进行。在程序上以主导、管理、指挥的方式推动诉讼进行；在实体方面，其以与当事人以及其他诉讼参与人进行交流的场所为平台，通过建议、指导、释明、讨论为主要方式协助事实的调查发现，促进诉讼。如果说我国司法公开是以公开促公正，那么裁判文书的公开中强化法官的说理是对审判权的公开，而庭审公开中强调实质化公开则主要是公开法官的诉讼指挥权内容。

第二，从权力行使的目的而言，法院行使审判权要求各方当事人将自己的诉求和答辩意见形成文字或以陈述的方式形成案卷交由法官进行分析判断，法官审理的是由当事人双方形成的意见和争执点，最终形成具有强制力的裁判。因此，审判权的权威在于文书的效力，即审判权构成了司法权威的重要内容。而诉讼指挥权却不限于裁判的作出。可以说，无论纠纷在法院以何种方式终结，包括和解、调解抑或撤诉等，解决纠纷的过程中法院为促进诉讼、发现真实而与当事人等诉讼参与人互动的活动均属于诉讼指挥权的内容。即随着纠纷解决的多样化，诉讼指挥权的方式灵活多变。因此，调解权是否属于审判权虽有争议，但是调解权却必然属于诉讼指挥权的内容。

第三，从功能和效果分析，审判权系司法的公权属性内化为判断、外化为强制，最终形成具有司法权威的裁判文书。因此，裁判结果与强制性是审判权的显著特点。而诉讼指挥权强调诉讼程序中当事人的参与性、方式的多样性以及结果的认同性。显然从当下以解决纠纷、化解矛盾为诉讼的主要功能来讲，诉讼指挥权发挥着日益显著的重要作用。

笔者认为，审判权是我国独有的概念，属于狭义的司法权范畴。虽然长期以来作为人民法院的主要职能，但是审判权是一个特定时期特定诉讼模式下的定义，有其历史性和解决纠纷的狭隘之处。诉讼指挥权是一个外来概念，但是其具有保障权利的平衡性、促进诉讼的高效性、解决纠纷的多样化特征，且与现代社会发展以及诉讼模式的变化相吻合，要将诉讼指挥权本土化、实践化，与我国审判权融合发展，建立更加完善的、适合当代纠纷模式的人民法院的司法审判功能。

（四）我国构建诉讼指挥权体系的价值和意义

诉讼指挥权概念形成于大陆法系诉讼制度中，尤以德国民事诉讼中立法规定较为详尽和完善。日本、法国也在很大程度上进行了效仿和借鉴。但是对于诉讼指挥权概念的边界、内容的体系化等，均未得到进一步完善。对于有关诉讼指挥权的理论研究也停留在协同理论的褒贬之中。诉讼指挥权概念于 21 世纪初进入我国理论界视野，但是这一制度的价值和意义、是否与我国本土相融洽，并未得到理论界和实务界的重视。笔者在比较两大法系诉讼模式发展，以及诉讼指挥权的功能、内容进行分析后认为，对比我国当前的诉讼模式定位、立法的发展以及司法实践中出现的问题，将诉讼指挥权概念引入我国，并进行体系化构建，有着极为重要、迫切的理论和实践意义。

第一，从社会发展角度分析，由于社会变革、经济发展等因素带来的社会矛盾日益增多，我国在社会解纷机构尚不健全的条件下，社会矛盾以诉讼的形式纷纷涌入法院，民事诉讼案件呈逐年上升趋势。目前，法院审判的功能显然已经无法成为解决纠纷的最后一道防线，其已然挺身在前，担当着解决社会矛盾的最重要职责和功能。因此，法院以一个什么样的姿态来解决纠纷，如何将纠纷适当地向社会分流、如何在法院内部构建多元化的路径解决纠纷已经成为当前司法改革的重要内容。虽然法院的立案窗口已经建立诉前调解、与社会纠纷解决机构的对接等正在探索和构建之中，但是在法院内部的解决纠纷路径上，法院以审判权行使的方式解决纠纷显得方法僵化、功能单一。立法对当事人诉权的保障并未在诉讼程序中从法院与当事人之间的关系中体现出来。虽然庭审直播、文书上网的方式均是在敦促法院公正的审理、积极地互动、充分地说理，不仅希望裁判的公正性，也希望法院公正的审理获得当事人及公众的认同。但是，法院在审理案件中与当事人之间并未形成一个相对灵活的解决纠纷方式。

第二，从诉讼制度本身来看，近年来我国《民事诉讼法》经历了几次较大规模的修改，《民事诉讼法司法解释》于 2015 年施行。新的法律制度中不断增加了当事人诉权保障制度，如申请再审制度、执行异议之诉制度、第三人撤销之诉制度以及立案登记制度，体现了立法在当事人诉权保障方面的日趋完善，但是却未对当事人权利的正当行使作出规范性要求，致使实践中出现诸多诉权滥用的情形，造成了诉讼拖延以及司法成本增高。因此，高效、低成本解决纠纷，也已经成为我国民事诉讼追求的价值和功能。

第三，诉讼模式的转型使得法官在审判中消极被动的一面具有了正当理由。当前，我国民事诉讼中当事人对法官认同度不高，加之司法公开的要求，使得法官更加不愿在庭审中公开心证。庭审中不认证、少释明，亦不愿对法律适用作出过多解释。所谓多说多错、少说少错、不说不错。法官片面理解和借鉴英美法系法官的消极被动角色，使得当事人对法院的裁判过程和结果因缺乏沟通而不理解，因不理解而质疑，因质疑而穷尽一些方式寻求救济途径，是导致当事人申诉、上访的重要原因。

笔者认为，审判权以裁判文书说理的方式公开其作出判决的理由，不仅有滞后性，也往往会造成裁判突袭现象，造成当事人的不满以至于向下一个程序寻求救济。诉讼指挥权通过诉讼过程中与当事人的沟通、释明，使得当事人在审理过程中对案件有了更客观的认识，对裁判结果有了合理预期，促进了当事人以其他方式解决纠纷的可能性，也增强了当事人对裁判结果的认同感。对于民众而言，仅仅有明确的法律条文并不能保证法律的确定性，只有当法官的裁判行为和判决结果是可预测的时候，法律的确定性才得以实现。[1]

综上可见，应建立具有中国特色的当事人主义诉讼模式，在保障当事人合法行使诉权的同时，充分发挥法官的诉讼指挥职能，在保障个案公正的同时维护社会的整体利益。无论社会如何发展，法院的职责和诉讼的功能必须协调而统一。在法院解决私益纠纷的职能方面，强化法院诉讼指挥权的灵活性，减少私益主体之间的对抗性，促进纠纷的高效解决。在面对涉及公益性质的纠纷中，不仅强调纠纷解决之化解社会矛盾之责，法院在强化法院职权维护公共利益的同时亦要考虑政策引导和社会导向的功能。因此，尝试诉讼指挥权体系构建，于理论上清晰了我国诉讼模式的定位，于立法上完善了诉讼构造，于实践中明确了法院在诉讼过程中的职能划分和定位，意义重大，且迫在眉睫。

---

[1] 孟欣然："影响性诉讼案件环境因素研究——基于对中国 2003 年-2013 年影响性诉讼案件的考察"，吉林大学 2016 年博士学位论文。

第四章
诉讼指挥权的分类

由于不同国家的法律制度不同，诉讼指挥权有着不尽一致的内涵和外延。基于一个相对复杂的法律概念，从单一指向来界定其功能和目的亦不全面。本节中，笔者将依据诉讼指挥权的目的、指向的对象、权力属性进行分类，深层次、多角度对诉讼指挥权作全方位分析研究。

一、基于诉讼指挥权的目的分类

提高诉讼效率、降低诉讼成本、防止裁判突袭，是诉讼指挥权产生的基础原因，也是运作的方向和目的。因此，高效推进诉讼程序顺利进行、保障当事人在诉讼中充分辩论、平等行使诉讼权利，是诉讼指挥权的重要内容。虽然法律的解释和适用是法官的职责，但是在审理中如果发现当事人主张的法律关系与案件审理的方向和法官认定不一致，应当对当事人进行释明，防止造成裁判突袭。因此，笔者以法院行使诉讼指挥权的目的分类，将诉讼指挥权分为权利保障型、程序推进型、防止裁判突袭型。

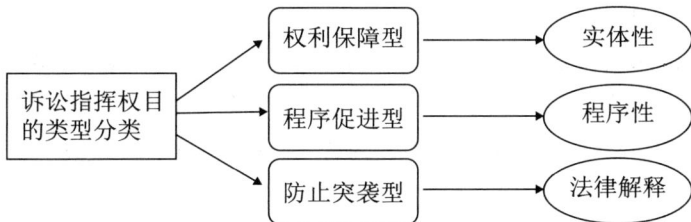

图4-1　诉讼指挥权目的类型分类

（一）权利保障型诉讼指挥权

诉讼权利保障旨在使每个人都有接近诉讼自由的权利，而不仅仅是形式上的法律面前人人平等。杰洛维兹（Jolowicz）教授指出："如果只有富人才能付得起钱利用它，那么，一种司法制度即便拥有精细设计的保障也几乎没有什么价值可言。"[1]因此，允许当事人走近司法，并在诉讼中保障其诉讼权利平等行使，及时举证、充分辩论，是权利保障型诉讼指挥权的主要内容。笔者认为，法官在庭审过程中为保障当事人诉讼权利的充分行使，从而对当事人进行释明和指导的权能是权利保障型诉讼指挥权，也可称之为实体性诉讼指挥权。

庭审中给予各方当事人平等的机会提交证据并发表意见，看似平等保障了诉讼权利，但是如果法官坐在审判席上保持沉默寡言，任由经济实力、文化素质、专业水平等完全不对等的当事人或律师对簿公堂，那么其实质并不具备真正意义上的武器平等。在美国正当程序和平等保护条款中，最高法院解释蕴含了实效性平等的含义，并指出：即使经济能力较弱的当事人也能拥有一种真正的而非虚幻的听讯机会。英国虽然没有成文宪法及宪法裁判，但是自 1949 年就在促进司法真正地为所有人接近方面取得了显著进步。而另外一个显著例证就是法国立法机构在 1972 年颁行了一部制定法，对法律援助制度进行了重大修订，力图将社会保障思想引入司法裁判之中，摒弃了形式主义的法律面前人人平等。[2]

于 2002 年修改后的《德国民事诉讼法》将强化法院这种权利保障型诉讼指挥作为改革的重点内容之一，借此改善法院与双方当事人之间的交流，使三方在诉讼的早期就能明确裁判上重要的事实，进而充实审理，加快诉讼进程。[3]

需要说明的是，权利保障型诉讼指挥权是法院以释明、指导、建议的形式参与诉讼，在这种参与下形成了三方对话模式，从而弱化了双方当事人的对抗性。但是其依然是在当事人主义诉讼模式的基本框架下，在尊重当事人诉权、辩论权基础上的职权性行为。虽然在案件事实认定上偏重追求"案件

---

[1] Jolowicz, *Fundamental Guarantees of the Parties in Civil Litigation：England*，p. 142. 转引自 [意] 莫诺·卡佩莱蒂：《比较法视野中的司法程序》，徐昕、王奕译，清华大学出版社 2005 年版，第 323 页。

[2] [意] 莫诺·卡佩莱蒂：《比较法视野中的司法程序》，徐昕、王奕译，清华大学出版社 2005 年版，第 303 页。

[3] 熊跃敏、张伟："民事诉讼中的协同主义：理念及其制度构建"，载《法治研究》2012 年第 1 期。

真实",但法官并不会代替当事人探知事实真相,而是通过引入证据在披露客观真实中协助他们;其也并非要超越当事人争议的权利和争辩的诉因之限制,而是在诉争与抗辩的适当时机给予建议和协助;在诉讼的提起与诉讼标的的确定方面,法院亦不能替代当事人的意志,即法官的职权干预不应侵犯当事人的听讯权,或者对一方当事人偏袒。[1]

　　笔者认为,权利保障型诉讼指挥权的正当性基础并非完全源于当事人诉讼模式的发展,其也不仅仅是基于诉讼效率和成本,目的是在解决纠纷的过程中注重当事人权利保障的有效性,使得当事人因对案件审理过程理解而对结果认同。因此,权利保障型诉讼指挥权的行使即为法官在法庭上心证公开的内容,有效保障了当事人的诉讼权利以及公众的知情权与参与权。当前,我国诉讼模式由职权主义向当事人主义过渡和转型,立法上对于诉讼指挥权的相关规定不仅少且明确性不足。实践中受法官的业务素质、司法环境、民众的法治意识等多种因素影响,法官在案件审理中不愿公开其心证,亦不愿过多表达自己对证据的采信和案件事实的态度。这导致我国庭审公开虽然以网络直播的形式进行,但实质上流于形式化,对于庭审实质化是一种忽略状态。因此,如何建构权利保障型诉讼指挥权,不仅是诉讼指挥权本身制度的构建,也是当前完善我国司法公开制度的重要内容。

(二) 程序促进型诉讼指挥权

　　诉讼爆炸在 20 世纪初期已经成为两大法系诸多国家面临的问题,除从诉讼外部寻找原因和解决的方法外,在诉讼内部也在分析和寻找着解决的路径,诸如由谁来推进诉讼的进程、程序的配置是否合理高效等。人们发现诉讼案件增多的部分原因是诉讼程序内部高成本、低效率,而这种高成本造成的资源浪费、低效率使诉讼拖延在很大程度上是由当事人及其代理人主导诉讼进程所致,于是提高诉讼效率、节约诉讼成本、强化法院对程序的推进与主导,成为两大法系诉讼程序方面进行改革的方向。

　　程序不过是达到合理分配奖赏与惩罚、利益与负担的手段。从目的论而言,程序的设计旨在求得最公正的分配。[2]法律赋予当事人诉权行使的机会

―――――――――

〔1〕 〔意〕莫诺·卡佩莱蒂:《比较法视野中的司法程序》,徐昕、王奕译,清华大学出版社2005年版,第345~346页。

〔2〕 毕玉谦等:《民事审判与调解程序保障机制》,中国政法大学出版社2015年版,第56页。

越多，或者说在诉讼程序中由当事人来运作的诉讼程序权利越大，诉讼资源的消耗越无法得到控制。在美国，由当事人代理律师来推动诉讼程序的进行，尤其是在审前程序中，滥用诉讼权利导致诉讼拖延的情形非常严重。诉讼经济性的提出，反映在诉讼程序中的首要任务就是强化法院对诉讼程序的推进，以防止诉讼程序无效利用甚至诉权滥用。

当事人将纠纷诉至法院，从立案受理、庭前会议到开庭审理等整个诉讼过程，是由法院来主导进行还是由当事人来推进，曾是职权主义诉讼模式和当事人主义诉讼模式的主要区别。由法院主导程序进行称为职权进行主义，由当事人主导推进称为当事人进行主义。在当前两大法系，随着诉讼模式逐渐走向融合，一向由当事人及其律师来推进诉讼进程的英美法系，也已经在诉讼中强化了法官对诉讼程序的管理权。可以说，诉讼程序推进的主导者是法院还是当事人，两大法系已经表现出趋于一致的诉讼样态，即由法院来主导和推进诉讼程序，以保障诉讼程序高效、顺利进行。

由上述分析可知，程序促进型诉讼指挥权实质上是指在整个诉讼进程中，法院来主导并推进诉讼的进程，法官实施主导和推进诉讼进程的诉讼行为。

（三）防止裁判突袭型诉讼指挥权

法院不应秘密适用法律，而应公开说明其观点，以免造成裁判突袭。大陆法系的法律观点指出义务就是为了避免裁判突袭而要求法官对法律有释明义务，主要是指当庭审中法官发现当事人及其代理人对案件适用法律的预判与法官对案件法律适用的理解不一致时，应对当事人及其代理人进行法律观点的指出或释明，其目的不仅是纠正当事人及其代理人对适用法律错误的判断，还是保证当事人充分的辩论权。

裁判突袭并非我国诉讼法中强调的概念，我国法官在实践中也很少将法律适用和解释向当事人进行释明，但是如果当事人没有委托律师作为代理人，或者委托的代理人业务或专业经验不足，在对法律条文的解读、法律关系的梳理方面与法官审理方向出现不一致时，法官在审判过程中根据案件的具体情况向当事人及其代理人进行适当的释明或引导、明确正确的法庭审理方向，则保障了当事人充分的辩论权，同时也增强了当事人对案件审理后的预判性，以及当事人对裁判结果的认同感。

防止裁判突袭不仅是指法律适用方面的内容，对于免于当事人举证或当事人自认的证据和事实，如果法官将其作为裁判依据，亦应向当事人进行释明。例如，《民事诉讼法司法解释》第 92 条[1]规定的自认情形、第 93 条规定的无需举证的情形，法官应在庭审中向当事人释明哪些情形属于可以反驳的情形，哪些情形则必须有证据足以推翻。在当事人理解后，无论其是认同还是要进一步举证，法院的释明都给予其再次举证和发表意见的机会，不仅防止裁判突袭，也增加了当事人对案件事实认定的预测和审理结果的认同感。

另外，我国《民事诉讼法》第 205 条[2]规定，由法院院长提交审判委员会启动再审，以及《民事诉讼法司法解释》第 242 条[3]规定，在一审判决作出后，当事人未上诉时，法院自行启动审判监督程序。从上述条文看，对于法院依职权启动二审和审判监督程序的情形，法律及司法解释均未规定应予在启动程序之前进行释明，而是在程序的开启，或在之后的裁判中进行说明。笔者认为，在法院依职权启动程序影响当事人权益的情形下，应予在启动之前，先行向各方当事人释明，给予当事人说明理由和辩论的机会。否则这种程序的启动是典型的突袭性诉讼行为。

二、依据诉讼客体分类

从诉讼指挥权的概念可知，法院或法官的诉讼指挥权是针对案件的整个诉讼程序进行管理和运作的。因此，诉讼中的各个要素均可作为诉讼指挥的对象。笔者在此根据案件的不同要素将其划分为指向诉讼参与人的诉讼指挥权、指向案件的诉讼指挥权以及指向诉讼程序的诉讼指挥权，因为指向的对象不同，法院或法官的诉讼指挥方式和目的亦不同。

---

　　[1]　《民事诉讼法司法解释》第 92 条规定："一方当事人在法庭审理中，或者在起诉状、答辩状、代理词等书面材料中，对于己不利的事实明确表示承认的，另一方当事人无需举证证明。对于涉及身份关系、国家利益、社会公共利益等应当由人民法院依职权调查的事实，不适用前款自认的规定。自认的事实与查明的事实不符的，人民法院不予确认。"

　　[2]　《民事诉讼法》第 205 条规定："各级人民法院院长对本院已经发生法律效力的判决、裁定、调解书，发现确有错误，认为需要再审的，应当提交审判委员会讨论决定。最高人民法院对地方各级人民法院已经发生法律效力的判决、裁定、调解书，上级人民法院对下级人民法院已经发生法律效力的判决、裁定、调解书，发现确有错误的，有权提起或者指令下级人民法院再审。"

　　[3]　《民事诉讼法司法解释》第 242 条规定："一审宣判后，原审人民法院发现判决有错误，当事人在上诉期内提出上诉的，原审人民法院可以提出原判决有错误的意见，报送第二审人民法院，由第二审人民法院按照第二审程序进行审理；当事人不上诉的，按照审判监督程序处理。"

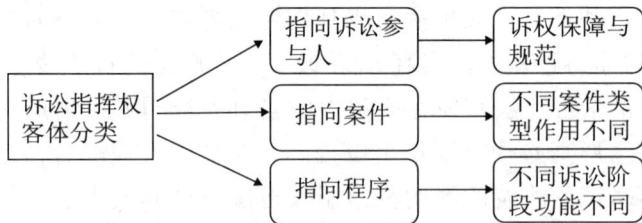

图 4-2　诉讼指挥权客体分类

（一）指向当事人及其他诉讼参加人的诉讼指挥权

1. 指向当事人的诉讼指挥权

诉讼指挥权并非一项单独的诉讼行为，而是一个集合体概念；亦并非仅指一项权力，而是包含职责和义务。这种职责和义务在面对当事人时尤为明显。具体表现为：一方面是对当事人程序性权利的保障以及实体性处分的尊重；另一方面是对当事人在诉讼中应履行义务的督促，即督促当事人在诉讼中履行真实义务、出庭义务及诉讼促进义务等。

（1）相对于当事人处分权与程序保障权的诉讼指挥义务。

诉讼模式实质上是法院与当事人之间权力及权利的平衡和共同作用的静态表现。因此，法院诉讼指挥权与当事人诉讼权利共同作用时既有边界又有交叉。相对于当事人的权利，法院应负有维护和保障的职责或义务；而相对于当事人在诉讼中应承担的义务，法院应行使权力来督促和要求当事人履行。

当事人在诉讼过程中有两种权利应予保护：一是当事人处分权，二是程序性保障权。首先，当事人处分权来自当事人意思自治，是当事人基于自己的意愿对其合法权利进行维护、变更和放弃，体现在诉讼程序中的诉的提起、请求的变更、放弃、和解与撤诉等。法院一般予以尊重。可见，在当事人主义诉讼模式中，当事人处分权与法院诉讼指挥权边界比较清楚，二者几乎没有交叉。但是随着社会的发展，在法院职权强化下，要求当事人处分权应在其合法范围内行使，对于不当行使权利者，法院不会袖手旁观。法院对当事人合法行使处分权的维护以及对其滥用处分权的干预，使得诉讼模式中当事人与法院之间的权利和权力发生了变化，二者之间出现了交叉、冲突与再平衡。

其次，程序保障权是指当事人将纠纷诉至法院后，获得的请求法院依法给予程序保障的权利。当事人程序保障权相对应的即为法院对当事人的保障义务。例如，当事人的知情权对应法院诉讼告知义务、当事人辩论权对应法院庭审义务。当事人要求庭审的权利、进行辩论的权利，法院不仅不能剥夺，且应予维护。《德国基本法》第 103 条第 1 款规定了法定听审权内容包括当事人向法院提出申请的权利、进行说明的权利以及表达自己的观点的权利。[1]我国《民事诉讼法司法解释》第 269 条[2]规定，对于应适用普通程序的案件，不得适用简易程序，亦是一种程序保障权。由此可见，相对于当事人的程序保障权，法院诉讼指挥权的行使更倾向于是一种偏向于义务的职责，而不属于权力范畴。

（2）指向当事人义务的诉讼指挥权。

当事人在诉讼中享有处分权和程序保障等各项权利，同时，其在诉讼中也要承担一定的义务，包括真实义务、出庭义务、诉讼促进义务等。虽然这些义务性规定在不同的国家因立法不同而表现出不同的侧重，但是当事人义务性要求相对应的则是法院对当事人行使的权力，即指向当事人的诉讼指挥权内容。

在《德国民事诉讼法》中，当事人真实完整义务、诉讼促进义务等是法院诉讼指挥义务的重要内容。我国 2015 年《民事诉讼法司法解释》增加了当事人真实义务、出庭义务的相关规定，2019 年《民诉证据规定》亦对当事人义务性规定予以了完善，而针对当事人在诉讼中义务的履行，法院负有告知、询问、责问等监督之责。

2. 指向其他诉讼参加人的诉讼指挥权

民事诉讼参加人是指除当事人以外的参与民事诉讼的法定代理人、诉讼代理人、证人、鉴定人、专家辅助人、勘验人员和翻译人员等。[3]这些参加诉讼的人员既不享有实体上的权利亦不承担实体上的义务。但是其参与诉讼

---

〔1〕［德］马克思·福尔考默："在民事诉讼中引入听审责问"，载［德］米夏埃尔·施蒂尔纳编：《德国民事诉讼法学文萃》，赵秀举译，中国政法大学出版社 2005 年版，第 251 页。

〔2〕《民事诉讼法司法解释》第 269 条第 1 款规定："当事人就案件适用简易程序提出异议，人民法院经审查，异议成立的，裁定转为普通程序；异议不成立的，裁定驳回。裁定以口头方式作出的，应当记入笔录。"

〔3〕见《民事诉讼法》第五章"诉讼参加人"。

时，会享有一定的诉讼权利并承担一定的诉讼义务。因此，上述诉讼参加人在其参与的民事诉讼阶段，必然是诉讼指挥权指向的对象，其诉讼权利和义务的享有和承担应受到诉讼指挥权的保障和制约。

法定代理人和诉讼代理人是代表当事人参与诉讼。虽然其在诉讼中的行为并不涉及其本人权利义务，但是其行为直接代表了当事人，因此法定代理人和诉讼代理人在诉讼中是法院诉讼指挥权发生作用的主要对象。虽然法定代理人和诉讼代理人在诉讼中代表当事人实施行为，但是如果其超越当事人权限，或者法定代理人做出有损于当事人的行为时，法院将依照法律规定对其行为进行规制，要求其对当事人造成的损害承担相应责任。

需要探讨的是，诉讼代理人是否要承担当事人对案件的真实、完整义务。笔者认为应具体问题具体分析。首先，诉讼代理人受当事人委托代理其进行诉讼，以当事人的名义在法庭上陈述事实，撰写答辩状、代理词等口头表达或书面提交的，代理人的行为即为当事人的行为，因此应受当事人真实义务的约束。其次，由于代理人与当事人之间实质是基于两个合同关系进行的代理和委托，即委托合同和代理合同，因此，诉讼代理人在其受托的范围内进行代理，如果当事人陈述的事实不真实，甚至作虚假陈述，当事人承担的责任并不必然波及代理人。例如，在当事人及代理人均出庭的情形下，当事人陈述是否真实并不约束其委托代理人；再如，虽然当事人未出庭，但是代理人在法庭上陈述事实时称"经当事人告知"，如告知不实，代理人也未必承担虚假陈述的责任，则要具体情形具体分析。最后，如果法定代理人或诉讼代理人故意实施一些阻碍诉讼进程的行为，应进行规制并承担责任。例如，诉讼代理人利用公告送达程序、管辖异议程序质疑出庭人的身份，对证据进行真伪鉴定等拖延诉讼的方法为其委托人争取时间上的优势或使得对方在无限的消耗中作出妥协。[1]上述方式都是法律所赋予当事人的合法权利，律师基于自己的专业知识、庭审经验，在为当事人提供法律服务的同时使用一些诉讼技巧未尝不可，但并非没有下限，如使用不当，被认定为故意拖延诉讼，仍可能会受到法律制裁。[2]

在诉讼案件中，律师与委托代理人是一个互换的称谓。因此，委托代理

---

〔1〕 曹力："民事诉讼中律师诉讼技巧的边界"，载《法制博览》2017年第36期。
〔2〕 曹力："民事诉讼中律师诉讼技巧的边界"，载《法制博览》2017年第36期。

人的真实义务，在很大程度上是对律师代理行为提出的要求。从立法规范上看，我国《律师法》未明确规定律师代理案件时负有的真实义务，但是律师出庭代理案件应受我国《民事诉讼法》诚实信用原则的约束。《律师执业行为规范》规定了律师在代理案件时不仅要维护当事人的合法权益，且要诚实守信，维护社会和法律的公平正义。[1]另外，对于律师执业规范，德国、日本、美国等都有相应的要求。[2]

（二）指向案件的诉讼指挥权

1. 诉讼案件与非诉案件的划分

区别诉讼与非诉案件，应以程序对象之差异为判决基准。诉讼案件有利益相反的当事人存在，并以有利益纷争之权利确定及实现为对象。[3]而非诉案件则没有争执的权利或对象，亦没有利益相反的当事人存在。例如，我国《民事诉讼法》的特别程序中，选民资格、宣告失踪或死亡、认定公民无行为能力等，都属于非诉案件。对于非诉案件，相较于有争议双方当事人的诉讼案件，法官的职权性较强，在非诉案件中，无辩论主义存在的空间。

对于强制执行程序之性质，可认定为诉讼案件还是非诉案件，学说上有争议，德国、日本通说是采诉讼事件说。在我国，虽然执行程序规定在《民事诉讼法》中，但通说认为其不属于诉讼案件。原因在于，强制执行是法院基于生效的判决进行的强制执行行为，在法院实施的强制执行行为中，无双方争议、法院亦无解决争议之权利。因此，法院采取职权探究主义，无需公开心证，排除当事人主义、辩论主义原则。如果在执行过程中产生了争议，如执行和解或和解的不履行、执行标的出现权利之争等，需要另行立案进行审查或审理，而不属于执行实施者权力范畴。因此，本书中的民事诉讼指挥

---

〔1〕《律师执业行为规范（试行）》第7条规定："律师必须诚实守信，勤勉尽责，依照事实和法律，维护委托人利益，维护法律尊严，维护社会公平、正义。"

〔2〕《德国联邦律师法》第43a条第3项规定"律师不得于执业时有不客观公正之行为"，参见Rosenberg, Schwab, Gottwald, "Zivilprozessrecht", 16. *Aufl*, 2004, p. 413. 日本规范律师的法律亦有"律师应精通法令和法律事务，诚实公正地履行职务"的条款。参见日本律师联合会编：《日本律师联合会关系法规集》，郑林根译，中国政法大学出版社1989年版，第306页。《美国律师协会职业行为标准则》规定"律师应坦诚面对法庭，律师在明知的情况下，不得对法庭就有关事实或法律作虚假陈述。"参见美国律师协会编：《美国律师职业行为标准规则》，俞兆平、姜福丛译，中国政法大学出版社1989年版，第135页。

〔3〕李木贵：《民事诉讼法》（上），元照出版有限公司2007年版，第1~52页。

权研究，仅指诉讼案件从立案受理到诉讼终结，不包括非诉案件，也不包括执行案件。

2. 案件性质、类型影响诉讼指挥权的作用

本书所研究的对象是指诉讼案件，但是因诉讼案件类型的不同，诉讼指挥权的行使范围及作用亦会不同。其一，传统民事案件与商事案件的区分。传统民事案件，包括婚姻、家庭、相邻关系、一般侵权等类型，争议多发生在以亲情、伦理、习俗和道德维系的群体之间，这类群体之间发生纠纷，诉讼程序中的证据规则以及辩论主义原则的适用往往不会达到理想的诉讼效果。在诉讼中无论从当事人举证、法官对证明标准的把握，还是审判效果，都会出现很大差异。在需要更多考虑伦理、道德、相邻关系的案件中，与财产诉讼适用一个诉讼规则就未必产生好的效果。产生纠纷仅仅依据谁主张、谁举证，对抗制的诉讼模式，结果往往会事与愿违。在这种以解决纠纷、化解矛盾为主要目的案件中，法官选择的路径可以相对灵活，多以促进调解为主。即使审理判决，法院的职权性调查事项相较于商事案件，有着明显的不同。因此，在传统民事案件与商事案件中，法院诉讼指挥权的作用有着明显区别。其二，简单案件与复杂案件的区别。对于案件事实比较清楚、法律关系明确、争议不大的民事案件，适用简易程序来进行审理，是各国通用的做法，其目的是提高诉讼效率、节约诉讼资源，实现司法资源有效的内部配置。在简易审理的案件中，法院的诉讼指挥权作用相对灵活，从送达、答辩到开庭审理等，无需严谨的形式要件，这类案件多数没有职业代理人代为诉讼，因此法院的释明和指示义务就会较多地得到行使。其三，案件的性质不同、效果不同，法官采取的裁判方式亦不同。例如，在个案审理中，如果调解结案的效果明显优于判决结案，法官应在案件的整个诉讼过程中强化调解；如果案件具有一定典型性、社会价值引导功能等，即要以判决的方式作出，起到裁判指导和规范人们行为的功能。总之，程序的塑造依赖于有争议的实体法律关系的类型。针对不同的诉讼类型，即使程序规则相同，法官亦可以灵活积极地运作和变通。

相较传统的民事案件和商事案件，近年来危害健康的废弃物排放引发的公益诉讼、食品安全等影响众多消费者权益的社会公益型案件开始增多。于是"集团诉讼""公益诉讼""大规模侵权"等诉讼类型的出现，使得传统矜持的法官形象似乎已无法适应社会的进步。传统的法官是个人权利和利益的

维护者，但是集团诉讼和公益诉讼却需要法官站在公共利益、政策引导、法的秩序等方面去考虑。在这种发展下，新型的程序权力和职责将不可避免地落在司法人员的身上，法官必须在控制和监督程序时担当一种前所未有的积极角色。

（三）指向程序的诉讼指挥权

纠纷诉至法院，法院在立案审查与受理、进行繁简分流、诉前化解等程序后，将需要审理的案件移交审判庭。审理法官开始庭前准备工作，包括送达、举证期限指定以及召开庭前会议等，之后开庭审理，直至作出裁判。整个诉讼程序以法院为主、当事人为辅推进诉讼进程，已经是诸多大陆法系和普通法系国家一致的选择。因此，法院针对诉讼程序的指挥权应贯穿于整个诉讼过程。

在我国，纠纷诉至法院，案件从立案到受理这一阶段，多元化纠纷解决机制在法院的建立和运行，已经使得诸多法院在立案窗口建立了诉讼服务中心，并与社会多元化纠纷解决机构加强联系，邀请社会各个行业人士参与到法院诉前化解中来，将案件分类、分流进行化解。对于案件受理前的诉讼化解阶段，虽然在法院的主导下进行，并以解决纠纷为目的，但是诉前化解是一个宏大的课题，而非本书诉讼指挥权所能涵盖，因此，笔者人为地将诉前化解剥离出本书诉讼指挥权运行的程序和平台。

不同的案件导致法官诉讼指挥权的运行方式和侧重点不同。实质上案件在不同的诉讼审理阶段，法院的诉讼指挥权亦显出不同。例如案件在一审阶段，法院以调查事实、证据采信为主要庭审内容。一审中法院诉讼指挥权的行使即在于庭前有效的准备、庭审集中审理并高效进行。在二审终审制的国家，一审审理法官往往因为当事人享有法定上诉权，从而在裁判意识上重在结案而不是解决纠纷，其作出一审裁判时案结事了的意识不够。而在二审阶段，由于作出的是终审判决，往往会相较于一审法官慎重很多。

我国民事案件适用二审终审制，但是当事人对二审判决不服的，可以申请再审，且除程序性、形式化要求外几乎没有门槛，即只要当事人对生效判决不服，在收到判决书半年内带着相关诉讼材料可以向上一级法院申请再审。而对于申请再审的案件，法官不仅要审查原审事实、证据、适用法律以及重要程序性事由，维护判决的既判力也是法官必然要考虑的内容。对于已经诉讼多年翻来覆去程序空转的案件，法院亦会考虑在个案公正与法的安定性之间作出权衡。因此，从审级上来说，一审法官重事实和证据，二审法院会考虑判决的终局性，而再审审查的法官则在纠错之外，会对裁判的司法权威、社会效果、诉讼的目的、个案公正与法的安定性之平衡等诉讼的多种目进行综合考量。可见，案件的审理每提高一个层次，进入循环中多一个环节，法院在各种价值和利益之间的衡量就会多一些考量因素，法院行使诉讼指挥权所内含的深意就越丰富。

三、依据权力性质分类

由上述定义可知，本书所称诉讼指挥权，其完整意义更倾向于是一种职责，尤其是相对当事人程序保障权来说，诉讼指挥权更多地体现出一种职责和义务。从权利的正当性基础来讲，诉讼指挥权的行使并非均来自法律的明确规定，更多情况下是法官依据司法权的公权属性、根据个案情形实施的自由裁量。笔者在此尝试依据诉讼指挥权的权属性质将其分为：权力性诉讼指挥权、职责性诉讼指挥权、协同性诉讼指挥权。

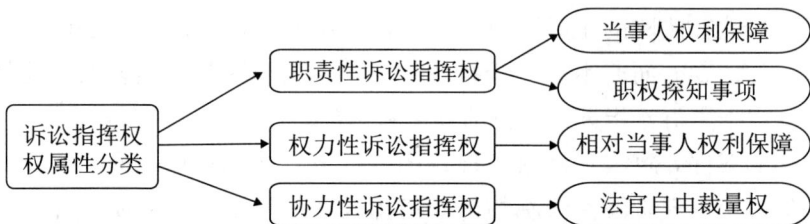

图 4-3　诉讼指挥权属性分类

（一）职责性诉讼指挥权

在现代民事诉讼中，法官要承担更加全面的任务，已是两大法系共同的发展方向。但是，无论诉讼模式如何转换，当事人在诉讼中的主体地位不容忽视。虽然在民事诉讼的发展中增加了当事人诉讼义务的规定，但是当事人正当行使诉讼权利必然应受到法律保护，而这种法律保护是以职责性诉讼指挥权的样态呈现在诉讼程序中的。因此，法院的职责性诉讼指挥权主要指向当事人正当权利的保障。例如，当事人享有知情权，法院就负有告知义务；当事人享有辩论权，法院就要受到辩论原则的限制；未经法庭辩论的，不得作为裁判的依据。我国《民事诉讼法》第207条第9项规定的"违反法律规定，剥夺当事人辩论权利的"，是启动再审的法定事由。上述规定均体现了法院在未保障当事人合法诉权时的法律后果。

笔者认为，"当事人诉权保障"应理解为两层含义：既包括当事人诉讼权利正当行使的保障，也包括对当事人诉讼权利不当行使的限制。在德国，当事人庭审权具有宪法上的优先地位，因此，只有当事人违反促进义务造成了严重诉讼拖延时，才对其庭审权进行限制。我国《民事诉讼法》及相关司法解释也规定了当事人处分权及处分权的限制。例如，《民事诉讼法》第180条对撤诉的限制，《民事诉讼法司法解释》第92条第3款规定的自认的事实与法院查明的事实不一致的，不适用自认的规定等，表明了法院在一定条件下对当事人处分权的限制。有学者认为，这是我国职权主义尚未改造完成的结果。

职权探知事项亦属于法院职责性诉讼指挥权的内容，包括程序性职权探知事项和实体性职权探知事项。程序性职权探知事项包括案件受理时诉讼要件的审查，案件是否属于法院的受案范围等，这些事项法院可依职权审查，不依赖于当事人请求；实体性职权探知事项包括依职权调查证据、鉴定等。一般来说，职权探知事项，属职权调查事项中公益性较高者，如诉讼能力、审判权及诉讼系属等；公益性不高者，如确认利益及和解之效力等，则非职权探知事项。[1]

孟德斯鸠说，尽管法律是神圣的，但是法律的执行者不是神圣的。防止司法权力被滥用，就要对法官在司法权力运行上进行限制。[2]因此，职责性诉讼指挥权指出，法官必须在法律明确的规定下行使权力，否则就有权力滥用的危险。

在我国民事诉讼法中，针对法院的职权探知事项，法律一般以"应当……"予以规定。对于这些法院依职权探知的事项，指向的相对人负有积极配合的义务。如果对方不予配合，就要承担相应的法律责任。例如，我国《民事诉讼法》第70条第1款规定："人民法院有权向有关单位和个人调查取证，有关单位和个人不得拒绝。"

---

[1] 姜世明：《举证责任与真实义务》，新学林出版股份有限公司2006年版，第359页。

[2] ［法］孟德斯鸠：《论法的精神》，申林编译，北京出版社2007年版，第30页。

（二）权力性诉讼指挥权

所谓权力性诉讼指挥权，是法院基于国家赋予的司法权公权属性和作为第三方解决纠纷的社会属性合并形成的。具体在诉讼进程中可区分为两种情形：一是由法律或司法解释规定法官"可以"实施的行为，这是相对法律规定法官"应当"实施的行为而言：法官"应当"实施的行为是其职责，而"可以"实施的行为则应被视为一种权力。因为"可以"意味着法官有选择做或者不做的自由。当然，这里的"可以"更准确的理解应是根据个案类型、当事人情况的不同而"具体情况具体分析"。例如，《民事诉讼法司法解释》第124条规定："人民法院认为有必要的，可以根据当事人的申请或者依职权对物证或者现场进行勘验……"在有关释明权的规定中，法律亦规定了"应当"释明的事项和"可以"释明的事项，显然前者为职责，或称作释明义务，后者为权力，可称为释明权。二是在法律没有规定的情形下，法官基于司法权的公法属性、民事诉讼的原则性规定，根据个案的不同情形实施的诉讼行为。笔者将其称为自由裁量性诉讼指挥权。例如，我国《民事诉讼法》规定了诚实信用原则，因此尽管没有禁反言的明确规定，但是对于当事人在法庭上出尔反尔的行为，法官应及时进行释明或禁止。关于释明情形，我国民事诉讼制度中规定的内容并不多，但是实践中法官基于查明事实、提交证据等需要，根据不同的情形可以向当事人进行释明和指导，对于当事人偏离法庭审理的行为适当予以制止。只要不偏离法官中立性原则，法官无论是基于查明事实还是诉讼效率，向当事人进行释明、建议和指导的行为，都应被法律所允许。在我国，当事人出庭义务和被告答辩义务并非强制性义务，实践中当事人不出庭、不按照法定期限进行答辩的情形非常普遍，但是基于案件需要，或法官为了便于集中审理，可以向当事人着重提出当事人到庭或按期答辩事宜。

总之，诉讼程序是一个动态的过程，法官针对不同案件类型、不同诉讼阶段、不同当事人等必然会有不同的处理方式。只要其目的是提高效率、促进诉讼，或使当事人更充分地陈述事实、提出证据，抑或致力于当事人能够利用其机会，提出有益的申请等，法官在不侵害当事人合法权益并保持其中立性的限度内，采取灵活处理方式的行为，应属于法官自由裁量范畴，即为权力性诉讼指挥权。

司法需要能动性，但能动不是盲动，司法权不能无限膨胀，而应有其恪守的边界。[1]从权力性诉讼指挥权的定义来分析，其指法官基于司法的公权属性根据案件的不同情形、审理的不同阶段行使的具有一定自由裁量的诉讼指挥权。因此，这一自由裁量性行为往往使人们想到如何防止权力滥用的情形。笔者认为，在民事诉讼过程中，法官在法律没有明确规定的情形下行使诉讼指挥权的情形很多，但是避免权力滥用要谨记两点：一是法官的中立性不能突破，二是不断提高自己的专业素质并时刻保持自己的职业操守。再完善、严谨的法律也不能保证司法适用的公平，只有依赖高素质、公平正直的裁判者，才能让人民群众在每一起司法案件中感受到公平正义。

（三）协力性诉讼指挥权

现代法体系诉讼的功能，已经不再局限于消极与规制，而是逐渐向积极与促进方向扩大。[2]纠纷得以多元化解决，而不局限于审判的功能；在对抗中加入"合意"的元素，不仅是减少双方之间的战火和硝烟，而更主要是法院改变了其角色和定位。所谓的"对话"，不仅仅是当事人各方之间气氛融洽地解决问题，而是构筑一个三方交流的平台，法院与各方当事人共同以发现真实、促进诉讼，有效解决纠纷为目的进行沟通和讨论，诉讼的结果不仅限于法院作出裁判，也可以以多元方式解决纠纷。在这种多元的目的下，也许没有具体的法律规范，但是在诚实信用原则下，无论是法院还是当事人，都负有协力解决纠纷的义务。《德国民事诉讼法》对法院和当事人的协力义务均有明确的规定，其理论基础为协同主义思想。

大陆法系的协同理念实质上在美国 ADR 纠纷解决机制上得到了很好的体现和扩张。美国在审前程序中的诉讼和解率为世人瞩目，不仅使得审前程序成为一个独立的诉讼程序，具有终结诉讼的价值功能，同时也为法院与当事人沟通、对话、协力纠纷解决搭建了一个平台，实现了法院内部诉讼功能的多元化。不仅如此，其更重要的意义还在于法院在诉讼中的角色也趋于多元。当下，以当事人主义和职权主义两种诉讼模式来区分法院与当事人之间的作

---

〔1〕　黄国涛、汪宝："论选择性司法与过分司法的抑制"，载《长江大学学报（社会科学版）》2014 年第 10 期。

〔2〕　［日］田中成明：《现代社会与审判：民事诉讼的地位和作用》，郝振江译，北京大学出版社 2016 年版，第 14 页。

用分担，就显得过于狭隘了。

笔者认为，法院在没有明确法律规定的情形下，基于促进纠纷有效解决的社会属性而实施的协商、促进纠纷有效解决的灵活、多样化行为，就是协力性诉讼指挥权。在这一权能下，法院实质上自我弱化了司法之公权属性，而更多地体现了法院作为第三方介入解决纠纷的社会属性。

我国虽然没有协力性诉讼指挥权的明确规定，但是这种协力平台已在搭建，且具有正当性法律基础，实践中的探索已经开始。首先，我国《民事诉讼法》规定了诚实信用原则，这一原则不仅填补了具体制度规范之漏洞，也体现了调整具体诉讼行为和权利义务规范的作用。[1] 其次，调解是我国的一种传统诉讼文化，具有中国特色，并值得保留、传承和发扬。当前，我国构建的多元化纠纷解决机制，即是我国调解制度的发展。笔者认为，调解实质是一种典型的各方协力解决纠纷的方式，法院的调解权并非审判权，而是一种协力性诉讼指挥权。

目前，我国在法院立案窗口设置诉前化解中心，对分流的案件进行调解、促使和解。在诉讼的整个过程中，尤其是庭前会议、开庭审理等与当事人面对面沟通的场景，强调在诉讼中的沟通、协商和对话效果，弱化双方的对抗色彩。这使得当事人在不过分压抑自己的意愿的前提下，通过自律使诉讼达到双方都满意的结果。[2]

当然，法院的诉讼协力义务不仅限于多元化纠纷解决方式，在诉讼过程中法院进行的发现事实、调查证据、促进程序，与当事人进行的沟通和协商，也应属于协力性诉讼指挥权的内容。

笔者认为，根据法院诉讼指挥权的性质将其进行分类，不仅仅是为了便于理论研究而进行的学术性工作。将诉讼指挥权依据权力、职责分类，将有助于法官在诉讼中的权力运作中更加清晰地认识其应当实施、可以实施的行为，并对其自由裁量的范畴有一个界限的把握，也同时为立法中诉讼指挥权的构建提供了理论支撑和实践积累。

---

〔1〕 参见傅郁林："论民事诉讼当事人的诚信义务"，载《法治现代化研究》2017 年第 6 期。

〔2〕 ［日］棚濑孝雄：《纠纷的解决与审判制度》（修订版），王亚新译，中国政法大学出版社 2004 年版，第 120~121 页。

我国民事诉讼指挥权内容构建

法的本质决定司法制度的形态必然呈现多元化特征，没有一种放之四海而皆准的司法制度。[1]习近平总书记指出："一个国家实行什么样的司法制度，归根到底是由这个国家的国情决定的。评价一个国家的司法制度，关键看是否符合国情、能否解决本国实际问题。"[2]习近平总书记深刻揭示了一个国家法治模式的选择与这个国家的历史传承、文化传统、政治制度密切相关。

诉讼指挥权产生于两大法系当事人主义诉讼模式的修订中，虽然与我国诉讼模式的转型方向相背而行，但是却与我国职权主义的历史传承相吻合。尤其在目前出现民事纠纷迭起、诉讼效率不高、资源消耗增大的社会现象时，我们亦应顿足反思：是一味地盲目借鉴还是在摒弃中进行有益传承。笔者认为，转型并不意味着放弃，传承也是一种发展。借鉴其他国家好的模式和方案固然有效，但是必须立足于自己国家的现状和实际，将借鉴的制度本土化，正义才会有效实现。

我国民事诉讼制度中没有诉讼指挥权的概念，但是传承于职权主义的历史渊源，诉讼制度中依然保留了部分职权主义的条款。这些条款在民事诉讼法的逐步修改中，有的依然保留了较强的职权性，有的职权性已经弱化，而有的已经由权力转化为法院的义务。但这些条文即使放在很重要的位置，实践中也更多是被视而不见，有的似宣誓性条款、有的沉睡多年。本章中，笔者将这些条文加以梳理、整合，以民事诉讼指挥权框架为基础，构建我国民事诉讼指挥权内容。

---

〔1〕 郭彦："走出西方话语体系禁锢：比较法视野中的人民司法制度基本原则研究"，载《法律适用》2022 年第 5 期。

〔2〕 习近平："加快建设公正高效权威的社会主义司法制度"，载习近平：《论坚持全面依法治国》，中央文献出版社 2020 年版，第 59 页。

对我国《民事诉讼法》及相关司法解释的条文分析发现，我国《民事诉讼法》在第一章基本原则中即对法院在诉讼中的职责进行了原则性规定，无论是《民事诉讼法》第 8 条法院应"保障和便利当事人行使诉讼权利"[1]的规定，还是第 13 条诚实信用原则的规定，都可以作为诉讼指挥权的法律依据。2019 年《民诉证据规定》第 2 条第 1 款则是对诉讼指挥权内容的一个总体性规定。[2]具体分析，诉讼指挥权的内容包括三项：一是法院的释明权或称释明职责，即人民法院应当向当事人说明举证的要求和法律后果。二是当事人真实义务的规定。该条款规定了当事人"正确、全面、诚实"完成举证，并认为法院负有督促当事人完成的职责。三是法院与当事人共同的诉讼促进义务，即当事人不仅具有真实履行义务，且要在法院的督促和指导下积极地履行。

本章中，笔者从法院的释明职责、当事人真实义务以及法院与当事人共同促进和讨论义务三个方面对我国诉讼指挥权进行内容构建并作出分析，指出当前立法和司法中存在的问题，以及尚需完善的意见和建议。

第一节　法院的释明权及释明职责

释明是法官诉讼指挥权的重要内容，指法官作为第三方对双方当事人自行行使处分权进行的一种直接干预。虽然法官不能代替当事人决定，但是应予告知当事人其行为将产生何种法律后果。[3]理论界普遍认为，释明范围应当以保证当事人决定实体内容之权利不被法官取代为底线，旨在实现双方当事人的实质平等。笔者认为，释明的功能不局限于此。其不仅具有调整双方当事人诉讼能力的功能，也有助于法官心证的形成，防止裁判突袭。

关于释明是一项权利还是义务，一般认为，释明义务之范围比释明权范

---

〔1〕《民事诉讼法》第 8 条规定："民事诉讼当事人有平等的诉讼权利。人民法院审理民事案件，应当保障和便利当事人行使诉讼权利，对当事人在适用法律上一律平等。"第 9 条规定："人民法院审理民事案件，应当根据自愿和合法的原则进行调解；调解不成的，应当及时判决。"笔者认为，上述条文中无论是"保障和便利"，还是"调解不成……及时判决"，皆为法院诉讼指挥权构建的法律依据。

〔2〕 2019 年《民诉证据规定》第 2 条第 1 款规定："人民法院应当向当事人说明举证的要求及法律后果，促使当事人在合理期限内积极、全面、正确、诚实地完成举证。"

〔3〕 参见［德］鲁道夫·瓦瑟尔曼："从辩论主义到合作主义"，载［德］米夏埃尔·施蒂尔纳编：《德国民事诉讼法学文萃》，赵秀举译，中国政法大学出版社 2005 年版，第 380 页。

围小，即释明权包含释明义务。[1]笔者认为，释明权和释明义务并非包含关系，释明权属于可以释明的事项，即无释明义务而行使释明，意味着法官以其客观中立的立场得以自由裁量。[2]因此，未释明不承担相应责任；而释明义务之用语，则意味着"非行使不可"。属于应当释明的事项，法官在应释明而未释明的情况下，导致当事人权益受损，则要承担相应责任。我国《民事诉讼法》及相关司法解释虽未明确规定释明是一项权利还是义务，但是笔者基于法律规定的"应当"释明事项和法官基于中立性以自由裁量进行的"可以"释明事项两类，前者可以被称为释明职责，后者可以被称为释明权。

分析我国《民事诉讼法》及相关司法解释中有关释明权的规定，可以发现：其一，法律明确规定的释明事项并不多；其二，如果细细挖掘，会发现有不少实质为释明权但是以其他称谓代替的规定，如"告知""要求""责令"等；其三，有些确有必要释明的内容，法律及司法解释未予规定。笔者针对释明的内容和范围，分为三种情形进行分析：对案件事实的释明职责；对证据相关事项的释明权以及对法律问题的释明由权力向义务的转化。

一、针对案件事实的释明职责

（一）诉辩意见的释明

我国法律并没有规定强制代理制度，因此在民事诉讼中，未委托代理人的民事案件不为少数。由于当事人法律知识的匮乏，在诉讼中对自己的请求、陈述以及诉辩意见，往往不能正确、完整地表达和抗辩。此时如果将双方当事人之间的平等地位只停留在程序层面，却是一种实质上的武器不对等。因此，法官应根据具体案件中的实际情况对于弱者实施补偿性之辩论指挥权，以实现对弱者的保护。[3]在当事人是否提出抗辩的问题上，可以根据当事人诉讼能力向当事人作出释明，以此为前提才会有行使抗辩处分权利的可能性，让双方当事人能够充分辩论，法官行使释明权只会带给当事人更大的处分自

---

〔1〕　李木贵：《民事诉讼法》（上），元照出版有限公司2007年版，第634页。

〔2〕　李木贵：《民事诉讼法》（上），元照出版有限公司2007年版，第634页。

〔3〕　参见吴杰："辩论主义与协同主义的思辨——以德、日民事诉讼为中心"，载《法律科学（西北政法大学学报）》2008年第1期。

由。[1]我国《民事诉讼法》对诉辩意见的释明的相关规定并不明确，但是《民事诉讼法司法解释》第 225 条规定的庭前会议内容第一项即为"明确原告的诉讼请求和被告的答辩意见"。实质上，这里的"明确"二字是对法官的释明要求，其目的是确认当事人的请求和抗辩，给予当事人再次进行补充的机会，为下一步剥离和归纳争议焦点奠定基础。

笔者认为，诉辩意见的释明是庭审中法官释明职责的重要内容，因为其作为剥离争议焦点的第一步，对下一步审理有着重要意义。但是诉辩意见的释明并不仅仅表现在审理的第一步骤。在庭审过程中，如果一方当事人陈述的事实，另一方当事人既未表示承认也未否认，法官亦应当释明并询问另一方当事人的意见；在当事人诉辩意见不明确或自相矛盾，法官无法理解其真实意思时，应直接向当事人发问，让其陈述清楚；如一方当事人的辩论意见未涵盖对方当事人的全部诉讼主张或辩论意见，法官应当提示其全面陈述意见。总之，由于整个案件的审理实质上就是请求与抗辩的对抗过程，因此给予各方当事人在诉辩意见上的释明，保障庭审中各方充分发表辩论意见，是法官诉讼指挥权的应有之义，也是法官庭审驾驭能力的充分体现，有助于庭审顺利进行。[2]

由上可见，对诉辩意见的释明，既可以平衡当事人的诉讼能力，也有助于法官心证的形成，是释明职责的重要内容。目前我国《民事诉讼法》及相关司法解释并未对诉辩意见的释明作出明确规定，笔者建议最高人民法院出台一部《关于民事诉讼有关释明权及释明职责的若干规定》，并将诉辩意见的释明作为重要条款予以规定。

（二）"自认制度"的相关释明

自认属于辩论主义的重要内容之一，其含义为：另一方提出对己方不利的事实，而己方予以认可的，免于另一方举证责任。我国《民事诉讼法司法解释》第 92 条[3]对自认制度作出规定，具体包含三层含义：其一，明确了

---

[1] 参见吴杰："辩论主义与协同主义的思辩——以德、日民事诉讼为中心"，载《法律科学（西北政法大学学报）》2008 年第 1 期。

[2] 参见黄菊秀："民事庭审驾驭能力的培养与提高"，载《人民司法·应用》2008 年第 1 期。

[3] 《民事诉讼法司法解释》第 92 条规定："一方当事人在法庭审理中，或者在起诉状、答辩状、代理词等书面材料中，对于己不利的事实明确表示承认的，另一方当事人无需举证证明。对于涉及身份关系、国家利益、社会公共利益等应当由人民法院依职权调查的事实，不适用前款自认的规定。自认的事实与查明的事实不符的，人民法院不予确认。"

自认的范围，即当事人提交的书面材料或者庭审中的口头陈述；其二，确认了自认的效果，即自认有效成立，则免除另一方举证责任；其三，规定了自认的例外，即涉及身份关系、国家利益等属于法院依职权调查的事项，不适用自认制度。同时还规定了自认是否属实，法院有审查之责，如果自认不真实，法院不予确认，体现了客观真实一直以来都是我国民事诉讼所追求的重要价值。

2019 年《民诉证据规定》第 3 条至第 9 条，以七个条文对自认制度进行了完善。其一，扩大了自认的范围，不仅限于庭审中，也包括证据交换、询问、调查过程。其二，明确了委托诉讼代理人的释明，除授权委托书明确排除外，代理人的自认视为当事人的自认。其三，共同诉讼中一人自认不代表其他当事人的自认。其四，规定了自认的可撤销情形，即在法庭辩论终结前，经对方当事人同意或者自认的当事人能够证明自认受到胁迫或重大误解的，可以撤销自认。对自认制度越来越完善的规定，足以看出自认制度以及诚实信用原则在民事诉讼中日益重要的地位。

需要说明的是，自认是一个法律用语，与人们通常理解该词汇的意义不同，在证据制度中自认一旦成立，具有免于对方举证的法律后果。因此，对于没有足够的法律知识且又没有委托代理人的当事人涉及自认事项的，法官应予进行释明，尤其是对于自认的例外，属于"但书"规定，应作为法院释明职责内容。我国《民事诉讼法司法解释》及《民诉证据规定》对于自认的规定，疏忽了法院的释明职责。

笔者认为，对于自认的释明应包括：一是自认的事实应予以明确，避免引发歧义。诉讼中对于当事人表述不明确，或对方态度不明确的内容，法院应释明当事人予以明确。二是自认的法律后果应当庭告知。三是自认的例外，当事人自认的事实涉及公共利益或他人利益时不构成自认；对于法律查明的事实与当事人自认事实不一致时亦应先行释明后，再对当事人的自认不予确认。

案例 1　在执行异议之诉案件中，案外人王某对法院查封的房屋提出权属主张，称其已在法院查封之前购买了被法院查封的房屋，支付购房款并实际占有等，请求排除法院的强制执行。被执行人某房地产开发公司认可案外人王某陈述的事实，并提供了该公司为王某出具的收到购房款的收据。由于执行异议之诉通常涉及申请执行人、被执行人及案外人三方当事人权益，人民法院针对某房地产开发公司看似对己方不利事实的认可，往往不认定构成自认的法律后果。法官在庭审中需要向当事人进行释明，告知案外人应进一步举证。其原因为，案外人与被执行人的一致认可一旦得到法院的确认，其直接效果是申请执行人对执行标的丧失继续执行的请求权。因此，在当事人对相对方主张事实和证据的自认，却有可能构成对第三人的侵害时，法院应审慎对待。

（三）免予举证事项的释明

我国《民事诉讼法司法解释》第 93 条规定了七项免予当事人举证的事实，属于举证责任的例外规定。因此，在法庭审理时对于这种情形的事项，法官应视情形进行释明。笔者认为，对于免证事项的释明，亦应属于法官应当释明的事项，主要涉及两个方面内容：一是免予举证事项的释明；二是如何推翻该免予举证事项的释明。后者尤其重要，在司法实践中，对于推翻免证事项的释明，尚未引起法官的重视。

笔者认为，由于《民事诉讼法司法解释》对于免予举证的七项内容规定了不同的推翻标准，因此，虽然法律没有规定为释明事项，但是在实践中应予释明。具体可分为三种情形：一是不能被推翻的事项，即对于"自然规律及定理"，司法解释规定为不可推翻的事项；二是可以推翻，但证明标准为有证据足以"反驳"的事项，即众所周知的事实、根据法律规定推定的事实以及根据已知事实和日常生活经验法则能推定出的另一事实；三是可以推翻，但证明标准是有证据足以"推翻"的事项，即已为人民法院发生法律效力的裁判所确认的事实、已为仲裁机构生效裁决所确认的事实、已为有效公证文书所证明的事实。对于哪些属于"反驳"事项、哪些属于要"推翻"的事项，因规定的证明标准不同，在司法实践中，法官应向当事人进行释明。

需要说明的是，2019 年《民诉证据规定》第 10 条对《民事诉讼法司法解释》第 93 条进行了修订，依然是七项免予举证的事实，但是做了两处修改：一是将已为人民法院发生法律效力的裁判所确认的"事实"修改为"基本事实"，显然，这是对于免予举证的范围进行了限缩。二是将"已为仲裁机构生效裁决所确认的事实"由《民事诉讼法司法解释》规定的属于相反证据足以"推翻"的事项，修改为"足以反驳"的事项，即降低了生效仲裁裁决确认的事实"的证明标准。对于这些细微之处的修改，可以看出我国对于免予举证事项的内容是一种限缩趋势。而这些细微之处的区别，对于各方的举证责任和证明标准，有着重要意义，法院可视情形进行释明。

（四）禁反言规则的释明

禁反言是来自英美法系的规则。英美法系国家一直适用宣誓制度，并逐步发展为禁反言原则。[1]禁反言在美国主要作为一种判决效力制度发挥作用，用于解决生效判决在既判事项方面的法律效力。在大陆法系国家，传统上对禁反言的理解以诚实信用原则为依托，目的是排除当事人在诉讼过程中的矛盾行为。我国并没有禁反言的概念，但是建立在诚实信用原则基础上的民事诉讼法制度中，有着禁反言的内容，主要体现在事实和证据的确认效力方面。《民事诉讼法司法解释》第229条[2]作出了禁反言的规定，即对于当事人在诉讼中的前一阶段作出对事实和证据的认可，法院应当作出阶段性确认，当事人在后一阶段意见相左时，法院首先持不予采信的态度，除非当事人有合理理由对其前后不一致的诉讼行为进行说明。

我国2019年《民诉证据规定》第63条第2款也是一条禁反言的规定，实质是对《民事诉讼法司法解释》第229条进行了扩大解释，在民事诉讼法司法解释中，对于当事人作出不同意见的情形规定在庭前会议与开庭审理两个阶段，而在2019年《民诉证据规定》中，其对当事人前后不一致意见作出的时间不作任何限制，即无论是在诉讼中的何阶段，只要当事人陈述前后不一，法院即可责令其说明理由。这里的"责令"也体现出一种职权性和强制性。

案例2　邢某与张某系夫妻关系，在一起民间借贷案件中，债权人朱某以民间借贷为由起诉债务人张某偿还债务，并将邢某作为共同被告，要求作为

---

〔1〕　最高人民法院修改后民事诉讼法贯彻实施工作领导小组编著：《最高人民法院民事诉讼法司法解释理解与适用》（上），人民法院出版社2015年版，第600页。

〔2〕　《民事诉讼法司法解释》第229条规定："当事人在庭审中对其在审理前的准备阶段认可的事实和证据提出不同意见的，人民法院应当责令其说明理由。必要时，可以责令其提供相应证据。人民法院应当结合当事人的诉讼能力、证据和案件的具体情况进行审查。理由成立的，可以列入争议焦点进行审理。"

夫妻共同债务偿还。诉讼中邢某否认与张某系夫妻关系，称二人已离婚，并提交离婚证予以证实。法院未判决邢某承担还款责任。判决生效后，朱某申请强制执行，执行中查封了张某名下400余万元存款。邢某提出执行异议，主张法院查封的是其与张某的夫妻共同财产，要求法院对查封的夫妻共同财产予以确认并分割。邢某提交了结婚证，称双方在1991年结婚，婚姻关系存续期间的财产应为夫妻共同财产。然而，其在执行依据的生效判决中主张不是夫妻关系，并以此获得债务免除，现在执行过程中又主张双方系夫妻关系，并称婚姻关系存续近30年。执行法院认为其虽然提交了结婚证但违反了诚信原则，故未对其主张确认夫妻共同财产并要求排除执行的请求予以支持。

由上分析，我国有关禁反言的规定规范的是当事人真实义务，认为当事人前后不一致的陈述是一种不诚信的行为而予以禁止。实践中，当事人在审前程序中认可的事实，在法庭审理时作出相反陈述的，以及在不同审理阶段陈述前后矛盾的，法官释明的情形并不多见。笔者在中国裁判文书网上以"释明"二字进行索引，查看了近300件案例，其中对于禁反言进行释明的仅三件，笔者认为，依据我国《民事诉讼法》相关规定，当事人在诉讼中应当受诚实守信、负有真实义务、接受自认事实的约束，对于当事人作出前后不一致的表述或行为时，法官应当庭予以释明，并给予当事人说明理由的机会，不仅具有理论支持，也符合法律规定，亦更加有效保障了当事人的诉讼权利。

由上述几种情形可以看出，无论是诉辩意见还是自认制度以及禁反言情形，都属于法院在事实认定时突破证据规定的情形，且会产生一定的法律后果，因此属于法院释明事项应予以规定。从目前司法现状来看，对于上述释明事项，我国无论从立法还是司法实践并未予以重视。笔者认为，释明是一项重要的诉讼指挥权内容，尤其是我国未实行完全代理制度，诉讼中当事人的诉讼能力差距很大，法官在庭审中根据事实、证据等相关情况进行必要的释明，不仅是对当事人诉讼权利的进一步保障，也是法院一项重要的释法明理义务。

二、与证据有关事项的释明

（一）举证与证明责任转换的释明

1. 举证责任的释明

我国《民事诉讼法司法解释》第 90 条[1]规定了民事案件证明责任分配以及法律后果，但其并未明确法官在举证方面有释明职责。2019 年《民诉证据规定》第 2 条规定："人民法院应当向当事人说明举证的要求及法律后果……"这里"应当向当事人说明……"是对《民事诉讼法司法解释》第 90 条规定的补充性说明，即要求法院将举证责任的分配、转换及举证不能的法律后果向当事人予以告知。对举证要求及后果的释明，可以有效防止裁判突袭。

对于举证的要求和法律后果的释明，不仅限于庭审开始阶段，而应贯穿于整个庭审过程中。因为在整个庭审调查中，当事人的举证责任随着各方当事人的举证能力以及抗辩的内容发生着变化。因此，在当事人不知如何举证，或对举证不能的法律后果无意识、不理解的情形下，应释明当事人进行举证或补强证据。为彻底防止发生突袭性裁判并贯彻庭审请求权之保障要求，应同时保障当事人之证据提出权。[2]

为详细描述当事人随着庭审进行举证情况会发生变化，笔者针对庭审过程作详细描述并分析：首先，在庭审归纳争议焦点后，法官应先行对各方当事人的主张责任进行明确，尤其是对法律规定的举证责任倒置情形，法官应予提醒或释明。其次，随着法庭调查开始，各方举证、质证后，对于当事人所举证据能予以确认的，当庭予以确认，对于当事人举证未充分证实其主张，但是当事人却认为其已经提交了足够证据的情形，法官应当告知当事人其提交的证据的证明力尚不足以达到待证事实的证明标准，并向当事人对证据认知上的差距进行释明，避免当事人在收到判决后才发现自己承担了举证不能的不利后果。再次，被告或者被上诉人对原告陈述的事实进行认可或部分认

---

〔1〕《民事诉讼法司法解释》第 90 条规定："当事人对自己提出的诉讼请求所依据的事实或者反驳对方诉讼请求所依据的事实，应当提供证据加以证明，但法律另有规定的除外。在作出判决前，当事人未能提供证据或者证据不足以证明其事实主张的，由负有举证证明责任的当事人承担不利的后果。"

〔2〕邱联恭："程序选择权论"，载邱联恭：《民事程序法之理论与实务》（第 2 卷），三民书局 2004 年版，第 153 页。

可，并提出反驳意见时，极有可能涉及举证责任的转换问题。此时，如果当事人对转移到自己身上的举证责任浑然不知，法官应予及时进行确认和释明。最后，对于法定免除举证责任或减轻举证责任的情形，法官亦应依据事实和法律进行确认并进行释明。

举证及法律后果的释明属于审判过程中的重要事项，亦是法官庭审驾驭能力的体现。从庭审公开角度讲，法官在庭审中的释明是庭审公开实质化的重要内容。但是实践中，法官对举证责任分配的释明非常少，不利于庭审效果，即使在庭审公开的要求下，不愿释明的庭审公开也是一种形式化公开。

2. 依职权调取证据等事项的释明

当事人提交证据的义务与启动法院调查证据之权力之间的平衡，是考虑发现真实以外的利益取舍。比如将民事诉讼视为"纠纷解决之途径"时，"真实发现之机制"即不具备优先性。[1]在我国，法院审理民事案件除涉及公共利益之外，依职权干预当事人处分权的事项有两个：其一，依职权调查取证；其二，依职权启动再审。虽然上述情形均有法律明确的规定为限，也有当庭进行质证的要求，但是并未规定法院认为依职权调取证据的情形应先向当事人释明。笔者认为，在案件审理过程中，如果法院依职权调取证据，应首先向当事人释明，并给予各方当事人发表意见的机会，如果当事人认为不属于法院依职权调取的证据，则法院应予考虑当事人的不同意见，如果当事人意见成立，那么法院应不予调取；如果当事人异议不成立，那么法院应在调取证据前向当事人说明理由后再调取。这不仅有利于减少当事人的不满情绪，也可避免证据突袭。对于依职权启动再审的，法院对于已经由生效判决确认的案件事实、法律关系重新启动再审，不仅是一种消耗诉讼资源、打破既判力的司法行为，也是对双方当事人处分权的干预和破坏。笔者认为，在法院依职权启动程序影响当事人权益的情形下，应予在启动之前，先行向各方当事人释明，给予当事人说明理由和辩论的机会。否则这种程序的启动是典型的裁判突袭。

---

[1] See David J. Gerber, "Extraterritoral Discovery and the Conflict of Procedural Systems: Germany and the United States", 34 *Am. J. Comp. L.*, 769 (1986). 转引自黄国昌：《民事诉讼理论之新开展》，北京大学出版社 2008 年版，第 55 页。

3. 不同案件类型的释明

法院对于案件事实或证据的释明，不仅应视当事人诉讼能力的具体情况而作出不同程度的建议和指导，对于不同的案件类型，如商事案件、传统民事案件、涉众性或公益性案件等，无论是在查明案件事实方面的主动性，还是对于优势证据原则的适用，法院的释明亦应有不同的体现。比如，就商事案件而言，由于商主体具备从事商行为的知识、经验、能力等，且其诉讼能力亦相对较强，因此，无论是从法院的中立性考虑，还是从商主体的专业性考虑，法院应更多尊重当事人的意思表示，尤其是在启动法院职权性调查时更应予以慎重。[1]而在非商事民事案件中，鉴于自然人诉讼能力相对有限、案件关乎伦理人情、对弱者的倾向性保护等多方面因素影响，法院的释明职责相对强化，释明范围相对从宽。在追求案件的真实性方面，尤其是在事实真伪不明时，要及时依职权进行查明，力求最大限度还原案件本身，并在此基础上作出更加合乎实质正义标准的裁判。[2]

案例 3 甲银行与乙公司因借款担保形成诉讼，法院判决乙公司清偿甲银行借款 1.6 亿元，并判决甲银行对乙公司名下一座大厦 1 层至 14 层享有抵押权优先受偿权。甲银行在申请法院执行过程中，68 户购房人以购买案涉大厦 2 层至 4 层部分房产并以实际占有多年为由提起案外人执行异议之诉。因 68 户购房人购买的是商铺而非住宅，依据当前执行异议之诉相关法律规定，68 户购房人对其购买商铺的物权期待权不能对抗生效判决确定的抵押权优先受偿权。

法院最终认为，68 户购房人购房在先，系无过错购房人。乙公司先卖后抵，有失诚信。甲银行作为金融单位，对外放贷是其主要业务，应具备一定专业且负有高度注意义务，却在应当知道房产已经销售情形下，仍然为乙公司办理抵押登记，其行为亦有过失。法律赋予市场主体的自由度是在合法范围内行使权利，而不能在丧失诚信的层面上进行交易。乙公司与甲银行对已经出售的房产进行抵押，从权利实现层面而言，相较于有过错的抵押双方，无过错的在先购房人的权利应优先保护。

---

〔1〕 江必新："商事审判与非商事民事审判之比较研究江"，载《法律适用》2019 年第 15 期。
〔2〕 江必新："商事审判与非商事民事审判之比较研究江"，载《法律适用》2019 年第 15 期。

（二）质证与证据方法的释明

1. 证据质证的释明

当事人对证据的真实性、合法性和关联性进行质证，是庭审调查中的重要内容，也是当事人提交的证据是否具有证据力的关键环节。因此，在对证据的"三性"进行质证时，法官应适时予以释明。实践中，最为常见的有两种情形：一种是认为对方提交的不是新证据，不予质证；另一种是对证据的真实性和关联性不予认可。对于第一种情形，由于我国并未规定证据失权制度，因此当事人超过举证期限提交的证据，如果与待证事实有关联，法官在询问证据未及时提交的理由之后，应予释明对方当事人进行质证。对于第二种情形，我国属于法定证据国家，证据的真实性与证据方法有关，如当事人陈述、证人证言等证明力较低，法官在庭审中应更多地进行询问，从当事人陈述中进行分析。对于证据的关联性问题，因涉及证明标准的问题，在案件比较复杂的情形下法官应审慎释明，防止出现释明错误，误导当事人辩论指向。

证据的合法性通常是人们忽略的问题，但实质上证据的合法性与证据的证明力大小关系密切，且对法官心证形成具有一定影响。例如，对于证人的书面证言，虽然《民事诉讼法》规定了证人应当出庭，但是书面证言并非必然无效，法官应对证人的书面证言进行审核，并询问证人未出庭是否具有法定事由，因为无法定事由未出庭的书面证言不应予采信。此外，书证复印件问题，也并非当然不予采信的证据。法院应向当事人提问，要求当事人进行说明，或者当事人进一步举证。2019年《民诉证据规定》第61条[1]虽然规定了书证应当提交原件，但也规定了例外规定，而这些例外规定，即为法官释明的事项。

在实践中，单位出具的证明实质是一种非常常见的证据形式，但是这种《单位证明》既不是书面证言，也并非书证，《民事诉讼法司法解释》第115条对其形式要件进行了非常明确的规定，例如，实践中却未引起人们重视。

---

〔1〕 2019年《民诉证据规定》第61条规定："对书证、物证、视听资料进行质证时，当事人应当出示证据的原件或原物。但有下列情形之一的除外：（一）出示原件或者原物有困难并经人民法院准许出示复制件或者复制品的；（二）原件或原物已不存在，但有证据证明复制件、复制品与原件或者原物一致的。"

实践中常常看到当事人提交村委会、企业公司出具的书面证明，证明上仅有一个村委会或单位的公章即提交法庭。此时即使对方未提出有效抗辩，法院亦应告知当事人其提交的《单位证明》形式要件不符合法律规定，依据《民事诉讼法司法解释》的规定，单位出具的证明需要单位负责人和制作证明材料的人签字或盖章，并加盖单位印章，即《单位证明》的形式要件需要两个主体签字加一枚公司印章。如果该证明材料形式要件不符合规定，那么属于证据三性中的合法性问题，法官应不予认定，或向当事人释明，其可在补充证据的形式要件后再进行质证。

2. 证明标准的释明

证据是否达到证明标准，是案件审理中最难以把握的问题。其难度取决于三个方面：其一，民事证据的证明标准具有不确定性，无论是英美法系的优势证据标准，还是大陆法系乃至我国的高度盖然性标准，都具有不确定性特点。其二，证据的证明力是否达到证明标准，这由法官作出判断，因此与法官带有主观色彩的自由心证密切相关。其三，证据要证明待证事实在很多情形下需要结合其他证据和案件事实进行全面、客观的综合判断。这就造成了当庭作出认证的难度。因此，在法庭中对于证明标准的释明，是考量一个法官专业水平和庭审驾驭能力的重要指标。

另外，证明标准仅仅作为一般民事案件的最低限度的证明要求。我国法律规定了一般民事案件的证明标准为"高度可能性"。但是也有特殊标准的规定，对此，法官在案件审理中应适时予以释明。例如，《民事诉讼法司法解释》第108条前2款规定："对负有举证证明责任的当事人提供的证据……确信待证事实的存在具有高度可能性的，应当认定该事实存在。对一方当事人为反驳负有举证证明责任的当事人所主张事实而提供的证据……认为待证事实真伪不明的，应当认定该事实不存在。"即本证的证明标准是"高度可能性"，而反证的证明标准是"待证事实真伪不明"。对于不同主张和事项，法律也有不同证明标准的规定。《民事诉讼法司法解释》第109条规定了对于"欺诈、胁迫、恶意串通"事实的证明，法官需要达到的内心确信的程度是"排除合理怀疑"，明显高于高度可能性的证明标准；而对于程序性事项，则规定了具有可能性的证明标准。

3. 进行鉴定的释明

鉴定意见是我国证据方法中非常重要的一种，其重要性来源于鉴定意见一经合法程序作出，即不能轻易被推翻，因此具有较强的证明力。当前，随着社会的发展，纠纷中出现越来越多的需要专业的技术才可以作出认定的问题，而法官不懂这些专业问题，从而依赖于鉴定机构作出的鉴定意见。但是，鉴定机构的社会化使得一些鉴定机构受利益驱使，作出的鉴定意见或存在瑕疵，或得不到当事人的认同。这种鉴定意见的强证据效力与鉴定机构社会地位不高、鉴定人员的专业性不被认同的矛盾较为突出。

2019 年《民诉证据规定》用 16 个条文对鉴定的提出、鉴定程序、鉴定内容、鉴定人员以及鉴定后果进行了规定，其中涉及法官释明内容的有第 30 条第 1 款："人民法院在审理案件过程中认为待证事实需要通过鉴定意见证明的，应当向当事人释明，并指定提出鉴定申请的期间。"第 33 条："鉴定开始之前，人民法院应当要求鉴定人签署承诺书……"

由上述规定可知，我国《民事诉讼法》及相关司法解释不仅规定了应予鉴定的情形，也对鉴定程序作出了要求。并且从司法实践考察，笔者在对释明的案例进行搜集对比时发现，在法院进行释明的事项中，释明当事人进行鉴定的内容属于最多的类型，法院的裁判文书上显示：经法庭释明，当事人表示不申请鉴定。需要说明的是，相较于其他证据方法，鉴定意见是一项增大成本、消耗时间的证据方法，因此法院在判断某些事项是否需要鉴定时，一定要分析清楚鉴定的必要性，确需必要的，向当事人释明时要说明理由并告知法律后果；如果鉴定并非必要性，可以通过证明力大小的比较、证明责任等进行判决，或者可以以低成本、高效率的方式替代鉴定，例如聘请专家辅助人到庭发表专业意见等。

4. 聘请专家辅助人的释明

虽然 2019 年《民诉证据规定》对鉴定程序和结果进行了较为完整的规定，但是，并没有对鉴定过程进行监督的规定。实践中对于鉴定意见的作出，只要鉴定机构具备资质，检材经双方同意，经鉴定出具的意见，其效力往往不可小觑。但是鉴定经过了怎样的程序，是否科学和客观，是目前当事人对鉴定意见不满意的主要原因。因不了解而产生的怀疑并非无法解决，当前，我国《民事诉讼法》及《民事诉讼法司法解释》均规定了专家辅助人制度，并要求专家辅助人出庭与鉴定人进行质证，这是对鉴定意见作出后当事人不认同的一个程序弥补。但是，如果仅仅考虑在鉴定意见作出后聘请专家辅助人进行质证，依然是一种事后监督。笔者认为，应当在当事人提出鉴定申请时，法院释明对方当事人可以聘请专家辅助人，并告知对方当事人其聘请的专家辅助人，对鉴定机构的选定、检材的选取以及鉴定的过程、使用的仪器设备、鉴定方法等皆可以进行全程监督。在这种监督下作出的鉴定意见，不仅能够避免当事人因对鉴定过程不了解而对鉴定意见产生怀疑，而且在双方进行辩论时增强了鉴定过程的透明度，有效地提高了当事人对鉴定意见的认可度。

案例4　在一个确认合同效力的案件中，原告认为合同上其父亲（已去世）签字非本人所签，故要求对合同上其父亲的签字进行笔迹鉴定，并提交了死者生前的部分笔体作为检材，被告不持异议。经鉴定，合同签字与提交的样本不是同一人所签。被告对鉴定意见有异议，庭审质证时聘请专家辅助人出庭与鉴定人进行质证，专家辅助人提出，按照《笔迹鉴定技术规范》的规定，笔迹鉴定的检材和样本应具有相近或相似性，本案中检材与样本，一个为楷书模式，一个为草书模式，它们之间不具有可比性，鉴定机构在样本和检材书写模式存在重大差异的情况下没有通知法院补充样本，而是草率作出结论，属于鉴定程序严重违法，并提出对死者在合同上的手印进行鉴定。

本案中，鉴定的检材与样本为不同笔体，由于被告缺乏这方面的专业知识，因此未对对方提交的样本在鉴定前提出异议，鉴定作出了对自己不利的结论，才寻找专业人士出庭对鉴定意见进行质证。虽然从法律规定上是适当的，专家的意见也扭转了不利后果，但是如果在鉴定之初，当事人就聘请专家辅助人进行监督，这一问题便不会出现。

笔者认为，法院在审理案件中释明的情形和范围应与当事人的具体情形、案件的不同类型、审理的不同阶段等有关，因此，释明作为职责要求时法律应予明确规定；当释明是法官自由裁量的行为时，其即可作出可为或可不为的选择。如何保障法官在审理案件时秉持积极能动的态度，使其无论是为了协助真相的查明还是制止当事人的不诚信行为，法官会作出积极的释明、建议和指示。笔者认为，我国应构建诉讼指挥权体系，使法官自由裁量的释明权具有正当性基础。

三、法律问题的释明

从应然层面看，法律在被制定出来的那一刻就已经落后于社会现实。[1]这是法律具有滞后性和稳定性的必然解读，亦符合裁判规律。因为法院解决的纠纷即是对过往事实和争议的判断。但是裁判不仅仅是对过往的判断，其效力往往是对将来的拘束力。裁判既具有对同类案件的借鉴和指导意义，也会产生政策指引等功能和价值。因此，法律在适用中必然会被解读，法官既要追溯立法原意，也要作出与社会发展相吻合的解释。而当事人不是法律专业人士，其接受通过法律解读后适用于案件事实和证据上获得的裁判，如果希望更多地获得认同，需要法官与当事人的沟通。这个相对于法律事实、法律适用的结合与沟通，大陆法系称为法律观点指出义务。

（一）法官知法原则的义务性转变

法官知法原则一方面体现了对法官专业能力的信任和要求，另一方面也避免了当事人因不懂法而进行诉讼的盲目性，减轻了当事人的负担。但是将法官知法视为一种当然性的原则，而将当事人对法律的认知和理解排除审理之外，是将法官解释和适用法律的权限被无限放大的结果，也在一定程度上剥夺了当事人参与法律适用的权利。虽然法院承担着适用法律的责任，但不能因为当事人不是精通法律的专业人士便不给予其发表意见的机会，尤其是当事人在庭审中提出了法律问题，并且法官已经发现当事人对法律适用的认知与法官对案件的认知明显不一致时，法官不应保持沉默。马歇尔大法官言道："告诉民众法律的内容，乃是司法部门天然的责任和专属的权力。"[2]

我国多年来秉承法官知法原则，认为适用法律是法官的职权，而无需向当事人进行说明和解释。但是分析我国《民事诉讼法》及相关司法解释的规定，还是可以看出一些法律释明的规定。例如，我国《民事诉讼法》第127条的规定是对驳回起诉后向当事人告知其争议救济方式和途径的释明，实质上也是法律观点指出义务的体现。另外，在案件的具体审理中，法院的判决书中也经常会出现对当事人救济途径的指示，这也属于法律观点指出义务的

---

[1] 江必新："加强法官律师良性互动　探索构建协同诉讼模式"，载《中国律师》2018年第3期。

[2] 刘哲玮："论社会转型时期司法权威的建构和维系——从'高速公路天价逃费案'切入"，载《理论与改革》2011年第3期。

范畴。我国《民事诉讼法》第 234 条规定了执行异议之诉制度，该条比较明确地告知案外人或当事人在什么情形下可以提起执行异议之诉，实质上亦是对法律观点的释明。

《民事诉讼法司法解释》施行之前，通常认为法庭审理的焦点不包括法律适用问题。对于事实无争议的二审案件，当事人仅仅对法律问题提起上诉的，可以不开庭审理。这充分说明了《民事诉讼法司法解释》施行前，法律适用问题是法官的权力，即我国适用法官知法原则。《民事诉讼法司法解释》第 228 条[1]明确了法院审理的焦点不仅是事实和证据，法律问题亦可以作为焦点进行审理。上述法律规定实际暗含了一项变化，即法律适用问题由法官的一项权力转变为一项职责或义务。

在我国审判实务中，由于通常认为适用法律是其职权而非职责或义务，很多时候法官自主地放弃了在法庭上向当事人解释法律的意愿。即使《民事诉讼法司法解释》已经规定了法律适用属于庭审归纳焦点问题的内容，在实践中也并未引起重视。但是让当事人毫无征兆地在裁判文书上看到了案件适用了其无任何预知的法律，是一种裁判的突袭。虽然裁判突袭并非我国当事人上诉或申请再审的事由，但是突袭性适用法律作出的裁判结果必然使当事人产生不满情绪，也是当事人不认同裁判而寻求下一个救济途径的重要因素。因此，在适用法律和解释法律方面，法官应予以更多的讨论、指导和建议。

（二）法律问题的职责性释明事项分析

虽然我国法律条文中对法律问题的释明并不多见，但是法律问题的释明在实践中意义重大，且从目前司法解释来看，亦呈现出对法律释明的职责性要求。具体作如下几种情形的分析：一是法官与当事人对法律关系的认识不一致时应予释明；二是法律条款中"但书"的规定，法院应予释明；三是法院与当事人针对法律观点理解不一致时应予进行讨论，让当事人对法律问题充分发表意见。

1. 法律关系的释明

2002 年施行的《民诉证据规定》第 35 条第 1 款规定："诉讼过程中，当事人主张的法律关系的性质或者民事行为的效力与人民法院根据案件事实作

---

[1]　《民事诉讼法司法解释》第 228 条规定："法院审理应当围绕当事人争议的事实、证据和法律适用等焦点问题进行。"

出的认定不一致的……人民法院应当告知当事人可以变更诉讼请求。"2019年《民诉证据规定》第53条对上述条文有改动，将该条最后一句"人民法院应当告知当事人可以变更诉讼请求"修改为"人民法院应当将法律关系性质或者民事行为效力作为焦点问题进行审理。但法律关系性质对裁判理由及结果没有影响，或者有关问题已经当事人充分辩论的除外"。这原本是一条典型的法官对法律关系的释明职责的规定，但是从2019年《民诉证据规定》来看，条文的修改实质上是将这一释明的"职责"弱化，将法律关系作为争议焦点进行讨论，增强了法院与当事人之间的协商和讨论。笔者认为，这一修订非常必要，既增加了法院与当事人就法律问题的讨论，也避免了法院一旦释明错误给当事人造成不利后果的尴尬。

另外，法律关系的变化，可能引起诉讼请求、争议焦点、举证期限等诉讼中一系列程序性和实体性的内容变更。2019年《民诉证据规定》第53条第2款规定了"当事人根据法庭审理情况变更诉讼请求的，人民法院应当准许并可以根据案件的具体情况重新指定举证期限"。笔者认为，因法律关系变化导致诉讼程序中诸多事项变更的，如果当事人没有充分的认知，法院应当进行释明。2019年《民诉证据规定》第53条第2款的规定，作为一项释明职责的规定来说，尚不够完整，应予规定为"法官根据案件情况，必要时向当事人就诉讼请求的变化、是否需要重新指定举证期限等进行释明"。

案例5 再审申请人城宇房地产公司与被申请人京鑫建筑公司建设工程施工合同纠纷案中，一审认为双方签订的《建设施工合同》及《补充协议》合法有效，但因客观原因合同无法继续履行，故一审法院判决解除合同。二审法院认为，该两份合同因违反《招投标法》的强制性规定而均为无效。一审认定上述两份合同合法有效，属于适用法律错误，故二审法院依据合同无效作出判决。之后案件启动再审。再审庭审中，经合议庭释明后，京鑫建筑公司提出，如本案认定《建设施工合同》和《补充协议》无效，京鑫建筑公司变更诉讼请求为赔偿其垫资施工借款利息损失，数额按照应当支付而未支付工程款部分的6%计算。再审判决支持了京鑫建筑公司垫付工程款的请求，并按照中国人民银行同期贷款年利率6%计算期间利息。再审判决认为，原生效判决认定双方签订的施工合同无效，未向当事人释明可以变更诉讼请求径行判决不当,并予以纠正。

2. 法律条款中"但书"的释明

无论是实体法还是程序法,"但书"可以说是法律条款中的惊鸿一瞥,放置于法律条款的最后一句,其内容往往是一个条款中最为重要的部分,可分为三类:一是对该条款前面部分的例外;二是对该条款前面部分内容的强调和补充;三是"法律另有规定的除外"情形,一般称为兜底条款。

法律条款中的"但书",是法律人学习法律条文时重点学习的内容,对于非专业人士来讲,却是一个外行难以明白的极具专业性的法律术语。因此,在诉讼中,如果代理人的专业性不够,或者当事人既缺乏法律专业知识又没有委托代理人,那么在案件涉及法律"但书"规定时,法官应当进行释明。让当事人由于法律专业知识不够从而丧失举证机会甚至导致败诉的,无论是对当事人诉讼权利的保障,还是法院基于查明事实的职责,乃至当事人对裁判的认同度,都会产生消极影响,也与法官释明职责逐步强化和扩张的发展趋势相背离。

最高人民法院《关于人民法院办理执行异议和复议案件若干问题的规定》(以下简称《执行异议复议规定》)第 27 条规定:"申请执行人对执行标的依法享有对抗案外人的担保物权等优先受偿权,人民法院对案外人提出的排除执行异议不予支持,但法律、司法解释另有规定的除外。"针对该条"但书"规定,最高人民法院一直未作出明确解释,实践中有的认为这里的"但书"是指《执行异议复议规定》第 29 条[1]消费者购房人居住权,而有的认为这里的"但书"不仅包括第 29 条消费者购房人居住权,也应包括《执行异议复议规定》第 28 条[2]普通购房人物权期待权。实践中曾一度出现同类案件适用同一条法律因不同理解而作出完全相反的判决结果。由于最高人民法

---

[1] 《执行异议复议规定》第 29 条规定:"金钱债权执行中,买受人对登记在被执行的房地产开发企业名下的商品房提出异议,符合下列情形且其权利能够排除执行的,人民法院应予支持:(一)在人民法院查封之前已签订合法有效的书面买卖合同;(二)所购商品房系用于居住且买受人名下无其他用于居住的房屋;(三)已支付的价款超过合同约定总价款的百分之五十。"

[2] 《执行异议复议规定》第 28 条规定:"金钱债权执行中,买受人对登记在被执行人名下的不动产提出异议,符合下列情形且其权利能够排除执行的,人民法院应予支持:(一)在人民法院查封之前已签订合法有效的书面买卖合同;(二)在人民法院查封之前已合法占有该不动产;(三)已支付全部价款,或者已按照合同约定支付部分价款且将剩余价款按照人民法院的要求交付执行;(四)非因买受人自身原因未办理过户登记。"

院针对执行异议之诉一直没有出台相关司法解释，对于上述不同理解也未作出明确解释，在司法实践中法官根据法理分析和法律理解以法庭释明和裁判说理方式作出认定，越来越趋于一致认为只有消费者购房人的生存权才能优先于担保物权，即该"但书"仅指《执行异议复议规定》第29条。

3. 法律观点的讨论

诉讼不仅是双方当事人的利益冲突，也是特定社会范畴与法律范畴之间的价值冲突。法官在解决当事人之间利益冲突的同时，也需要做法律与社会之间冲突的裁判者。[1]因此，法官不仅要将案件事实从当事人的陈述、举证和辩论中进行分析和判断，也同样要将对法律规范的理解与适用向当事人作出说明和解释。

就大陆法系释明义务而言，释明范围包括对事实的释明和法律的释明两个方面。而在案件的审理中，事实和法律问题在很多时候是交织在一起的。正如谷口安平所言，不能寄希望于不懂法律的当事者恰当和及时地提出形成判决所必要的事实或法律，法官需要采取主动，通过行使释明权来使三方主体获得共同的认识。[2]

笔者仍以《执行异议复议规定》第28条和第29条为例。在执行异议之诉案件审理中，购房人作为案外人因其在法院查封之前购买了被执行房产，提起排除执行的，可以根据自身情况和举证能力选择适用《执行异议复议规定》第28条和第29条。换言之，只要案外人符合第28条或第29条之一，即可排除执行。但是上述两个条款不仅内容不同，对案外人自身条件也有不同要求。实践中当事人甚至代理人往往不明白两个法条的内容和实质区别，因此需要法官在开庭时对两个条款内涵、区别、适用条件等向当事人释明，在当事人仍不能完全理解条款内容的情况下，可以以释明、指导和建议的方式告知当事人根据其提供证据适用哪一个条款更合适。

笔者认为，法官作出裁判的过程或称审理的过程并非仅仅是对案件事实的认可与否认、法律的适用与不用，而是在个案事实的认可与否认之间、适用法律原意的理解与解释之间、案件推理与类推之间、个案与类案的比较之

---

〔1〕 参见彭芳林："社会的诉讼观对现代民事诉讼的启示"，载《湖北警官学院学报》2014第2期。

〔2〕 〔日〕谷口安平：《程序的正义与诉讼》，王亚新、刘荣军译，中国政法大学出版社1996年版，第32~33页。

间、个案公正与维护社会秩序之间寻找一个平衡点。因此，对法律的理解和适用虽然是法官的职责，但是《民事诉讼法司法解释》也规定了对于法律问题可作为法庭审理的焦点进行法庭的调查和辩论。基于法律理解和适用的复杂性，实践中无论是对法律问题作为法庭焦点进行辩论，还是在法庭上以释明、引导方式向当事人作出解释，其效果是在法律的理解和适用上与各方当事人进行有效沟通，增强当事人对法律理解的正当性，提升对法官的信任度，同时降低当事人因不理解而产生误解后对裁判的不认同。习近平总书记指出："坚持以法为据、以理服人、以情感人，努力实现最佳的法律效果、政治效果、社会效果。"[1]人民法院在审判执行工作中做到法、情、理相统一，确保个案公正的基础上实现社会正义，最终达到司法为民的政治效果。

四、对实践中释明案例的分析及完善意见归纳

（一）搜索释明案例分析

笔者在中国裁判文书网上以"民事案件""释明"字样分别从最高人民法院，北京、上海、浙江、江苏、河北等地的民事案件进行随机式挑选但尽量针对不同类型案件，共挑选出近 300 篇裁判文书。从释明的情况来看，总体分为以下几种情形：其一，因笔者挑选时尽量挑选了不同案件类型，因此案件类型比较分散，但总体上讲，以劳动争议、民间借贷、合同、侵权类案件居多，即传统民事案件多于商事案件，可以推断出民商事案件释明的广泛度与案件类型、当事人诉讼能力以及有无代理人有直接关系。其二，当事人认为法院应当释明而未释明，故而以此为由提起上诉、申请再审的较多，而法官在裁判文书中对其在庭审中是否进行了释明表述得较少。笔者看到，当事人认为法院应当释明而法院未释明的情形，在裁判文书中，法院一般不予回应。而在笔者搜索的近 300 篇民事裁判文书中，因法院应当释明而未释明上诉改判的、指令再审的只有四件。其三，提出释明事项中，最常见的情形为法律关系的释明和询问当事人是否进行鉴定的释明，以及劳动争议案件中要求对方当事人举证的释明也有一定比例，但是笔者并未看到对于举证责任的转移进行释明的类型。其四，在裁判文书中法院对释明的表述，常见的是

〔1〕习近平："关于严格规范公正文明执法"，载习近平：《论坚持全面依法治国》，中央文献出版社 2020 年版，第 260 页。

当事人不配合的情形，一般表述为"经释明后，当事人仍然。"

需要说明的是，上述调研结果仅为裁判文书中查询到的，不代表法官在庭审中没有释明，因庭审中释明可能未体现在裁判文书中，上述调研结果仅具有一定参考价值。

笔者认为，我国在司法公开不断深化过程中，无论是庭审公开的实质化要求，还是裁判文书说理的强化，释明权或释明职责均为重要内容，应表现出浓墨重彩的一笔。但是通过网上搜索和笔者在实践中的调查，当前在审判阶段以及裁判文书中对释明的行使尚未加以重视。从目前裁判文书说理来看，对于释明的表述相对简单。笔者在查阅的案例中没有看到一个案件是由于法院超越释明范围进行释明而上诉或申请再审的，而较为常见的是当事人认为法官应当释明而未释明进行上诉或申请再审的案件。从现状来看，尽管我国《民事诉讼法》及相关司法解释对于释明的规定呈明显强化和扩大趋势，但是实践中法官并不愿意给予当事人过多的释明。

（二）法官释明时如何保持中立性

虽然笔者在搜索的裁判文书中并未看到释明失当造成当事人不满或影响案件审理的情形，但是，从理论上分析，法官释明过多的话，最易出现释明不当或释明有倾向性，从而影响法官中立性。由于释明是以建议、说明、告知等方式进行，并不替代当事人行使处分权，因此释明不当造成的影响一般是对当事人诉讼权利的侵害，或者诉讼成本的增加。例如，无需鉴定的事项，因法院的释明而进行了鉴定，不仅增加了当事人诉讼成本，也造成了诉讼拖延。而对于释明的倾向性问题，主要影响的是当事人对法官的信任度。因此，法官在释明时应保持中立性原则，具体分析如下：

首先，区分法官释明事项是应予释明内容还是可以释明的内容。对于应予释明的内容，系法官的职责，因此依法履行职责即为中立；对于可以释明的内容，实质是法官基于个案具体情况进行自由裁量方式的释明，这类情形中立性尤为重要。笔者认为，应从当事人诉讼能力的差别、释明内容对裁判结果的影响等方面考虑。其次，释明内容应具有完整性。法官在庭审中向当事人释明，应对释明的原因、内容及法律后果进行完整意义的释明。例如，基于诉讼能力不对等、法律认知有差别，又无代理人当事人，在庭审中无论是为了平衡双方诉讼武器、还是保障诉讼程序的顺利进行，抑或是避免让当事人不是因法律知识匮乏、诉讼程序不了解而承担败诉后果的，在庭审中法官应予向当事人进行适当释明，并就其释明原因和目的向另一方当事人作出说明。最后，释明方式可加入协商性元素。法官释明的性质既有职责性也有职权性，释明的内容既包括事实、证据和法律，也包括程序性事项。对于释明的方式，通常是以告知、说明、建议等方式进行。笔者认为，释明方式不仅是一种单向的说明和告知，而应是双向的沟通和交流。如果当事人对释明的内容提出质疑或不解，即为真正需要深入沟通的问题点，将释法明理以沟通的方式进行，把道理、法理讲的明白透彻。裁判文书上亦如此。双向沟通、完整释明，无论是在审理阶段还是裁判文书说理中，是增强当事人对法官以及裁判文书认同性的重要环节。

在实践中，法官对当事人释明的内容并不多。从裁判文书网上查找的案例分析，当事人上诉或申请再审时以法院未释明导致其权利丧失的案件占比很高。虽然这些理由未必成立，但是它反映出的问题是，当事人及其代理人针对法官在庭审中未进行释明的行为不满。遗憾的是，笔者在裁判文书上看到的当事人将"未释明"作为上诉或申请再审理由的案件中，法官进行回应的却非常少。这说明法官释明职责仍然未在实践中引起重视。笔者认为，无论当事人提出法院"释明缺失"的理由是否成立，法院应在裁判文书中予以回应并进行说理。

释明的重要意义在于使得法院职权以义务性、协商性方式出现，体现了法院在诉讼中不仅仅是以司法权的强制力存在，而是以灵活多变的多元方式进行。释明权是实体性诉讼指挥权的重要内容，其主要功能不仅是协助当事人武器平等，也包括事实的查明、证据的补充，以及在当事人没有真实陈述时的发问，与当事人协商时的讨论等。虽然我国《民事诉讼法》及相关司法解释对释明内容也有规定，但是不仅不完善，且散见在不同的司法解释之中，无法形成体系，长期被实务界所忽略。

（三）立法建议与司法实践

根据上述对我国法律规定中释明权及释明职责的内容分析来看，我国对于释明事项的规定在立法和司法实践中并没有引起足够的重视。从立法上讲，虽然有部分释明内容的规定，但是并不完善；有的规定含糊不清，需要进一步明确；有的虽然没有规定，但是法院应根据不同情形行使自由裁量性释明权。从司法实践方面来看，即使对于明确规定的条款，亦未引起实践中足够的重视。例如，2019年《民诉证据规定》第2条第1款规定"人民法院应当向当事人说明举证的要求及法律后果……"这是一条明确的释明规定，但并非2019年的新规定，而是照搬了2001年《民诉证据规定》第3条。但是其在司法实践中几乎没有引起法官的注意和适用。对于未明确规定应予释明的事项，法官更是尽量在法庭上保持沉默。

基于本章分析，笔者建议：其一，建议最高人民法院将释明内容分层次以司法解释的方式予以规定。这是能够在司法实践中引起重视的关键举措，也为建立诉讼指挥权体系打下了良好基础。其二，将释明分为职责性和权力性两大类。对于释明职责，属于法院应予释明的事项，在司法实践中法官应释明而未释明造成侵害后果的，亦应承担相应责任；对于基于自由裁量性释明权而进行释明的事项，属于可以释明或法律未明确的事项，但是法官基于更有利于解决纠纷的目的对当事人进行释明，此时法官自由裁量性释明权以不突破中立性为原则，正当性基础依赖于诉讼指挥权体系的构建。其三，释明应完善，不仅有完善的条款，法官在释明时亦应对释明的原因、内容和后果向当事人进行完善的表达和沟通。

第二节　当事人诚信义务内容构建

我国《民事诉讼法》于2012年修改时增加了诚实信用原则，有关诉讼中的诚实信用问题已日益引起立法重视，从2015年《民事诉讼法司法解释》到2019年《民诉证据规定》，当事人真实义务的规定得到不断强化。尤其是2019年《民诉证据规定》第2条规定的当事人负有在合理期限内积极、全面、正确、诚实地举证义务是对当事人真实义务的全方位概括。该规定对当事人真实义务进一步具体分类，即当事人真实完整义务、出庭接受询问义务、签署保证书义务，并规定了不履行上述义务时的法律后果。在对当事人真实义务的履行方面，规定了法院以促进、要求、责令等方式，规范和督促当事人履行真实完整义务。应该说，2019年《民诉证据规定》的出台，从文本上完成了当事人真实义务的内容构建。如果说立法上的完善仅仅是制度的完整性，那么将制度转为效能，则是法院诉讼指挥权内容的职责所在。

从我国《民事诉讼法》诚实信用原则以及《民诉证据规定》中真实义务

的规定来分析，当事人的诚信义务具体体现在三个层面：事实陈述的真实义务、证明上的协力义务以及诉讼程序方面的促进义务。[1]当事人真实义务的履行，必然强调法官的诉讼指挥权。以当事人真实义务追求正义的裁判，充分彰显了自由诉讼观向社会的民事诉讼目的观的转变。

一、当事人陈述之真实义务

案件是一种本体意义上的客观存在，案件事实则是人们对这一存在的认识。作为一种陈述，案件事实不可避免地具有片面性和相对独立性，因此，案件事实可以反映案件，但往往难以完整反映案件。[2]那么，对于当事人陈述的案件事实，对其真实性要求，亦不会从客观真实的标准出发。实质上，对案件事实的真实程度之追求，是一种理想，诉讼在以解决纠纷为目的时对于案件真实的追求即会受到程序规范的要求。这是法律真实得以合法性存在的法理依据，也是法律真实与客观真实之间产生差距的合理性存在。因此，当事人真实义务的要求，自然不是一种客观真实的要求，而是要求其不说谎、不隐瞒，诚实地陈述其主观认识。

（一）当事人陈述之真实义务

民事诉讼中关于当事人真实义务之问题，主要系探讨当事人在民事诉讼中是否被容许说谎，以及当事人对于不利于己之事实是否亦有据实陈述之义务。[3]这实质是两个层次的问题：一是陈述不真实的事实是其故意为之，即故意作虚假陈述；二是虽是故意为之，但是并非故意说谎，而是仅陈述于己有利的事实，隐瞒对于己不利的事实，即不是完整陈述。因此，真实和完整陈述是真实义务的完整含义。

1. 当事人陈述的范围

广义上讲，当事人陈述可以分为三类：一是当事人诉讼请求所依据的事实，在诉状上表述为"事实和理由"部分。其作用不仅是当事人主要事实主张，也是法院审理的事实范围。对于这部分内容不真实，严重者构成虚假诉讼，是当前我国诉讼制度中极力打击的违法行为。二是作为证据方法的当事

---

〔1〕 傅郁林："论民事诉讼当事人的诚信义务"，载《法治现代化研究》2017 年第 6 期。

〔2〕 江必新："商事审判与非商事民事审判之比较研究江"，载《法律适用》2019 年第 15 期。

〔3〕 姜世明：《举证责任与真实义务》，新学林出版股份有限公司 2006 年版，第 477 页。

人陈述。当事人就自己所亲历的、与案件有关的事实向法庭进行陈述，是我国证据方法中的一种，但由于待证事实与当事人有着密切关系，人们通常会对于当事人在法庭上陈述事实的真实性表现出极大的不信任，也因此当事人陈述这一证据方法无论从证据法的规定，还是实践中的认定，证明力都较低。三是当事人自认的事实，即当事人对于对己不利的事实以法律规定的方式作出确认的，法院直接予以认定，其直接的效力是免除了对方的举证。[1]

理论上，当事人陈述还可区分为一般性当事人陈述和作为证据方法的当事人陈述。但是由于二者在实践中很难区分，且作为证据方法的当事人陈述证明力较低，实践中法官和当事人于法庭之上均未对什么样的陈述作为证据方法而进行区分对待，因此，实践中这种证据方法几乎形同虚设。2019年《民诉证据规定》第63条[2]规定了当事人具有真实、完整陈述的义务。该条分为三款，如果完整解读，其所指陈述是一种普遍意义的当事人陈述，既不是证据方法，也不同于《民事诉讼法司法解释》第110条规定的当事人出庭陈述义务。笔者认为，这是一条广义上的当事人陈述，是基于诚实信用原则以及当事人诉至法院即应所负担的公法义务，当事人陈述应负有真实义务。从立法角度分析，国家设立之民事诉讼程序，不能沦为当事人射幸投机之赌场，而应系得实现司法正义之殿堂。[3]参与诉讼的当事人或其他诉讼参与人皆负有公法上的义务。

关于广义上的当事人陈述主体范围，从域外相关立法来看，真实义务虽明文指向"当事人"，但实际上，这种基于诚实信用原则所负担的义务不仅应包括原告、被告和第三人等，诉讼代表人和诉讼代理人亦应包括在内，即凡是在诉讼中提出主张和抗辩的人，均应遵循真实义务。[4]

2. 一般真实义务与出庭真实义务

2019年《民诉证据规定》第63条至第66条共用四个条文对当事人陈述

---

〔1〕 参见最高人民法院修改后民事诉讼法贯彻实施工作领导小组编著：《最高人民法院民事诉讼法司法解释理解与适用》（上），人民法院出版社2015年版，第363页。

〔2〕 2019年《民诉证据规定》第63条规定："当事人应当就案件事实作真实、完整的陈述。当事人的陈述与此前陈述不一致的，人民法院应当责令其说明理由，并结合当事人的诉讼能力、证据和案件具体情况进行审查认定。当事人故意作虚假陈述妨碍人民法院审理的，人民法院应当根据情节，依照民事诉讼法第一百一十一条的规定进行处罚。"

〔3〕 姜世明：《举证责任与真实义务》，新学林出版股份有限公司2006年版，第485页。

〔4〕 陈贤贵："论民事诉讼当事人的真实义务"，载《东南学术》2016年第4期。

所负担的义务进行了层次化区分。笔者认为第 63 条是一般意义上的当事人真实义务的规定，而第 64 条至第 66 条规定的是当事人出庭义务，二者无论在义务的范围、程序要求及法律后果方面都有不同。

2019 年《民诉证据规定》第 63 条第 1 款规定了当事人陈述具有广义上的真实、完整义务。第 2 款是一条禁反言的规定，源于《民事诉讼法司法解释》第 229 条。实质上，这款规定也是对完整陈述的一种解读，即当事人陈述的完整性不仅是指陈述事实的完整性，也指具有前后一致性。而对于前后矛盾的陈述，法院应责令其说明理由，并根据当事人诉讼能力及案件具体情况进行审查认定。第 3 款是指法律后果，即当事人一般意义上的真实义务的法律后果为只有在其故意虚假陈述的情形下人民法院才可以依法进行处罚。由此可见，法律和司法解释规定的当事人真实完整义务是从当事人主观故意的程度以及对法院审理影响后果两个方面作出不同的规定。法院应针对当事人陈述的规范作出区分。

2019 年《民诉证据规定》第 64 条至第 66 条的规定是对当事人真实义务的进一步规范，或者说对当事人出庭义务的要求，规定了法院认为必要时，可以要求当事人本人到庭，就案件的有关事实接受询问。而当事人不仅要到庭按照法庭要求履行签署保证书等，并且对于自己陈述的事实承担不真实的法律后果。需要说明的是，在上述条款中，不仅没有区分案件事实的范围，也没有作出举证责任的限制，即无论当事人是否对法院询问的事实负担举证责任，在法院要求当事人本人到庭接受询问时，其即负担了出庭义务和真实陈述的义务。显然，在法官询问的情形下，当事人负担的真实义务已经超出了辩论主义的范畴。

由上分析，2019 年《民诉证据规定》规定了当事人陈述义务的两个层次内容，即当事人负有一般意义上的真实陈述义务及法律后果；在法官认为必要时，要求当事人到庭接受询问时，当事人负有出庭义务和真实陈述的义务。当事人真实义务的履行是法院诉讼指挥权的内容之一。

实质上，无论是作为证据方法的当事人陈述还是 2019 年《民诉证据规定》中的具有真实义务的当事人陈述，在实践操作中都是一个难点。首先，从证据角度讲，当事人是最直接的"利害关系人"，因此其陈述证明力较低，在法庭上的陈述信任度不高。其次，从当事人自身利益出发，其也不愿将案件的全部事实包括对自己不利的事实向对方和法官公开。当事人诉至法院是以维护其自身权益为目的的，公法上的义务不是其诉讼的目的，虽然法律规定其有义务承担，但是如果让其履行公法义务而丧失胜诉的机会，那么这个真实义务的规定无论多么完整无缺，付诸实践的理想效果恐难以实现。最后，法官的主观推定。在法官的主观意识中，对于当事人陈述是带着猜忌和否定来分析认识的，法官基于当事人本能的偏袒性而推定其言词缺乏客观性。但是从 2019 年《民诉证据规定》来看，当事人真实义务的内容、范围及程序性规定并非一个宣教性的口号，而是希望诚信义务在诉讼中得到体现。因此，当事人真实义务的法律规定能否实现其司法效能，取决于法院的诉讼职权职责如何运行。

（二）代理人的真实义务

我国《民事诉讼法》及相关司法解释对当事人真实义务的要求没有明确约束到代理人。但是基于对当事人主体的扩大理解，以及代理人的代理权限，应理解为对当事人真实义务的规定应约束代理人，尤其是以执业律师作为代理人的案件。

实质上，在有代理人代为诉讼的民事案件中，无论是提交的起诉状、答辩状、代理词，还是出庭陈述、进行辩论，几乎都是代理人在代表当事人进行意思表示和行为。在裁判文书中，我们可以看到"当事人诉称""当事人辩称""当事人上诉称""当事人提交证据如下"等，并没有对上述的行为是当事人还是代理人进行区分，也就是说，在这些诉讼程序中，代理人的行为都是以当事人名义作出，法律后果也是由当事人承担。因此，代理人在代理权限内实施与案件相关的法律行为应视为当事人的行为，同理，当事人的义务亦要约束代理人。

需要注意的是，《民事诉讼法司法解释》第 110 条的规定以及 2019 年《民诉证据规定》第 64 条至第 66 条的规定，仅仅是指当事人本人到庭接受询问的真实义务，而不能约束代理人，即代理人的真实义务为一般性义务，而不包括出庭义务和接受询问的义务。因此，对于法官庭审中对当事人及代理人的真实义务的规范，应予区别对待。

笔者认为，首先，律师作为当事人的诉讼代理人其行为效果及于其委托人（当事人），这是不争的事实。如果当事人的真实完整义务不约束代理人，对于当事人真实完整义务的规定就是形同虚设。律师的代理行为不仅无助于事实的查明，还会遮蔽法官的视线，这与民事诉讼的目的相违背。[1]其次，作为代理人的律师在诉讼过程中不仅要对当事人负责，亦要对法律顺利实施和司法质量负有特殊责任。其在诉讼活动中作用重大，若其虚假陈述往往危害更大。[2]再次，当事人选择利用司法资源来保护其权利，必应负有珍惜资源、诚实地利用诉讼之义务。作为法律职业人的代理律师更应意识到司法为双方当事人服务，亦为人民全体之法律安定性服务。[3]最后，出庭律师应承担真实义务，法律依据不仅来自民事诉讼法的诚实信用原则，同样也来自律师的职业规范。律师必须诚实守信，勤勉尽责，维护委托人利益，维护社会公平、正义。[4]

将法官与律师视为职业共同体，一个重要的体现和作用即为在诉讼案件中，律师不仅是当事人的委托人，其亦负有与法官同样的维护法律尊严，维护社会公平正义之义务。如果代理人在诉讼中帮助当事人进行虚假陈述甚至虚假诉讼，其对司法造成的危害远远不是一个案件的胜诉或败诉的后果，其对司法造成的损害乃至对整个法律职业的恶劣影响将无法估量。因此，对于出庭律师的真实义务，不仅法律及司法解释应予明确作出规定，司法实践中法官在庭审中亦应明确予以要求。

（三）违反真实义务的法律后果

依照我国《民事诉讼法司法解释》的规定，当事人在诉讼中进行不实陈述、虚假陈述，甚至虚假诉讼的，应依照法律相关规定承担后果和责任。笔者认为，对于上述情形应分为两个层次：一是不实陈述、虚假陈述的情形，其主要影响的是法官心证的形成，依照《民事诉讼法》规定的法律后果承担相应责任；二是虚假诉讼情形，属于当前我国严厉打击的行为，涉嫌刑事犯罪的，亦应按照《刑法》相关规定予以处罚。

当事人作不实陈述，其目的有两个：一是误导法官对事实的认定，希望获得胜诉判决；二是拖延诉讼。在法庭上具体表现一般为：一是对案件事实

---

〔1〕　吴英旗："律师真实义务研究——以民事诉讼为视角"，载《行政与法》2015年第11期。

〔2〕　熊跃敏、陈亢睿："当事人虚假陈述的认定与规制——以司法裁决为中心的考察"，载《山东大学学报（哲学社会科学版）》2018年第6期。

〔3〕　姜世明：《举证责任与真实义务》，新学林出版股份有限公司2006年版，第485页。

〔4〕　吴英旗："律师真实义务研究——以民事诉讼为视角"，载《行政与法》2015年第11期。

不完整描述，对对方提出的事实一概否认；二是针对对方提供的证据或全盘否定，或者不予质证；三是在法庭辩论中不断重复对自己有利的陈述，试图混淆法官对事实的客观判断；四是开庭之后又提交新证据，以达到拖延诉讼的目的。上述情形在民事诉讼案件中非常普遍，笔者认为，如果依据真实义务，需要法官在法庭上充分行使诉讼指挥权，对当事人不真实的陈述予以提示、制止并问责。

案例6　原告黄某于2019年2月以民间借贷纠纷向法院提起诉讼，要求判令余某、方某龙归还其借款200 000元并支付自借款之日起至借款实际还清之日止按月利率2%计算的利息损失。一审法院在庭前会议中进行调解，因被告未到庭，黄某称以银行转账方式向余某支付借款200 000元。庭前会议中黄某签署保证书一份，保证向法庭据实陈述，如作虚假陈述，愿意接受罚款、拘留乃至刑事处罚。开庭时被告余某称，借款后黄某安排人员以现金方式从余某处取回本金40 000元。在一审法院进一步要求黄某如实陈述案件事实后，黄某对以现金方式从余某处取回40 000元本金一事予以认可。一审法院认为黄某在签署诚信诉讼承诺书及保证书时，即知悉向法庭虚假陈述应当承担相应法律责任的情形下，在法庭询问案件事实时作出与客观事实不符的虚假陈述。上述行为违反了民事诉讼活动中应当遵循的诚实信用原则，妨碍了人民法院查明案件事实，损害了司法权威。依照《民事诉讼法》第13条、《民事诉讼法司法解释》第110条第1款、第2款的规定，决定对黄某罚款8000元，限于本决定书送达后5日内交纳。

诉讼程序的推进依赖于法院与当事人的共同作用。二者之间的关系时而互相促进共同作用、时而相互监督抑或相互制约。因此，法院的诉讼指挥权以权力、义务等不同形式出现：对于当事人的正当、合法权益，法院以不干涉为原则，但在必要时法院可予以释明和指导，意欲使得当事人诉讼权利更加有效、充分行使。而对于当事人涉嫌不诚信、不真实或故意拖延程序等诉讼行为，法院的职权性作用强化，并以强制、责令等方式对当事人的上述行为予以干预；对于当事人故意做出妨害诉讼、违法行为时，法院将依照妨碍民事诉讼行为的法律规定对当事人予以处罚。

尽管法律及司法解释对当事人真实义务规定得较为完善，但是无论是在学术界还是在司法实践中，并未引起太多的重视。其原因是当事人陈述的真实完整义务操作起来难度较大，甚至当事人不诚实的陈述已经司空见惯。正是人们当然性地认为当事人及代理人在法庭上说谎已经见怪不怪、习以为常，这种法不责众的心理也使得"无谎不成讼"的诉讼现象愈演愈烈。近几年，利用诉讼制度制造诉讼以达到不法目的的虚假诉讼层出不穷。这种严重破坏社会诚信，损害司法公平、公正、公信的恶劣行为也已经引起社会普遍关注，2015年全国人大常委会通过了《刑法修正案（九）》，增设虚假诉讼罪。最高人民检察院开始重点对虚假民事诉讼进行监督。笔者认为，不诚信行为对司法和社会造成了极其严重的危害，在民事诉讼中，是否涉嫌虚假诉讼也属于民事法官的审查职责。

笔者在查阅裁判文书网时，以"民事诉讼""真实义务"为搜索词，对近10年全国法院民事判决、裁定等法律文书进行了查阅。根据查阅的数据，裁判文书上"真实义务"这个词语虽然自2014年开始有所提高，但是相较整个上传的同一年裁判文书数量来看，比例还是非常小。由于上传裁判文书的数量并不能准确表达这个年份审判的民事案件数量，裁判文书上未显示"真实义务"的词语也未必在庭审中没有这种现象发生，或者说法院没有进行规范和制止。但是这些数字的比例和逐年的变化还是能够在一定程度上体现出，在司法实践中对于当事人真实义务的重视度远远不够。

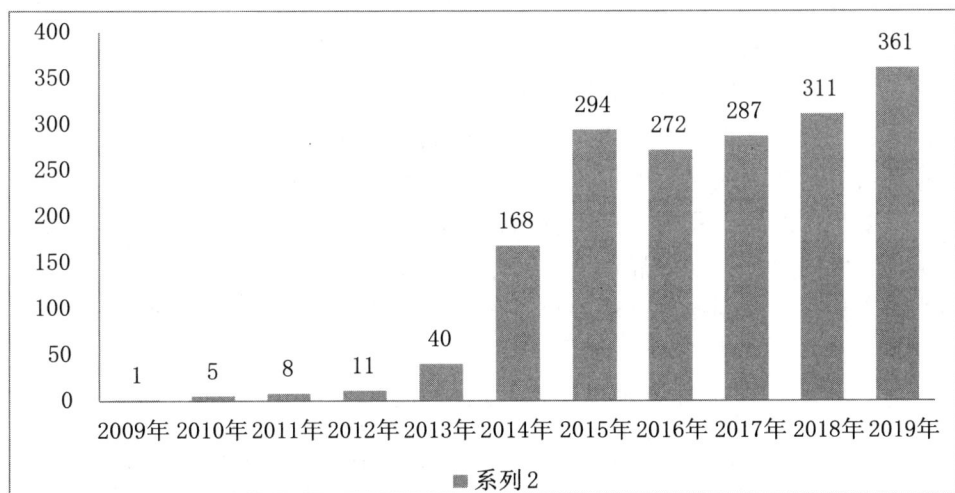

图5-1　2009年至2019年期间显示"真实义务"的裁判文书数量（单位：件）

二、书证提出命令的内容分析

文书提出命令是指基于对待证事实负有举证责任的当事人的申请，法院向持有文书的对方当事人或者诉讼外第三人发出提交文书的命令，持有人拒绝提交文书将承担不利法律后果的制度。[1]如果说我国《民事诉讼法司法解释》第110条规定的法院要求当事人到庭接受询问的制度有突破辩论主义原则的迹象，那么《民事诉讼法司法解释》第112条规定的文书提出命令，不仅突破了举证规则，且要求当事人超越自我权利协助对方当事人查明案件事实，是诚实信用原则深层次意义的体现。文书提出命令作为法院诉讼指挥权的内容之一，其直接作用是协调了双方当事人的举证能力，同时对于案件事实的查明起到了积极作用。

（一）文书提出命令制度

发现真实是每一个国家民事诉讼的价值追求。但是如何揭示案件事实，不同的国家理念和制度有着不同的安排。在当事人主义诉讼理念下，追求案件真实是当事人的事情，法院不予介入。美国以证据开示制度来促进法院对真实的发现；在大陆法系国家，证据的收集和事实调查不仅仅属于当事人，法院亦肩负着调查事实之职能。文书提出命令即是法院要求不负举证责任的当事人在一定条件下负担一项协助法院查明事实、促进诉讼的真实义务。

我国在2015年《民事诉讼法司法解释》基础上新增第112条，[2]规定了文书提出义务。从其规定的内容和条件看，一是案件事实处于真伪不明状态；二是负有举证责任的当事人有证据证明或推定不负举证责任的当事人持有重要证据；三是该证据能够使得案件事实得到进一步证明。基于此种条件，负有举证义务的当事人向法院提出书面申请，请求法院责令对方当事人提交证据。需要说明的是，我国《民事诉讼法司法解释》规定的文书提出命令仅限于书证，时间为举证期限届满前，由法院来审查申请是否成立。由于该条款对当事人提出申请的条件、法院审查的内容等未作明确规定，在实践中操作

---

〔1〕 宋春雨："新民事诉讼法司法解释中若干证据问题的理解"，载《人民司法》2015年第13期。

〔2〕《民事诉讼法司法解释》第112条规定："书证在对方当事人控制之下的，承担举证证明责任的当事人可以在举证期限届满前书面申请人民法院责令对方当事人提交。申请理由成立的，人民法院应当责令对方当事人提交……对方当事人无正当理由拒不提交的，人民法院可以认定申请人所主张的书证内容为真实。"

性不强，加之这是一条加重不负举证责任当事人举证负担的规定，因此在司法实践中这一制度的适用更是举步维艰。

笔者在搜索裁判文书网时，以"文书提出义务"搜索到的案件只有一件，以"文书提出命令"搜索到的共有 14 件，最早一例在 2017 年。在这 14 件案件中，案由为劳动争议、借款合同、买卖纠纷等，而法院多未予支持。主要理由为：当事人提出的申请无证据证明，或者要求提交的证据与待证事实的关联度不够。

案例 7　再审申请人蜀牛公司与被申请人平安银行、被申请人天银公司之间借款合同纠纷一案。蜀牛公司在再审审查期间以《民事诉讼法司法解释》第 112 条为依据，提出文书提出命令，申请再审审查法院责令平安银行提交其制作和保存的与案件相关贷款事实的全套申贷资料。法院经审查认为，首先，因《民事诉讼法司法解释》第 112 条是关于书证提出命令的规定，适用于诉讼中的妨害行为。而本案尚处再审审查阶段，蜀牛公司无权在本案中提出程序性的申请。其次，文书提出命令的适用条件首先是待证事实对于判决结果具有重要影响，蜀牛公司申请责令平安银行提交相关书证的目的，是要证明平安银行在申贷过程中与天银公司恶意串通，但是，蜀牛公司申请的书证并不能达到其目的，即书证对于待证事实的证明不具有重要意义。因此，蜀牛公司的该申请不符合上述规定，法院不予准许。[1]

在笔者搜索到的 14 份裁判文书中，仅有一份获得法院的支持。该案中，虽然提出申请的当事人未按照司法解释的规定在举证期限内提交申请，但是法院考虑到该证据是查明事实的关键证据，故准许申请，责令持有证据的当事人提交证据。该案例比较具有典型性。

案例 8　辉宏担保公司、永芳厂、戴某追偿权纠纷一案。永芳厂向法院申请文书提出命令，要求辉宏公司提供反担保合同原件。辉宏公司认为超过举证期限，拒不提交。二审认为，根据《民事诉讼法司法解释》第 112 条第 1款的规定，书证在对方当事人控制下的，承担举证证明责任的当事人"可以"

---

〔1〕　蜀牛房地产公司诉平安银行、天银公司借款合同纠纷案，最高人民法院［2017］最高法民申 1400 号民事裁定书。

在举证期限届满前书面申请人民法院责令对方当事人提交。对案涉《借款反担保保证合同》进行司法鉴定是查明本案基本事实的关键，合同原件处于辉宏公司的控制之下，辉宏公司有义务提交合同原件作为鉴定样本。[1]

从上述案例分析，法院支持了文书提出的申请，要求对方当事人提交证据。尽管对方当事人提出的未在举证期限内提出申请的理由是成立的，但是为促进案件真实发现，法院认为对方当事人在关键证据的证明方面，有义务协助对方当事人以及法院查明事实。文书提出命令是对当事人真实义务的进一步要求。该制度的目的是当事人基于诚实信用协助法院发现真实、促成诉讼的公益目的。但是，文书提出命令要求不负举证责任的当事人向法庭提交对己不利的证据，其结果极有可能导致该当事人败诉，因此，从当事人角度讲，其不愿配合的情形必定存在。从法院角度分析，我国会忽视证人制度以及当事人陈述制度，对于法院真实义务的要求并不高。因此，对于诚信义务的忽视导致实践中这一制度的利用率很低。另外，我国《民事诉讼法司法解释》第112条的规定相对笼统，对于当事人提出申请的内容、法院审查的内容以及法律后果均没有规定，因此实践中存在无从适用的情形。

（二）文书提出命令的立法完善

2019年《民诉证据规定》第45条至第48条、第95条共五个条文对文书提出命令制度进行了较为完整的规定，即对《民事诉讼法司法解释》第112条进行了补充和完善。其一，提出申请的当事人需要在申请书上载明证据名称、内容以及对待证事实的重要性，对方持有该证据的依据以及应当提交的理由。其二，法院要对申请方的理由和证据与待证事实的关联性等进行审查，也要通知相对方，并听取对方当事人的意见，必要时双方可进行辩论。其三，如果经审查认为对方当事人持有该证据，且该证据对待证事实非常关键，即责令对方当事人提交；理由不成立的，亦应通知申请人。对于什么样的证据持有人应予提交，《民诉证据规定》还利用列举加兜底条款进行了说明，如账簿、记账凭证等。其四，对于控制书证的当事人无正当理由拒不提交的，法院可以根据控制书证方的过错程度予以惩罚，惩罚的内容：推定对方当事人

---

[1] 辉宏担保公司、永芳厂、戴某追偿权纠纷案，浙江省高级人民法院［2018］浙05民终383号民事判决书。

所主张的书证内容为真实。控制书证的当事人存在《民事诉讼法司法解释》第 113 条规定的情形的，人民法院可以认定对方当事人主张以该书证证明的事实为真实。

2019 年《民诉证据规定》对于文书提出命令进行的补充和完善，明显强化了该制度在司法实践中的可操作性。同时也可以看出我国证据制度的修改，在诚信义务和证据规则之比较方面，当事人应履行的义务更加清晰，即为协助法院追求案件真实之需要。这对当事人诚实信用原则的履行作了更高层次的要求。

与当事人真实陈述义务相比较，文书提出命令制度更加需要法院诉讼指挥权的配合。对于当事人陈述的一般真实义务，只要当事人不故意撒谎，对方当事人不进行抗辩，法院一般不予主动审查。只有在法官心证无法形成，且认为当事人对案件事实知情但未说明的情形下，法官才会要求当事人出庭进行询问，并要求当事人如实陈述。而文书提出命令制度是需要法院进行审查才可以完成的制度。或者说，文书提出命令制度是需要由当事人申请和法院审查来共同完成的一项制度。

当事人诚信义务至少在两种情形下，排除了当事人举证责任的限定。其一，法院无法形成心证时并不必然要对举证责任分配，让举证不能的当事人承担不利后果。因此，法院可以要求当事人到庭接受询问，此时当事人负有真实义务的履行。其二，当事人持有对己方不利的证据，对方当事人申请法院要求其提交，此时经审查后，法院认为该证据对案件事实的查明有着一定价值，则会要求持有对己不利证据的当事人提交该证据，当事人拒不提交者，人民法院可以根据案件具体情况予以审查，经审查认为持有证据的当事人应予提交的，责令其提交；反之，则驳回申请提交文书命令者的申请。例如，在医疗纠纷中，对于医院的病例，医院本身基于管理规定就负有保存、不得涂改的义务，因此，一旦毁坏或故意毁坏，医院一方应承担诉讼上的不利后果。在法庭上，医院应提交病例及与患者治疗相关的其他诊疗结果。如果医院方不提交，那么法院应责令其提交，否则要承担法律规定的相应法律后果。

大陆法系国家文书提出义务的规定，在 20 世纪末被日本所借鉴和采集。当前，现代型诉讼案件大量增加，尤其在环境侵权诉讼、消费者诉讼、劳动争议诉讼等现代型诉讼中，由于一方当事人在法律关系形成中处于优势地位，对于证明法律关系的各种证据具有更大的控制权，这种"证据偏在"的情形大量产生，给文书提出义务的范围扩大提供了机会。[1]《日本民事诉讼法》规定，对不遵守文书提出命令的人员，法院可以裁定处以罚款，同时证明妨害也可以在诉讼法上发生一定的法律效果。[2]

三、诉讼促进义务的规范

当事人不诚信的行为在诉讼中表现为两个方面：一是虚假陈述，即故意隐瞒；二是不积极配合法庭审理，导致诉讼拖延、诉讼成本增加。前者是对其在实体方面真实义务的要求，后者是在程序方面诉讼促进的规范。因此，诉讼促进义务解决的是由诉讼拖延和资源的无效消耗导致的纠纷解决的成本与效率比例严重失调。相对于当事人诉讼促进义务，法院的职权性表现得更为突出。从广义上讲，当事人真实义务不仅包含实体上的真实，亦包含程序上的促进。

（一）立法上的非强制性

诉讼促进义务是现代法理念上的概念，产生于自由诉讼观向社会诉讼观的转化中，具有协同主义的实质内涵，也是法院诉讼指挥权的内容之一，是指为了及时解决纠纷，在诉讼进行中当事人应当及时地进行主张、攻击和防御，以推进程序的进行。完整的诉讼促进义务还包括违反该义务的后果是排除迟延陈述（或称"失权"）。[3]当事人诉讼促进义务是一种具有公法意义的义务，当事人不履行的，法院具有督促、指导甚至责令履行的职责。在大陆法系国家，当事人不履行诉讼促进义务，承担的法律后果有三种：失权、缺席判决以及费用制裁。[4]

"义务"是指公民或法人按法律规定应尽的责任，[5]当事人的促进义务亦是法律强制要求应为一定作为或不作为的行为。但是从诉讼促进义务的法

---

〔1〕 参见张卫平："当事人文书提出义务的制度建构"，载《法学家》2017 年第 3 期。

〔2〕 ［日］兼子一、竹下守夫：《民事诉讼法》（新版），白绿铉译，法律出版社 1995 年版，第 111 页。

〔3〕 王福华："民事诉讼协同主义：在理想和现实之间"，载《现代法学》2006 年第 6 期。

〔4〕 参见张莉蔚："论完善我国当事人诉讼促进义务"，载《内蒙古工业大学学报（社会科学版）》2015 年第 2 期。

〔5〕 参见中国社会科学院语言研究所词典编辑室编：《现代汉语词典》（第 6 版），商务印书馆 2012 年版，第 1540 页。

律后果来看，诉讼促进义务并非一种真正意义上的强制性义务，当事人不履行的，只是自我权利的丧失。我国目前的法律规定亦有诉讼促进义务的规定，但是强制性方面更弱。由于立法上未予重视，司法实践中法院对当事人诉讼促进义务的督促几乎属于忽略状态。

我国从 1991 年《民事诉讼法》正式施行以来，即规定了当事人应当出庭、被告进行答辩的应然性要求。但是同时也规定了不出庭、不答辩不影响法院对案件的审理（现行《民事诉讼法》第 128 条、第 148 条）。当事人的这种义务通常被认为是非强制性的诉讼义务。因为当事人不出庭、不答辩，并不影响诉讼的正常进行，丧失程序性和实体性权利的法律后果由其自行承担。但是当事人消极诉讼的态度极有可能会对诉讼进程产生两种影响：一是当事人不积极到庭等导致诉讼拖延并带来诉讼成本的增加；二是由于当事人未到庭，法院依据举证规则判决的结果与客观真实产生差距，成为当事人以事实不清、提交新证据等上诉、申请再审的理由。实质上，当事人不出庭、不积极答辩的行为不仅是自我权利的放任，也是一种不配合诉讼、不履行公法义务的行为。

诉讼促进义务是德国 20 世纪民事诉讼法学之重要发展特色。尤其是在1976 年《德国民事诉讼简化法》重大修改时，对于民事诉讼当事人之诉讼促进义务或协力义务更加重视和强调。[1]实质上，当事人促进诉讼义务的履行，在自觉履行之外则依赖于法院的释明、督促，以及不履行时予以训诫或相应处罚。

（二）当事人的诉讼促进义务

当事人诉讼促进义务要求在不同的诉讼阶段，当事人应根据所处诉讼状态的不同而选择在适当的时间节点主动提出其为进行并赢得诉讼所需的必要攻击或防御方法，若逾时提供，则应承担对其不利的法律后果。这一义务需当事人尽力善意推动诉讼进行，兼顾诉讼效率和诉讼经济要求，促进程序正义。[2]落实在具体诉讼过程中，包括当事人出庭义务、陈述义务、及时提交证据义务以及答辩义务等。

---

〔1〕　姜世明：《举证责任与真实义务》，新学林出版股份有限公司 2006 年版，第 497~498 页。

〔2〕　余怡然："以诉讼观视角探析当事人诉讼促进义务"，载《常州工学院学报（社会科学版）》2019 年第 2 期。

我国《民事诉讼法》第 68 条规定了当事人对自己提出的主张应当及时提供证据。2019 年《民诉证据规定》第 20 条第 1 款规定："当事人及其诉讼代理人申请人民法院调查收集证据，应当在举证期限届满前提交书面申请。"但同时我国《民事诉讼法》第 78 条第 2 款规定，当事人拒绝陈述的，不影响人民法院根据证据认定案件事实。对于延期举证、逾期举证的法律后果，《民事诉讼法》规定当事人故意或重大过失而逾期提供证据，一般不予采纳，但是该证据与案件基本事实有关，人民法院应当采纳，并依据相关规定给予训诫和罚款。从上述规定可见，在我国民事诉讼中，当事人的诉讼促进义务并非真正的义务性规定，其仅仅产生缺席判决、罚款的后果，但不产生失权的法律后果，即与诉讼效率相比，认定事实的关键证据不会被"失权"。

虽然我国《民事诉讼法》及相关司法解释并未对当事人出庭、举证、陈述等进行强制性要求，但是当案件事实无法查清，需要当事人陈述以协助法院发现真实时，《民事诉讼法司法解释》第 110 条专门规定当事人到庭义务，既是诚实信用原则的具体化，也是对《民事诉讼法》对于当事人不出庭、不答辩等消极诉讼产生后果的一个补充。当事人出庭义务履行的前提条件只有一个，即"人民法院认为有必要的"。显然对于当事人真实义务的履行，法院的诉讼指挥权具有较强的职权性。

笔者认为，《民事诉讼法司法解释》第 110 条是一个具有里程碑式意义的法条，其在民事诉讼中的作用和意义可从以下几个方面分析：其一，诚实信用原则对当事人在诉讼中的一切诉讼活动具有明确的规范意义。基于这种原则，当事人负有到庭参加诉讼、积极进行答辩、真实陈述事实的"积极、及时、真实"义务。因为诉讼不仅仅是当事人双方的事，维护司法权的行使以及司法程序的顺利进行亦是各方当事人共同的义务。其二，当事人到庭要进行宣誓和签署保证书，这个程式性要求彰显了具有公法属性的民事诉讼程序，具有协商性和契约性。法院要求当事人签署保证书，这种以契约式代替强制力的诉讼行为充分体现了法院在诉讼中的职权变化，即以协商性、灵活性替代了部分职权的强制性。其三，该条规定了"人民法院认为有必要的……"这表明的是法院自由裁量式诉讼指挥权的行使，法官在对案件事实无法形成心证时提出当事人予以协助查明事实的要求，当事人即负有必须到庭且真实陈述的义务。这充分体现了在事实查明方面法院与当事人的协力作用。其四，在民事诉讼中，现有证据不能证明待证事实时，判决举证不能的当事人承担败诉后果并不是最好的选择，在法院以查明事实为其价值追求时，当事人的协力义务优于举证责任的证据规则。

关于举证责任与当事人查明事实之间会不会产生冲突的问题，笔者认为，二者并不是必然的矛盾关系，而是在特殊情形下基于案件事实查明的要求，法院与当事人进行的协力义务。因此应注意两点：其一，法院查明案件事实的基础依然是建立在诉讼规则和证据规则的裁判逻辑上，这是普遍性、一般性规则，特定情形下法院的职权性调查，并不是代替当事人去发现事实，而是法院与当事人配合事实的查明。因此，其与举证规则并不必然矛盾。其二，《民事诉讼法》对当事人出庭、答辩的非强制性义务的规定依然是原则，对于特殊情形下要求当事人出庭是有限定条件的，法院亦不可泛泛而论，普遍行使。

笔者认为，诉讼促进义务并非当事人一方的义务，如何使得当事人及时、有序地配合诉讼，诉讼指挥权的行使不是当事人不积极参与诉讼后的责令和处罚，而是与当事人在诉讼中共同分担义务，相互督促，即在法院的主持并积极参与下，使得诉讼程序合理、快速、有序进行，如此可起到防止当事人滥用诉权、造成诉讼拖延，但要避免当事人恶意串通、虚假诉讼等严重侵害诉讼程序和诉讼秩序的活动。从理论和诉讼的模式上体现了辩论主义向协同主义的迈进，已由事实层面的真实保障走向诉讼程序方面的全面合作。[1]

（三）法院的协力义务

在诉讼进程中，法院是以管理者的身份控制和指挥着诉讼程序的进行。当前，两大法系均在诉讼程序方面表现为职权进行主义。我国是典型的职权进行主义，但是随着《民事诉讼法》的修改及相关司法解释的陆续出台，法院在程序进行方面有弱化趋势，突出表现为在诉讼过程中，程序问题体现了法院与当事人的协商性质。在程序的推进方面，法院由过去的强制性逐渐向协助和督促方面转变。

相对于当事人诉讼义务的行使，法院具有如下促进义务或职责：其一，法院有权依职权管理和推进诉讼程序的进行，在审限范围内安排程序、审结案件。其二，相对于与当事人的相互配合、共同促进，对于当事人的一般性

---

〔1〕　傅郁林："论民事诉讼当事人的诚信义务"，载《法治现代化研究》2017年第6期。

举证、出庭、陈述等义务，当事人怠于履行的，只要不影响法官对案件事实的审查，一般不干涉，在法院履行了传唤义务后诉讼程序正常进行。当事人不出庭、不举证导致实体权利丧失的后果由其自行承担。其三，一旦发现当事人拒绝陈述影响事实的发现，依据我国《民事诉讼法司法解释》第110条的规定，法院应传唤当事人亲自到庭，同时当事人负有出庭接受询问的义务。如果当事人拒绝配合，要视情形对其妨害诉讼的行为实施处罚。其四，当事人持有对己不利的证据影响法院的事实调查，法院因申请或职权可以责令当事人提交，以协助法院发现真实。由此可见，法院的诉讼促进义务相对于当事人来讲，是一种诉讼指挥职责或权力，当事人拒绝配合的，法院视情况实施不同的督促方式和处理后果。

任何人均有权要求权利保护，但亦应负有义务，经由诚实及谨慎的程序进行以减轻法官于法之发现之困难。[1]在法院的提示下，双方当事人积极配合，共同履行诉讼促进义务，从而使得法院与当事人均成为程序运行的共同主体[2]。

我国《民事诉讼法》第68条是一项重要意义的举证规则，不仅说明了举证责任的分配问题，亦对于当事人及时举证进行了促进义务的规范。但是笔者认为，该条规定的"当事人及时提供证据"和"人民法院确定应当提供的证据"，与其说是主张证据的责任分配，毋庸说是协同主义的理念与基本内容。[3]在该条规定中，人民法院和当事人的作用分担，实质上是一种配合，二者配合好才起到诉讼促进的作用。因此，笔者将当事人义务性规定作为诉讼指挥权内容进行分析，是因为当事人义务的完好履行离不开法院的释明和监督。而二者如何配合，则是诉讼指挥权灵活运用的益处，也是协同主义模式的发展趋势。

从审判实务来分析，诉讼促进义务可以分成两类情形：一是正当程序中的诉讼促进义务，即当事人不仅应在法定期限内实施或完成诉讼行为，亦应尽可能高效、快捷地行使诉讼权利、履行诉讼义务。而针对当事人这一义务性要求，法院有指导和督促作用，此即为法院的诉讼促进义务，也为法院对

---

〔1〕 姜世明：《举证责任与真实义务》，新学林出版股份有限公司2006年版，第499页。

〔2〕 熊跃敏、周静："诉讼程序运行中当事人与法院的作用分担论略——以协同进行主义为视角"，载《江海学刊》2009年第3期。

〔3〕 刘荣军、张一博："我国民诉法中人民法院与当事人的作用分担研究——以协同主义为视角"，载《湖南社会科学》2015年第1期。

当事人诉讼指挥义务之内容。二是当事人故意拖延诉讼时，法院有审查职责。当事人故意拖延诉讼的行为在实践中并不罕见。其主要特点为运用正当程序达到其拖延诉讼的非法目的。例如，实践中有管辖权异议、申请回避的滥用情形，也有借用申请法院调取证据或进行调解等方式，达到其拖延诉讼的目的。这种看似合法的诉权行使方式，在实践中法官一般不予阻挠和审查，除非当事人意图明显。但是笔者认为，对于这种以合法形式掩盖非法目的的诉讼行为，法院一旦发现应及早予以纠正。因此，在诉讼促进义务中，法官的诉讼指挥应定性为一种职责。

诚信义务的内容构建，源自诚实信用原则。诚实信用原则不仅是民法的帝王条款，也是保障民事诉讼顺利进行的重要基石。从目前我国正在构建诚信体系的社会发展来看，也符合我国社会发展和时代需求。诚实信用原则作为社会评价体系的重要内容，具有引导社会风尚的整体利益观，与当前提倡的诉讼社会化发展不谋而合。当前，随着社会高速发展，社会矛盾增多，民事诉讼案件数量激增，当事人在诉讼中表现的不诚信行为与司法资源的有限性形成对比，诉权滥用、效率低下与当事人及代理人不诚信的行为有着密切关系。从我国传统和实际出发，案件真实是我国诉讼所追求的价值目标，这一目标在很多情形下超越了既判力、司法权威的作用。

第三节　趋于对话机制的讨论义务

法官的讨论义务源自大陆法系《德国民事诉讼法》中的释明义务。1976年《德国民事诉讼简化法》进一步扩大了释明义务的范围，将法官与当事人进行法律上的讨论作为法官的义务。[1]其目的为在诉讼程序中协助当事人厘清法律关系，引导诉讼当事人围绕案件争议焦点有序对抗，[2]并对当事人举证质证情况进行总结，采信和不采信的理由进行说明，对证据与待证事实的关联性作出分析。[3]这不仅有利于当事人对裁判进行预判，亦可让民众对于裁判产生信

---

〔1〕　熊跃敏："辩论主义：溯源与变迁——民事诉讼中当事人与法院作用分担的再思考"，载《现代法学》2007年第2期。

〔2〕　参见余素青：《法庭言语研究》，北京大学出版社2010年版，第95页。

〔3〕　邱联恭："程序制度机能论"，载邱联恭：《民事程序法之理论与实务》（第1卷），三民书局2002年版，第41页。

赖。[1]

讨论义务在德国由问责权发展而来，将问责权转化为讨论义务是对法官职责的强化。如果说法院的释明义务将法官由旁观者转变为参与者，那么法官与当事人的讨论义务则更加深化了这种参与度，且体现为"三方对话"与"双方对抗"的并行甚至替代。通过这种讨论，在事实方面，使得当事人从讨论和对话中明白审理的方向，更加明确地陈述事实；在法律观点方面，法院公开法律适用问题并加以讨论，可以引导当事人在法律问题以及对法律解释方面作出与法官步调一致的选择，不仅有利于促进诉讼的进程，也有助于裁判的结果获得当事人认同。对于民众而言，仅仅有明确的法律条文并不能保证法律的确定性，只有当法官的裁判行为和判决结果是可预测的时候，法律的确定性才得以实现。[2]

我国学界均认可释明权属于法院诉讼指挥权的范畴，立法上亦在逐渐强化当事人真实义务的履行，而对于法官与当事人（包括代理人）之间的讨论义务尚未引起人们的重视，但在立法及司法解释中已经开始探寻。笔者认为，讨论义务是大陆法系诉讼指挥权的内容之一，在一定程度上基于法院自由裁量的性质，属于一种协力性诉讼指挥权。当前我国从立法到实践对此尚没有引起重视。但是随着诉讼制度的发展，尤其是 2019 年《民诉证据规定》的出台，对法官与当事人讨论义务有了更明显的探索。因此，笔者对讨论义务的分析即建立在这样的平台上：一是审前程序中法院召集的庭前会议；二是庭审中法官对双方无争议事实的确认、焦点的归纳和简化。

一、庭前会议中法官与当事人的讨论义务

2015 年《民事诉讼法司法解释》增加了庭前会议制度。该解释第 224 条、第 225 条规定的庭前会议制度及其内容，源自 2012 年《民事诉讼法》第 133 条第 4 项，是庭前准备阶段进行证据交换的完善与扩展。除了证据交换内容外，另有两项内容值得关注：一是将部分可以进行探讨的庭审内容前移至庭前会议中，如明确双方诉辩意见、审查诉讼请求的相关内容以及归纳争议

---

[1] 参见邱联恭："程序制度机能论"，载邱联恭：《民事程序法之理论与实务》（第 1 卷），三民书局 2002 年版，第 41 页。

[2] 孟欣然："影响性诉讼案件环境因素研究——基于对中国 2003 年–2013 年影响性诉讼案件的考察"，吉林大学 2016 年博士学位论文。

焦点。二是促进和解或进行调解。笔者认为，庭前会议的上述内容属于典型的法官与当事人讨论义务的内容。

需要说明的是，我国在 2015 年规定了庭前会议内容，至今尚未引起司法实践的重视，而笔者认为庭前会议不仅是法院与当事人三方讨论的一个重要的"场"，且由于庭前会议是当事人进行诉讼的第一次交锋，双方尚没有形成明显对抗，诉讼成本投入不大，矛盾冲突尚不激烈，对裁判的结果也难以预测。基于上述情形，在法院的召集和参与下，庭前会议是各方坐下交谈的最好机会。庭前会议制度的推进和完善，有助于协同主义诉讼模式形成与实践探索。

笔者认为，协同主义在当事人与法院的作用分担方面，在程序上体现为诉讼促进义务，如对诉讼上时间节点的协商和确定等；从实体方面则体现为讨论义务。讨论义务需要当事人及法院共同搭建平台才能完成，因此庭前会议、开庭审理即为重要的"场"。

（一）庭前会议中的讨论义务——确认无争议事实

我国《民事诉讼法司法解释》第 225 条规定了庭前会议制度，[1]其是由庭前准备阶段中的证据交换发展而来，是对《民事诉讼法》第 136 条第 4 项内容的扩充。借鉴于英美法系尤其是美国的审前程序，其功能有两个：其一，庭审部分功能前移，包括梳理法律关系、明确裁判思路、确认无争议的事实和归纳争议焦点。具体为：①明确当事人的诉讼请求及答辩意见，为下一步归纳焦点打下基础，同时释明各方当事人是否需要增加、变更诉讼请求，提出反诉。②在归纳焦点后，明确各方当事人对其提交的证据资料是否需要补充，是否需要申请或法院依职权调查收集证据，是否需要委托鉴定等进行下一步的补充或申请。其二，进行调解或促进和解，即在法官的协助下，使得纠纷在庭前会议中得到解决。这使庭前会议具有了终结诉讼的功能，体现了审前程序独立价值的发展方向。庭前会议制度是我国民事诉讼程序中的重大改革，具有提高庭审质效、促进诉讼的作用，也是法官自由裁量式诉讼指挥

---

〔1〕《民事诉讼法司法解释》第 225 条规定："根据案件具体情形，庭前会议可以包括以下内容：（一）明确原告的诉讼请求和被告的答辩意见；（二）审查处理当事人增加、变更诉讼请求的申请和提出的反诉，以及第三人提出的与本案有关的诉讼请求；（三）根据当事人的申请决定调查收集证据，委托鉴定……（四）组织交换证据；（五）归纳争议焦点；（六）进行调解。"

权的重大体现。

笔者认为，庭前会议不是开庭审理，因此法官与当事人之间的关系不需要像开庭一样构成一个辩论主义的审理模式。也有人建议庭前会议以圆桌会议的形式召开，意味着各方之间平等、融合的关系，在融合的气氛中大家保持平和的心态进行证据交换、案件讨论、提出观点等。实质上，庭前会议无论是形式还是内容，对于法院和当事人来说，都是一种共同的协力义务，包括两方面：程序上的诉讼促进义务、实体上的讨论义务。

根据《民事诉讼法司法解释》第 226 条和第 228 条的规定，人民法院在庭审时就当事人请求的范围归纳争议焦点，并征求当事人的意见。实践中当事人可以提出异议，对方可以提出反驳意见，法院与双方进行沟通后决定是否修改庭审焦点。笔者认为，法院在庭审中对案件焦点问题的归纳、整理，以及征求当事人意见进行的沟通和对话，应属于诉讼指挥权中讨论义务的内容。

对于讨论义务，在理论界是否作为诉讼指挥权的内容之一加以讨论分析，我国立法中尚没有这个概念，司法界亦并未引起重视。笔者在裁判文书网上以"民事案件""讨论义务"为搜索词，发现从 2009 年至今只有一件民事案件，查阅文书后亦发现不是本书所论述的"讨论义务"所指含义。

（二）庭前会议中讨论义务之和解功能

在美国庭前会议制度中，证据开示和交叉询问制度，不仅是简化争议焦点，对下一步集中审理进行的准备工作，也是促进双方和解的有效途径。庭前会议开始时，每一方都要对案件作简短陈述。在听取陈述后，法官将陈述其对争议问题的理解，并询问是否与律师陈述的意思一致。在任何情况下，律师和法院之间对争议问题的共同理解都可以通过这种方式进行，这些问题沟通后如果得到解决，案件的事实就会变得越来越简单。[1]庭前会议使原告有机会查明其案件的薄弱之处。同样，这也给了被告的律师一个机会来找出其辩护的弱点。此外，它还为会议主持者即法官提供了审判可能采取的方法的机会。[2]

庭前会议的成功召集，对下一步集中审理非常有益。并且更为重要的是，

---

〔1〕　J. Skelly Wright, "Pre-Trial on Trial", 14 *La. L. Rev.*, 391 (1954), p. 398.

〔2〕　Robert L. Taylor, "Federal Pre-Trial Procedure", 23 *Tenn. L. Rev.*, 24 (1953), p. 27.

由于在审前程序中通过对案件的沟通，各方当事人及律师对案件的认识程度以及对手的强弱不再产生错觉，以无知为基础的自信已不存在。在当事人以及代理人的盲目自信的气球爆炸之后，大家都要面对现实。在这种气氛中，解决的结果不一定是在开庭后的裁判，而有可能是在审判日期之前。[1]换句话说，在双方当事人对自己的主张和证据有所预测的情形下，纠纷极有可能无需进入下一步审判，当事人即以调解、和解或撤诉的方式解决。

在庭前会议中，法官不仅可以倾听当事人发表意见，同时也可参与讨论。他们认为，庭前会议不仅是各方进行讨论的时机，也是情绪宣泄的机会，对原告来说，"即使败诉，也会感觉比没有机会在公开场合说出自己的不满要好。在这种场合下，即使这种不满没有得到证明是正确的，但至少是得到了认真的对待"。[2]因此，庭前会议的另一个作用是对消解各方当事人怨气、减少各方误解起到一定的促进作用。

在美国，每年大约90%以上的民事案件是在审前程序中采用和解、其他替代纠纷解决方式得到处理的。美国从最初为了适应集中审理的需要，到后来将其作为一种独立的程序，使得原本处于辅助性的一种前置程式逐渐转变为甚至能够部分替代普通庭审程序的一套相对独立的体系。[3]

20世纪80年代曾有统计，美国加州普通民事案件有186 377件，占地方法院总工作量的36%，由222名法官来处理，平均每一名法官处理840件。绝大多数在审前程序中和解，只有5.9%的案件进入开庭审理并作出判决阶段。同年日本地方裁判所和家庭裁判所加起来约有法官1481名，面对普通民事诉讼107 266件案件，533名法官被配置在这类民事案件的处理上，每人一年平均审理203件。除和解、调解外，经过对席辩论并作出判决的约占22.7%。上述数字显示，美国法官办理了日本法官4倍的案件数，但是进入审判的案件是相同的，其原因即在于诉前阶段中法官参与方式的不同。[4]

从以上美国和日本对比的案件数量比较，美国的民事案件在审前程序中

---

〔1〕　J. Skelly Wright, "Pre-Trial on Trial", 14 *La. L. Rev.*, 391 (1954), p. 399.

〔2〕　[美] 理查德·A. 波斯纳：《法理学问题》，苏力译，中国政法大学出版社2002年版，第259页。

〔3〕　毕玉谦："对我国民事诉讼审前程序与审理程序对接的功能性反思与建构——从比较法的视野看我国《民事诉讼法》的修改"，载《比较法研究》2012年第5期。

〔4〕　参见 [日] 棚濑孝雄：《纠纷的解决与审判制度》（修订版），王亚新译，中国政法大学出版社2004年版，第276~277页。

通过和解、其他替代纠纷解决方式得到处理的占据比例极高，几乎不足 10%的案件进入法庭审理。审前程序功能日益多元化发展极大地影响着大陆法系各国对审判程序的改革。大陆法系的德国的民事审判对庭前程序的重视远远不如美国，其审前程序主要功能是为正式审理而进行必要准备，审判是在一段时间内进行的间断性的数次听审，或由一系列会议组成。由于诉讼拖延已经成为世界性问题，出于对诉讼效率的考虑，德国在 20 世纪初提出了集中审理原则，并对审前程序的从属性也进行了改革。[1]两大法系在诉讼程序上的相互借鉴以及价值观念的转变，加大了对审前程序的立法重视程度以及实务上的运作幅度，使之在解决社会纠纷的职能上发挥着越来越重要的作用。

从目前我国审判实务看，审前程序终结诉讼的独立功能尚未得到很好的发挥，其主要原因在于法院对该程序的重视度不够。笔者认为，审判的重要目的之一是解决纠纷，但是解决纠纷的方法并不仅限于诉讼，更不限于必须通过庭审作出判决。法院应重视其诉讼指挥权的发挥，尤其是法院与当事人共同促进义务的发挥，在庭前会议中不仅有利于实现集中审理、限缩争议范围的效果，也可以发挥调解、和解等终结诉讼的功能，实现纠纷解决的多元化。

笔者以"民事案件""庭前会议"字样在裁判文书网上进行检索，发现从 2011 年到 2020 年，召开庭前会议的案件有 10 357 件，在 2015 年之前共计 20 件，从 2015 年开始呈现明显上升趋势。在这些召开庭前会议的案件中，在庭前会议中达成调解并作出调解书的案件有 25 件。案件类型分别为劳动争议、民间借贷、离婚诉讼、侵权诉讼以及环境公益诉讼等。

由于文书上网比例以及文书表述的不充分性，上述数字不能完整客观地展现民事诉讼案件确定的召开庭前会议的数量，以及在庭前会议中达成调解书的数量。但是上述检索数据在一定程度上还是反映出庭前会议在民事审判中的比例，从庭前会议的召集以及调解率来看，庭前会议中终结诉讼的功能并不理想。

---

〔1〕 参见毕玉谦、谭秋桂、杨璐：《民事诉讼研究及立法论证》，人民法院出版社 2006 年版，第 335 页。

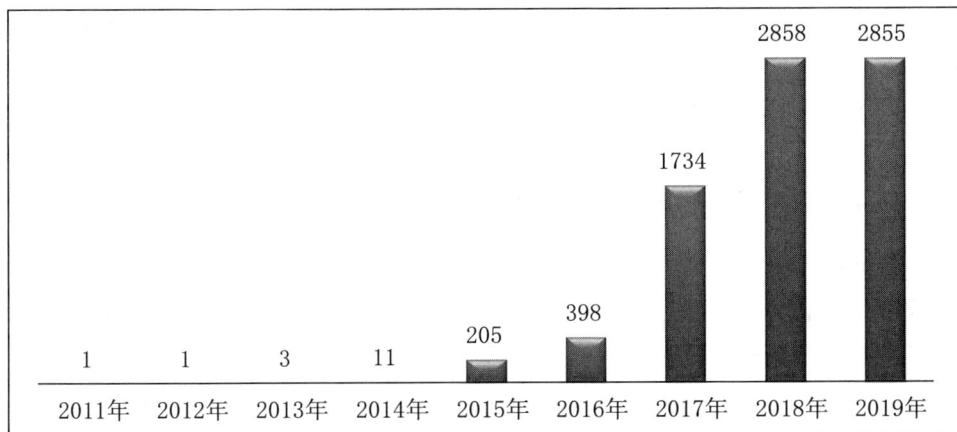

图 5-2　2011 年至 2019 年裁判文书上显示召集庭前会议的案件数量（单位：年）

在这些经庭前会议调解的案件中，有的是法院自行调解，有的是与社会其他机构共同调解，如广东省佛山市中级人民法院［2018］粤 06 民终 1095 号民事调解书，就是在庭前会议中经法官助理与佛山市总工会委托的调解员在庭前会议中共同调解，达成调解协议。

在上述召开庭前会议的案件中，经过调解制作调解书的案件共 21 件，其中 2017 年 11 件，2018 年 8 件，2019 年 2 件。调解的案件类型主要有民间借贷、离婚诉讼、劳动争议、买卖合同以及环境公益诉讼。其中 2017 年由宁夏回族自治区中卫市中级人民法院审理的闻名全国的腾格里沙漠污染案，就是以召集庭前会议的方式进行调解的，八起系列案最终调解结案，节约了资源，提高了效率，且社会效果良好。

案例 9　中国生物多样性保护与绿色发展基金会与中卫市美利源水务有限公司、宁夏蓝丰精细化工有限公司、宁夏明盛染化有限公司、宁夏华御化工有限公司等八起土壤污染、地下水污染损害赔偿公益诉讼系列案，[1]宁夏回族自治区中卫市中级人民法院进行了审理。因八家企业在生产经营过程中，

---

〔1〕　中国生物多样性保护与绿色发展基金会与中卫市美利源水务有限公司、宁夏蓝丰精细化工有限公司、宁夏明盛染化有限公司、宁夏华御化工有限公司等八起土壤污染、地下水污染损害赔偿公益诉讼系列案，宁夏回族自治区中卫市中级人民法院［2016］宁 05 民初 12-19 号调解书。简要案情：八家企业在生产经营过程中，将超标废水直接排入蒸发池，造成腾格里沙漠严重污染，经庭前会议调解，一审调解结案，八家企业赔偿污染造成的损害及修复费用共 5.6 亿余元。

违法将超标废水直接排入蒸发池，造成腾格里沙漠严重污染，经庭前会议调解，八家被告企业自愿赔偿因企业生产偷排污染对环境造成的损失及修复费用共5.6亿余元。该八起案件最终调解结案。

二、开庭审理中法官与当事人的讨论义务

释明和讨论义务均为大陆法系实体性诉讼指挥权中的重要内容。在大陆法系中，通常认为释明是以平衡、调整当事人诉讼能力为目的，因此在一方当事人陈述不完整、证据有瑕疵等情形下向其释明，使其充分行使诉讼权利，保障庭审调查的顺利完成。但是庭审中，法院诉讼指挥权的行使并不仅仅是针对当事人诉讼能力的释明，法庭上双方当事人交锋开始或交锋过程中，哪些事实需要调查、哪些证据需要补充、哪些事实双方已无争议，可以确认并记录在案，哪些仍需要继续调查与辩论等，应该先行与当事人进行沟通和讨论。从双方诉辩意见中确认无争议的事实，是对归纳争议焦点的剥离。笔者认为，在庭审中法官整理双方在诉状上一致认可的事实、归纳争议焦点、经过不断确认无争议事实后对争议焦点的简化等，应属于法官讨论义务的内容。

目前法庭调查和法庭辩论主要是双方当事人向法庭提交证据以及双方发表意见和进行辩论。法官除了主持庭审及个别释明很少再发表意见。庭审中以双方对抗形式出现依然是当今庭审的主流现状。笔者认为，将庭审中双方对抗的成分降低，提高法院积极参与的内容，让双方对抗转化为三方对话的方式进行，是法官讨论义务的重要内容。

（一）整理和归纳争议焦点

人们通常认为，法官在庭审中进行的第一次心证公开是"归纳争议焦点"。但笔者认为，在法官归纳争议焦点之前应先行进行一次整理，并将整理结果向当事人公开，即法官与当事人第一次对案件事实进行讨论的内容为：无争议事实的确认和有争议事实的归纳。针对一审案件审理前的剥离与归纳，是对原被告双方在诉辩意见和陈述中一致认可的事实、一方当事人自认的事实、法律规定的免于举证的事实等，法官应先行予以确认，这种确认需要经过各方当事人的认可，并记录在案。经过当事人确认无争议事实后，案件的争议点会变得越来越清晰，法庭上，法官基于这样的逻辑来归纳争议焦点，在征得当事人同意后开始依据法庭归纳的焦点进行法庭调查和法庭辩论，起

到事半功倍的法庭审理效果。对于上诉案件亦行此方法：在二审开庭审理前，法官应先行梳理一审裁判中已经采信的证据和确认的事实，然后分析上诉人提出的上诉请求、事实理由、被上诉人答辩意见及二审提交的新证据。庭审中归纳争议焦点前，向当事人公开在一审中各方已经无争议的事实、认可的证据以及适用法律的妥当性。并在此基础上归纳二审争议焦点，不仅起到简化争议内容的效果，对于当事人来讲，也是一种禁反言的释明。

案例 10　案外人张某作为原告提起执行异议之诉，起诉被告徐某（申请执行人）与第三人卢某（被执行人），主张其与卢某并非夫妻关系，其名下七套房产系其个人房产，法院在执行卢某财产时查封张某名下七套房产错误，应予中止执行。一审经审理认为张某与卢某虽非合法夫妻关系，但是双方系多年同居关系，且该七套房产在同居关系存续期间购买，故法院查封并无不当，遂驳回张某诉讼请求。张某提出上诉，主要理由为：其一，其与卢某并非合法夫妻关系；其二，卢某所借款项系卢某个人债务，并非与张某共同债务；其三，其虽然与卢某曾有过同居关系，但是早已分手，其名下财产系个人财产，法院查封错误，请求中止执行。

二审开庭后，主审法官在归纳二审争议焦点之前，首先对一审判决确认的事实以及上诉人上诉请求，以公开心证的方式向各方当事人进行释明，并对争议焦点进行简化和归纳：其一，上诉人所称其与卢某并非合法夫妻关系，这一事实一审已经查明，且双方均无异议，故二审不再审理；其二，对于卢某借款系其个人债务而非与张某共同债务问题，对方当事人诉辩时从未提出共同债务问题，一审判决亦未认定为共同债务，故该上诉理由，双方无争议，二审不予审理。关于上诉人提出的第三个理由，法官首先对上诉人认可其与卢某曾系同居关系的事实进行了确认，但上诉人认为已经解除，一审判决认为双方未解除，并认定张某名下七套房产购买于同居关系存续期间。故本案二审争议焦点为：张某与卢某的同居关系是否已经解除及解除的时间。各方当事人对二审归纳的焦点无异议。

在德国民事诉讼中，宣布开庭之后，法官从案件的争点介绍开始，主审法官简要陈述案件事实与争议的问题，并指出哪些系争点有待于进一步的辩论和证明。这与我国确认事实和归纳争议焦点的程序相似，但也不甚相同，德国法官对案件争议点的介绍相对要具体明确,双方当事人及律师可以从介绍中了解到法院在事实和法律上如何看待这个案件。在德国民事诉讼中,由于法官的积极干预,当事人之间的对抗性较弱,充分的对话会使得庭审气氛较为融洽,这种诉讼的进程和气氛的融洽度是一种典型的各方协力作用,也有助于案件的进行更趋向于和解的可能。

(二) 简化争议的庭审过程

开庭审理时,法官不仅要听取双方陈述书状内容,且要让当事人作一次简单的补充陈述。在听取陈述后,法官将归纳的争议焦点向当事人进行公开,并询问当事人及代理人是否有异议和补充。实质上,不仅仅是在庭审中归纳争议焦点,在庭审阶段,律师和法院之间对争议问题的共同理解都可以通过这种方式进行,这些问题沟通后如果得到解决,案件的事实就会变得越来越简单。[1]

在我国,法官对争议焦点进行归纳后,案件进入审理阶段。法庭审理主要由两个环节组成:法庭调查和法庭辩论。2015 年《民事诉讼法司法解释》规定了法庭调查和法庭辩论可以合并进行,不仅起到了简化诉讼程序的效果,更主要的目的是使得当事人的辩论权得以充分发挥。在法庭调查和辩论过程中,法官对诉讼的指挥可以达到三个层次的效果:其一,不断地对双方争议中逐渐明确的事实或证据进行确认,使得争点越来越清晰、越来越小;其二,在对争议焦点进行质证、辩论过程中,以释明的方式引导、提示当事人对争议点进行更充分的举证和辩论,使当事人充分发挥证据提出权、庭审权和辩论权等程序保障权;其三,控制和管理好庭审的秩序和庭审的方向。诉讼指挥权的有效行使,不仅能够保障庭审的顺利进行,而且能够提升裁判效率,通过各方充分对话,使得当事人获得对裁判结果的认同。

裁判需要得到当事人的认同来维护其权威,而裁判获得当事人认同的前提是法庭确保案件得到了充分的辩论。这是裁判获得正当性的基础,即法官心证的形成是在充分听取了当事人的辩论意见条件下并且与双方进行过充分、必要交流后的一种必然结果[2]。

---

[1] J. Skelly Wright, "Pre-Trial on Trial", 14 *La. L. Rev.*, 391 (1954), p. 398.

[2] 邹碧华、王建平、陈婷婷:"审视与探索——要件审判九步法的提出和运用",全国法院系统第二十二届学术讨论会论文。

　　笔者认为，讨论义务是对当事人真实义务与法官的询问权的混合形式。在我国尚不能对当事人一些义务性要求作出完整的义务性规定时，要求法官以询问和探讨的方式介入，既能够促进诉讼，又有助于发现真实，并且也可以避免当事人及其代理人在诉讼中使用过多的技巧性操作，影响诉讼中的诚信原则。

　　当前，我国社会在走向现代化发展进程之中，从生产方式到社会结构、从经济基础到政治体制、从法律制度到社会文化，无不面对着多元价值和多种需求的繁杂交织和剧烈冲突。[1]社会的发展即是在冲突、打破、发展中交替展开，不断前进。在冲突与发展的博弈中，司法权与诉权的作用和功能亦在诉讼制度的发展中找寻着自己的角色定位。

---

　　〔1〕　傅郁林：“迈向现代化的中国民事诉讼法”，载《当代法学》2011年第1期。

转型时期诉讼指挥权的深层分析

健全的民事司法制度是国家进步的体现，对该制度的改革与其说是"民事司法危机"的反映，不如说是一个国家身份的政治交换和辩论的结果。[1] 我国民事司法的改革和发展过程中，法院在诉讼中的地位和作用不仅随着诉讼模式的发展发生着变化，社会发展中新类型诉讼的出现也与法院在诉讼中的作用有着密切的关联。

当前，我国民事诉讼处于转型时期，诉讼制度在三个方面的转变对法院诉讼指挥权产生较大影响：一是为进一步保障当事人诉讼权利，民事诉讼法中不断增加的权利救济制度，使得民事诉讼指挥权的实质化作用需要强化。二是多元化解纷机制的建立，法院在解决民事纠纷的过程中扩展了审判功能，法院的诉讼指挥功能得到延伸。三是随着诉讼社会化发展，新类型诉讼的出现，突破了传统解纷模式的诉讼构造，在维护社会秩序、维护公共利益的诉讼目的下，法院诉讼指挥权的职权性作用得到扩张。

关于法院诉讼指挥权在多元化纠纷解决机制中的作用，笔者在前面章节中已有论述。本章主要就诉讼指挥权的作用在两个方面进行深入分析：一是类型化权利救济制度中法院诉讼指挥权的作用；二是基于社会转型时期诉讼的社会化发展与诉讼指挥权的功能扩张。

第一节　权利救济制度下诉讼指挥功能探析

我国自 1991 年正式施行第一部《民事诉讼法》，经过 2007 年、2012 年、

---

[1] Margaret Y. K. Woo, "Manning the Courthouse Gates: Pleadings, Jurisdiction, and the Nation-State", *Nevada Law Journal*, 2015, Vol. 15 (No. 3), p. 1263.

2017 年、2021 年四次修改，在修改的内容中，增加了一系列权利救济制度，如申请再审制度、执行异议之诉制度、第三人撤销之诉等，所谓救济制度实质是对原有制度的补充和完善，但是救济制度多属于高成本、非常态的诉讼程序。值得注意的是，如果救济制度不完善，延长的诉讼程序与实体权利救济不成正比，当事人对法院的认同度和司法权威更是雪上加霜。

　　申请再审制度是针对生效的判决、裁定和调解书，当事人不服可以在一定期限内向作出生效判决的上一级法院申请再审，是一种诉讼救济制度；执行异议之诉是指在执行过程中，案外人对执行标的提出异议后所产生的执行救济制度。两个诉讼程序的启动基本没有门槛，这也是导致近年来各级法院案件数量猛增的主要原因，诉讼成本因此而增大。司法实践中，如何高效配置司法资源，法官诉讼指挥职责的妥当、充分运用，尤为重要。

一、诉讼救济制度与诉讼指挥权

　　2007 年我国《民事诉讼法》的修改，主要针对社会各界呼吁的司法实践中的两大问题——"申诉难"和"执行难"，完善了民事申请再审制度，增加了执行异议之诉制度。立法目的是针对当事人不服法院终审判决或认为执行错误而赋予的程序救济路径。2012 年《民事诉讼法》再次修改，增加了第三人撤销之诉，以未参加诉讼第三人启动对前诉撤销进行程序权利救济，因与申请再审制度和执行异议之诉制度存在交叉，一直以来被理论界和实务界所诟病，但是上述权利救济制度的出台，可以看出我国立法在诉权保障制度方面逐步完善的意图非常明显。

　　因申请再审制度与执行异议之诉制度的启动没有设置任何实质条件限制，两种制度出台后实践中的案件数量逐年上升。显然，立法的完善在赋予当事人救济路径的同时未考虑当事人过多使用诉讼程序造成的程序滥用，在保障当事人诉权的同时忽略了民众对生效判决的信任、对司法权威的影响，亦未考虑国家要承担多大的成本来维系这两种制度的运行。以下笔者针对三种权利救济制度进行实证分析，并认为，一项救济制度被常态化使用未必真正实现权利保障功能，而更有可能被滥用。

　　（一）民事申请再审制度实践分析

　　2007 年《民事诉讼法》修改，是继 1991 年《民事诉讼法》正式施行后对申请再审制度的一次修改和完善，其主要功能为：其一，民事申请再审制度在 2007 年之前是以申诉的形式规定在诉讼法中，并非诉讼的正式程序。修改后的《民事诉讼法》，将当事人申请再审纳入正式的诉讼程序中，成为再审之诉的一个阶段，故而不再称之为"申诉"。其二，申请再审制度上提一级，有利于保障当事人申请再审的权利救济，也符合上级法院对下级法院监督的审级制度。其三，完善了再审事由。将再审事由从 5 项具体化为 13 项，并且将检察抗诉的事由与申请再审事由统一起来。[1]而法官在审查当事人申请再审案件时，只要符合再审事由的规定，即可启动再审审理，而不以原审判决是否确有错误为再审的标准。最高人民法院司法解释完善了再审审查的相关规定，法院应以合议庭的形式进行审查，并以裁定形式作出。其四，再审事由成立，法院要中止原判决的执行，即再审审查的法律效果为中止原判决的执行力。由于申请再审制度的设立几乎没有门槛，只要当事人在生效判决作出后 6 个月内，提交相关材料即可启动再审审查程序。从 2008 年开始，在全国范围内，尤其是最高人民法院和高级人民法院，民事申请再审案件的逐年增加，在法院民商事案件数量的占比越来越重。

图 6-1　中国裁判文书网 2013 年至 2020 年民事申请再审案件数量（单位：件）

注：图 6-1 案件数量来源于中国裁判文书网，因不能确定文书上网率，所以来源虽可靠，但案件数量不准确。

----

[1] 张卫平："改革开放以来民事诉讼制度的变迁"，载《人民检察》2019 年第 1 期。

通过上面案件数量分析，其一，社会经济发展带来民事案件增多是民事申请再审案件持续升高的主要原因之一，案件基数大，不服判决上诉、申请再审案件数量必然提高。其二，民事申请再审案件的数量在一定程度上反映出该地区民事终审案件审判质量和服判率。案件数量居高不下，在一定程度上说明司法裁判与人民群众的满意度还存在一定差距。其三，赋予当事人过多的程序性权利救济路径，是否真正实现当事人实体权利救济，实现人民群众心中的公平正义，目前尚未看到这一角度的调研数据分析，但是诉讼程序的延长不仅增加了当事人的诉讼成本，国家的司法成本也必然增加消耗。其四，救济制度应作为一种程序上的兜底保障制度，而不应被信手拈来使用。如果当事人不能理性使用这一制度，法院应予理性看待。因此，在救济制度的司法实践中，法官应发挥能动作用，争取案结事了，避免程序空转。

（二）执行异议之诉制度实践分析

执行异议之诉也是 2007 年《民事诉讼法》修改时增加的一项诉讼制度，是为了保障案外人的实体权利，针对法院执行标的出现错误而设立的权利救济制度。制度虽出台多年但法律规范并不完善，实践中遇到太多的问题需要法官自由裁量和探索。首先，从执行异议之诉的立案来讲，启动这一诉讼的前置条件只有一个，即案外人在执行阶段向执行部门提出了执行异议，而无论执行部门作出了"中止执行"的裁定还是"驳回执行异议"的裁定，都可进入下一个"异议之诉"程序。显然，执行部门对执行异议的审查仅仅成为一个启动"执行异议之诉"的前置程序，增加了案件数量，但无实际意义。其次，只要当事人提起执行异议之诉，原生效判决的执行力即被中止。在执行异议之诉审理期间，原生效判决长期处于中止执行状态，因此执行异议之诉极有可能为被执行人拖延执行提供了可乘之机。最后，执行异议之诉的目的是对案外人的权利救济，但是这一诉讼造成的必然后果是在保障案外人诉权的同时，让一个已经得到生效判决的当事人在毫无征兆的情形下再次进入诉讼，给当事人造成诸多不满，也严重影响司法权威。

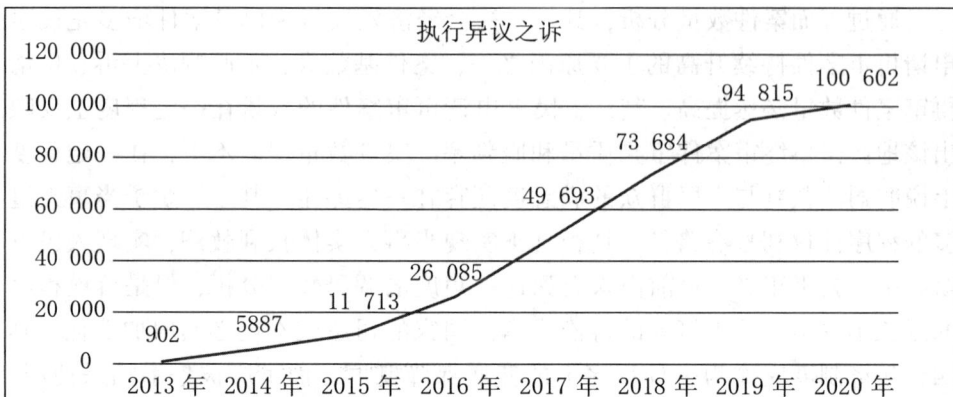

图6-2 2013年至2020年全国执行异议之诉案件数量（案件来源同图6-1，单位：件）

执行异议之诉是在执行过程中产生的诉讼，虽然属于普通民事诉讼中的一类，却与普通民事案件有着诸多不同。法院在审理此类案件时的诉讼指挥权应着重在诉讼效率、证明标准、防止虚假诉讼等方面从严、从速把握。首先，审理执行异议之诉案件的法官既要具有民事审判思维，又需要掌握执行相关的专业知识，因此从专业角度讲，应设置专门机构来进行专业化审判。其次，根据《民事诉讼法司法解释》的规定，无论是案外人还是申请执行人提起执行异议之诉，均由案外人对执行标的享有足以排除执行的权利负担举证证明责任。这里要求案外人举证的证明标准为"足以"排除，显然高于普通民事案件的"高度可能性"证明标准。因此，法官在审理这类案件时，证明责任的分配以及证明标准应在开庭审理之时对当事人进行释明。再次，执行程序效率优先。执行异议之诉是在执行过程中产生的诉讼，且由于执行异议之诉的审理导致了原判决执行的中止，因此对于执行异议之诉，法院在审理阶段应提高效率、从速审理。只要能在本阶段终结案件，就不要再启动下一个程序。最后，执行异议之诉可以引起原执行案件的中止，因此极有可能成为拖延执行的帮凶。这对于审理执行异议之诉的法官在诉讼指挥权行使方面具有更高的要求，即不仅在证据方面从严、程序方面从速，在审理过程中一旦发现有虚假诉讼之嫌，亦应依职权进行调查。

近几年，民事案件中的虚假诉讼层出不穷，已经引起了社会的广泛关注。民事虚假诉讼的特点为当事人之间存在恶意串通，通过虚构事实、伪造证据的方法利用诉讼以达到其不法目的。执行异议之诉即属于民事虚假诉讼的高发类型。因此，法官在审理此类案件时，其职权审查方面要强化，既要防止案外人与被执行人恶意串通、制造虚假诉讼的情形，对于申请执行人申请执行的生效判决、调解书，发现有涉嫌虚假诉讼情形的，应及时向公安机关提供线索或移交处理。

（三）第三人撤销之诉制度实践分析

第三人撤销之诉与执行异议之诉都属于形成之诉。案外人执行异议之诉要求排除执行；第三人撤销之诉要求撤销生效的判决、裁定或调解书。但是二者一个典型的不同之处在于：设置执行异议之诉制度的目的是解决因错误执行侵害案外人合法权益；设置第三人撤销之诉制度的目的却是防止双方当事人恶意串通、通过诉讼损害第三人权益。虽然第三人撤销之诉同样作为程序救济制度，但是与执行异议之诉和申请再审制度不同的是，其必须符合一定的条件才可以提起。首先，提起撤销之诉的一定要是原诉讼应当参加诉讼而未参加诉讼的第三人；其次，没有参加诉讼并非本人原因；再次，要有证据证明发生法律效力的判决、裁定、调解书内容有错，且损害其合法民事权益；最后，期限为自知道或应当知道其民事权益受到损害之日起6个月内。

由于第三人撤销之诉对提起诉讼的第三人身份、法定事由、期限、原判决实体错误有明确要求，实践中第三人撤销之诉的案件远比申请再审和执行异议之诉案件少了许多。

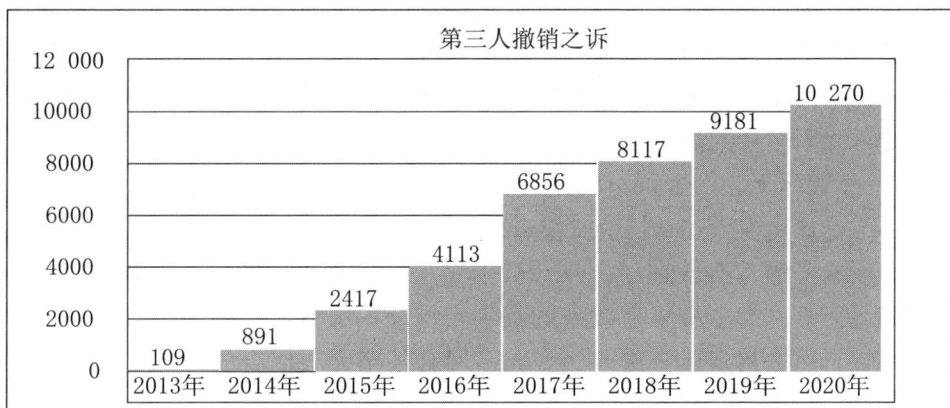

图6-3　2013年至2020年全国第三人撤销之诉案件数量（案件来源同图6-1，单位：件）

需要说明的是，上述三类案件类型并非社会矛盾寻求法律解决的产物，而是已经终审的案件或进入执行程序的案件，有当事人不服判决、案外人对执行有异议，法律再次赋予的救济制度。笔者认为这些案件数量逐年递增的现状与社会经济发展关系不大，但与当事人对法院裁判的服判率、执行行为有直接关系。而对于服判率抑或执行问题，是从问题本身入手，还是用一个新的制度来救济另一个制度，尤其是这个救济制度也不完善时，就可能出现以一个不完善的制度来弥补另一个不完善的制度的现状。

二、权利救济制度与诉讼指挥权

（一）程序利用：效率及成本意识

诉讼程序虽然设立了一审程序、二审程序、申请再审、再审程序等多个诉讼阶段，但是每一个阶段的结束并不必然导致下一个阶段的继续，纠纷可以在每一个阶段解决，这应是法官所秉持的理念。如果法官将每一个诉讼阶段都看成是暂时的，在面对当事人质疑和不满时，不是耐心地释法明理，而是告诉当事人你可以到下一个程序中继续诉讼，使得当事人将希望寄托在下一个程序中，那么对于这个阶段审理案件的法官，他可能审结了自己手中的案件，也可能避开了当事人的责难，但纠纷没有解决，当事人的诉讼被推向下一个程序。对于当事人来说，诉讼没有回头路，只能往前走，而其也庆幸诉讼还有下一个程序可继续，于是带着希望和对上一阶段法官的不满走向下一个程序，期待在下一个程序中可以获得自己满意的结果。而下一阶段的法官依然会在审结案件时将责任和担当一并推到下一个程序，以此类推，当事人进入诉讼的怪圈，诉讼途径看似往前走却又似在无限循环，当事人即带着怨恨走入无限循环的诉讼之中。

"一个无休无止的争议不仅会造成生理上、社会上和经济上的成本，而这些成本无论是当事人还是社会都没有能力去承担。"[1]按照经济学理论，有效率的市场制度的基石就在于产权的清晰界定，只要产权确定、明晰，无论将产权归属何方，都会带来有效率的权利安排。在民事诉讼中，如果司法权没有终局性，司法裁判从一次博弈变成多回合甚至无限回合的博弈，权利也一

---

〔1〕［美］马丁·夏皮罗：《法院：比较法上和政治学上的分析》，张生、李彤译，中国政法大学出版社2005年版，第63页。

直处于飘忽不定的状态。这不仅极大消耗当事人的经济、时间、精力等成本，对法院来说也是极大的资源消耗。无限回合的博弈后，也许个案的正义得到伸张，但是当当事人经过无数次循环诉讼后，其花费的成本与最初的诉讼意愿是否一致？如果当事人穷尽了诉讼程序仍然得到败诉的判决，也许这个判决始终是正确的，但是在其投入巨大的诉讼资源、经历了几个回合的诉讼程序后，依然败诉的结果使得他对裁判的过程和结果从最初的不认同，变为自始不认同，而且对法院充满了抱怨和极度的不信任，司法权威受到严重损害。

美国知名法官波斯纳言："……我们都没有任何理由认为最新的判决会比以前与之相矛盾的判决更正确……对于他们为了其心中理想化的实质公正而不计成本地将诉讼无限延续下去的非理性行为，法院理应合法合理地阻止。"[1]

笔者认为，赋予当事人诉权保障，并不意味着无休止进入诉讼；赋予当事人完整的诉讼程序以及救济途径，亦不意味着每一个案件当事人都要将诉讼权利用尽。程序构造不断地赋予当事人诉讼救济的路径和机会，是立法的完善，重在保障而非利用。法官在审理案件时以诉讼程序的充分利用来实现程序的价值和权利保障，是对诉讼程序价值的误读。诉讼阶段的高频使用未必使得程序的救济回应了实体权利的保障，诉讼成本的消耗也许早已超出了当事人寻求的利益救济，通过民事诉讼解决纠纷的目的根本无法实现。

（二）　角色互换：诉讼整体意识中的衔接功能

一个案件诉至法院，有可能不仅仅是一个单纯的民事诉讼，还涉及行政甚至刑事诉讼，因此案件的审理就会存在交叉问题的处理；一个案件进入法院，从立案到审理再到执行，不同的阶段也会涉及衔接问题；案件从一审、二审到再审程序，不同的审理阶段有时也需要沟通和联系。由于不同的程序、不同的审理阶段等都会有不同的人员负责和不同的法官审理，因此，案件的整体观以及各个阶段的衔接往往会影响到诉讼的效率，以及案件的结果。而这些细节问题并没有被法律所关注，但却是程序性诉讼指挥权的内容。

笔者认为，第一，法官审理案件时如果仅仅看到自己审理的一个阶段，是一种不全面、不客观的狭义的裁判理念。这样不仅对当事人诉权保障不利，

---

〔1〕　［美］理查德·A. 波斯纳：《法律的经济分析》（下），蒋兆康译，中国大百科全书出版社1997年版，第750~751页。

也会造成案件审理阶段之间由于衔接不好发生断层。例如，立案法官与审理法官的衔接问题，如果在立案阶段，负责立案的法官对案件的性质、繁简程度、是否能够化解等问题进行先期分析并作出分流，那么在案件进入审理后的程序就会顺利得多。例如，不符合受理条件的案件，立案的法官将案件受理并移送到审判庭，审判庭法官经审理后发现案件不符合法院受理条件，从而作出驳回起诉的裁定。从法律规定上来说，这是没有问题的。但是仔细分析就会发现，不予受理和驳回起诉的结果对于当事人来说并没有什么不同，但是经过审理后再作出驳回无疑增大了当事人的诉讼成本，这无疑增加了当事人对于法院的不满；而对于法院来说则同样是司法成本的增加，收获了一个结案的数字以及当事人的不满情绪。但是如果立案法官在受理时认真负责，那么案件直接在立案庭作出不予受理的裁定，后续的问题就会简化很多。

第二，民事案件与行政案件的交叉问题引发的相互推诿，笔者在司法实务中也经常发现，民事法官驳回当事人起诉或诉讼请求，并告知当事人因涉及行政问题，故应当先行处理行政问题。当事人提起行政诉讼后，行政审理的法官又告诉当事人应先解决民事问题。这类情况在实践中并不罕见。笔者认为这种情况的出现，是因为法官没有将案件视为一个整体，没有将解决纠纷作为诉讼的目的。这不仅让当事人多次诉讼最终也无法解决问题，且消耗诉讼资源，损害司法权威。

第三，一、二审法院审理案件的衔接问题。一审法院审结案件后，即告知当事人可向二审法院上诉，这本是一审法院应当进行的释明。但是如果一审法院因此忽视了一审法院亦具有终结案件的功能，那么增多二审的案件，必然延长了当事人诉讼的路径；二审法院审理案件时，在有些不愿承担的问题出现时，也会作出一个不担责的选择，即发回一审法院重审。一个案件来回往复，不解决纠纷，却让战火在当事人之间愈演愈烈，同时也在当事人与法院之间挑起不满。因此，法官无论在诉讼的哪个阶段，将案件作为一个整体，以解决纠纷为目的行使诉讼指挥职能，实践中会避免很多在纠纷中制造纠纷、在诉讼中产生诉讼的情形，也会减少当事人对法官的抱怨。

不同的认识深度、思维宽度决定了法官的审判方式和裁判结果。一、二审法院之间发还程序的滥用，以及不作任何释明地驳回起诉、驳回诉讼请求等，体现出法官对"解决纠纷"狭义的理解——结案。在当下我国诉讼案件数量逐年上升，法院案件压力大、结案率指标的要求等客观现实面前，法官更倾向于案件的"审结"，而不去顾忌纠纷的解决。在笔者看来，"解决纠纷"作为审判的功能，不是一个狭义的个案问题，而是宏观的制度设计。法官面临审判的案件不仅仅是个案，而是社会矛盾以诉讼的方式出现，法官将其作为个案审结的目的，还是将其作为社会问题来解决，体现了"结案"与"定分止争"的区别。

（三）角色定位：做好终局裁判者

法官是一个事实判断者，也是一个程序终结者，更是一个纠纷解决者。当三者之间没有冲突时，一个判决的实体效果就产生了。例如，法官作出一审判决后，当事人不上诉，多数情形下意味着当事人对判决结果的认同，因此上诉期届满后一审判决生效，此时法官对案件事实进行判断，程序因当事人认同而终结，也同时意味着一个纠纷的解决。因此，如果一个法官在认定事实、作出判决时始终考虑着三个职责同时共存，那么案件的定分止争效果自然完成。

诉讼的构造不仅为法官和当事人分配了角色及职责，也规定了不同诉讼阶段肩负着不同的诉讼功能。因此，如果法官在不同审级履行各自的职责，那么一审的法官不去考虑终审的效果似乎也是无可指责的。但是制度是一种保障，并不意味着一定要使用。笔者始终认为，一名法官无论是在诉讼的哪一个阶段，其在审理案件时是以解决纠纷为目的，还是以结案为工作指标来完成，不同的标准要求，不仅会影响其诉讼指挥权的运作，也极大影响着案件的效果。因此，诉讼指挥权的行使能够达到什么样的效果，不仅与案件类型、复杂度、当事人具体情形等有关，还对法官诉讼指挥权的运用，以及其欲达到的结案标准有着重要影响。

由上可见，在诉讼的构造中当事人基于不同的阶段、不同的对象会出现不同的角色定位，由于案件类型、复杂程度等各具特色，因此诉讼指挥权在具体使用方法上要体现出灵活性和针对性。但是其必然要有一个恒定的标准、明确的目标来指导诉讼指挥权的范围和方向。无论在诉讼的哪一个阶段，法官都要有对案件的整体考虑，不仅把握公平与正义，也要计算成本与效率，更要衡量各种价值之间的取舍。笔者通过上述分析，归纳诉讼指挥权运作时应把握如下几个标准：尽责——发挥好自由裁量诉讼指挥权；从速——在诉讼过程中要具有成本、资源与效率意识；从优——法官要具备良好的专业素质和定分止争的目标要求；增强认同性——做好释法明理工作。

习近平总书记指出："司法工作者要密切联系群众，如果不懂群众语言、不了解群众疾苦、不熟知群众诉求，就难以掌握正确的工作方法……一纸判决，或许能够给当事人正义，却不一定能揭开当事人的'心结'，'心结'没有解开，案件也就没有真正了结。"[1]如何做到案结事了，让判决起到定分止争的作用，不是法官自说自话的问题，而是要让人民群众感受到公平正义。

三、法院职权监督与诉讼指挥权

国家在社会生活和发展中担负着管理职能，同时也要维系社会的平衡发展。司法作为国家机构同样肩负着维系社会平衡、政策引导之功能。[2]如果从民事诉讼的角度来诠释司法的功能，则解决纠纷和维护秩序需二者得而兼之。因此，如果法官仅仅为了解决纠纷而忽略法的安定性，抑或为了"结案"忽略纠纷的有效解决，都不是对正义完整的诠释。

目前，依据我国《民事诉讼法》的规定，民事审判监督程序的启动主体有三类：人民法院、人民检察院和当事人。对于人民检察院的监督职责并非本书讨论的内容，而当事人申请再审的内容已经在上文中进行了分析。因此，以下笔者就人民法院作为审判监督主体的监督内容进行分析，对法院审判监督权的性质、理由及正当性进行分析。

（一）法院职权监督对象的性质分类

在我国，法院依职权监督、干预当事人处分权的情形可以大致分为两种：一是由当事人启动程序，法院依职权审理实体内容，即对于"违反禁止性规定或损害国家利益、社会公共利益、他人合法权益的情形"的审理。比如，二审启动后，对于未上诉的当事人，法院一旦发现一审判决违反法律禁止性规定，或者有损害国家利益、社会公共利益、他人合法权益的情形，依然会依职权主动审查、审理并作出裁判。郑州电梯劝阻吸烟案的二审判决就是一个典型；如果当事人在二审期间撤回上诉，法院依然要经审查后才可作出是

〔1〕 习近平："全面推进科学立法、严格执法、公正司法、全民守法"，载习近平：《论坚持全面依法治国》，中央文献出版社2020年版，第23页。
〔2〕 参见［美］米尔伊安·R.达玛什卡：《司法和国家权力的多种面孔：比较视野中的法律程序》（修订版），郑戈译，中国政法大学出版社2015年版，第14页。

否准予撤诉的裁定。审查的标准是一审判决是否侵害国家利益、社会公共利益和他人合法权益；对于当事人达成和解协议请求法院制作调解书的、达成调解协议请求法院司法确认的，法院会依职权审查该和解协议或调解协议是否违反法律禁止性规定或侵害国家利益、社会公共利益及他人合法权益。二是发现判决确有错误，这是法院依职权启动再审的法定事由。我国《民事诉讼法》第205条、《民事诉讼法司法解释》第242条均有明确的规定。

1. 对已生效法律文书的审判监督

人民法院依职权对生效的法律文书进行监督，并可依照法定程序启动再审，法律依据是我国《民事诉讼法》第205条〔1〕的规定，并且这种监督没有时效的限制。其一，我国《民事诉讼法》规定了依职权可以启动再审的主体和客体为：最高人民法院对各级人民法院的监督、上级人民法院对下级人民法院的监督。其二，监督的内容为已经发生法律效力的判决、裁定和调解书。其三，启动再审的事由是"确有错误"。虽然并未明确是事实错误还是法律错误抑或程序错误，但通说认为这里的"错误"是指事实错误，并且认为这里的"事实错误"，是指法院判决认定的"法律事实"与"客观事实"不符。

我国《民事诉讼法司法解释》第242条〔2〕规定了法院在作出判决后的自我监督情况和做法。依据该条款规定，一审法院审结后自行发现判决有错误的，要报请上级人民法院主动审查，即使在当事人均不上诉导致判决生效的情形下，一审法院依然要报请二审法院启动再审予以纠错。启动的理由依然是原判决"确有错误"。

2. 对正在审理案件的职权监督

案件正在审理过程中，当事人行使处分权，比如撤诉、和解或调解。法院是否需要审查，同样涉及法院监督权对当事人处分权的干预和限制问题。

---

〔1〕《民事诉讼法》第205条规定："各级人民法院院长对本院已经发生法律效力的判决、裁断、调解书，发现确有错误，认为需要再审的，应当提交审判委员会讨论决定。最高人民法院对地方各级人民法院已经发生法律效力的判决、裁断、调解书，上级人民法院对下级人民法院已经发生法律效力的判决、裁断、调解书，发现确有错误的，有权提审或者指令下级人民法院再审。"

〔2〕《民事诉讼法司法解释》第242条规定："一审宣判后，原审人民法院发现判决有错误，当事人在上诉期内提出上诉的，原审人民法院可以提出原判决有错误的意见，报送第二审人民法院，由第二审人民法院按照第二审程序进行审理；当事人不上诉的，按照审判监督程序处理。"

我国《民事诉讼法司法解释》第 321 条[1]规定了二审的审理范围和例外规定；第 335 条[2]规定了对上诉人撤回上诉的审查。这两条规定均体现了二审法院对当事人处分权的干预：无论是上诉请求的范围还是上诉权的放弃。在符合法律规定的情形下，二审法院即可在案件审理范围之外行使职权监督之责。在案件"确有错误""违反法律强制性规定"或"损害国家利益、社会公共利益及他人合法权益"的情形下，当事人的处分权受到极大的限制。

需要注意的是，对于法院依职权启动审判监督程序的情形，我国法律及司法解释均未规定应予在启动程序之前进行释明，而是在程序的开启，或在之后的裁判中进行说明。笔者认为，法院依职权启动程序，不仅是对生效裁判文书既判力的冲击，也是对当事人稳定的权利义务关系作出的再次调整。因此应予在启动前向当事人进行释明或告知，给予当事人申辩的机会；对于当事人行使处分权作出撤诉或调解的，法院亦应对审查以及审查的结果先行向当事人告知，给予当事人说明和辩论的机会。否则，上述程序的启动以及对当事人处分权的干预，是一种典型的裁判突袭。

3. 对法院诉讼指挥权的监督

通过上述规定可知，法院依职权进行监督、依职权进行审查的法律规定，是我国原有职权主义条款的保留和延续。其依然保留的正当性依据，不仅是对当事人的权利救济，亦是法院对法院的自我监督。首先，法院的职权监督职责是我国构建诉讼指挥权的重要内容之一。因为诉讼指挥权的内容具有层次性、多元性特点，既有灵活多变的协商性，也有具有强制力和权威性的公权属性，诉讼指挥权不仅旨在高效解决纠纷，其司法权的公权属性使得其在一定条件下具有震慑性。其次，职权监督属于救济性权力，因此对职权性条款使用应慎之又慎。笔者始终认为，作为一个救济制度，其兜底性和震慑性应高于使用价值。实质上，笔者在实务界从事审判业务多年，也深知法院职权监督情形下启动再审的数量确实非常少。最后，职权监督的范围比较窄，

---

〔1〕《民事诉讼法司法解释》第 321 条规定："第二审人民法院应当围绕当事人的上诉请求进行审理。当事人没有提出请求的，不予审理，但一审判决违反法律禁止性规定，或者损害国家利益、社会共利益、他人合法权益的除外。"

〔2〕《民事诉讼法司法解释》第 335 条规定："在第二审程序中，当事人申请撤回上诉，人民法院经审查认为一审判决确有错误，或者当事人之间恶意串通损害国家利益、社会公共利益、他人合法权益的，不应准许。"

即启动的严谨性。我国《民事诉讼法》针对两种情形启动审判监督：一种是侵害国家利益、社会共利益等情形；另一种是判决"确有错误"的情形。对于后者作为启动审判监督程序的条款是否妥当，理论界也有不少诟病。笔者认为，职权监督是广义上诉讼指挥权的内容，亦是对法院指挥权和审判权的监督，但归根结底，依然是对判决的监督以及对当事人的权利救济。因此，其不仅与真实义务、诚信义务以及当前我国制定的种种救济制度一脉相承，也是对法院诉讼指挥权进行监督的重要举措。近几年，法院内部建立的案件评查机制，实质上即属于法院审判监督的启动机制之一，或者说是职权监督的重要渠道，其目的是震慑法院法官在办理案件时审判权、诉讼指挥权的正当行使，因此，职权监督从当事人权利救济渠道来讲，是对法院行使审判权、诉讼指挥权的监督，亦属于一种诉讼指挥权的救济制度。

（二）法院审判监督之正当性分析

法院无论是依职权调取证据，还是依职权调查事实，甚至依职权启动再审，从大陆法系的诉讼指挥义务性质和内容看，都属于实体性诉讼指挥范畴。虽然遭受过争议，但是《德国民事诉讼法》的修改历程中并未减弱逐步强化的法官诉讼指挥义务。笔者认为，法院依职权审判监督，从司法公权属性来讲，具有一定的正当性。但是，对于启动监督的法定事由，却需要具体问题具体分析。

1. 诉讼程序中对当事人意思自治的尊重

案件从法院受理开始，在每一个诉讼阶段，启动程序的主体均为当事人，体现了当事人处分权主义和法院不告不理原则。对于正在审理的案件，例如一审审理的案件，法院作出裁判后，当事人未主动启动下一个阶段，视为当事人对这一阶段法院作出的裁判结果认同，即一审判决生效。如果之后当事人提起申请再审，法院一定会考虑当事人在给予其法定上诉权时未上诉的原因，当事人无充足理由的，法院会驳回其申请。虽然我国没有明确的禁反言的规定，但是对于判决经当事人自认后生效的结果，在其无充分理由予以说明时应对自己出尔反尔的行为买单。

2. 启动职权监督事由之正当性

首先，《民事诉讼法》第205条是法院依职权启动再审的法定条款，多年来被诟病，其原因并不在于法院依职权启动再审的合法性问题，而在于启动再审的事由为"确有错误"是否正当。因为无论诉讼法中自认制度的规定，还是调解协议的达成和司法确认，其合法性都是基于发现真实以外的利益取舍。将民事诉讼视为"纠纷解决之途径""真实发现之机制"即不具备优先性。[1]

民事案件的审理，认定的案件事实是证据达到证明标准后的"法律真实"，而非客观真实。对于民事案件证明标准的规定，我国《民事诉讼法司法解释》规定了一般民事案件本证的证明标准为高度可能性，德国学者以刻度盘为例子所作的形象直观的描述为高度盖然性应在真实程度的75%以上。显然，证明标准是一种法律规定的评价尺度，具有法定性，但是同时也具有不确定性和模糊性。对于裁判者而言，证明标准是裁判者对待证事实是否达到内心确信的程度。[2]因此，证明标准的不确定性加之法官心证的主观性，裁判最终认定的法律真实与客观真实之间并不必然具有对等性，且二者之间的差距具有合法性。如果一个案件对当事人认定的事实是依据证据确定的法律真实，那么在之后发现与客观真实相悖，从而启动再审，这个监督程序就不应被认定为一个错案的监督。因此，我国《民事诉讼法》第205条及《民事诉讼法解释》第242条规定的法院依职权启动再审以"确有错误"为由，太过笼统，如果成为纠错改判、法院评查案件的主要标准，确实要付出破坏司法权威及法的安定性之代价，也会导致司法实践中法官对"错案"产生模糊不清的认知。

笔者认为，法院以案件"确有错误"为审判监督的再审事由，应作具体化分析，其中，不应将判决后发现的新证据、法官基于当时的情形作出的符合证据规则的证据采信和符合裁判规律的事实认定，用之后的评价标准来评判，否则这种标准一旦作为法院自我评查错案的标准，即不仅仅是一个个案问题，而是对"确有错误"的扩大解释，不仅是对司法权威的极大破坏，而且更加加重了法官的职业风险。因此，对于"确有错误"应作狭义的解释，即判决存在"严重错误"或法官有"故意违法或违背职业操守"的行为，才可以作为启动再审的事由。这也符合诉讼指挥权救济制度的目的。

---

〔1〕 See David J. Gerber, "Extraterritoral Discovery and the Conflict of Procedural Systems: Germany and the United States", 34 *Am. J. Comp. L.*, 769（1986）. 转引自黄国昌：《民事诉讼理论之新开展》，北京大学出版社2008年版，第55页。

〔2〕 最高人民法院修改后民事诉讼法贯彻实施工作领导小组编著：《最高人民法院民事诉讼法司法解释理解与适用》（上），人民法院出版社2015年版，第357页。

法官作为一个正义的代表，在一个法治或走向法治的国家中，应享有一份高度的职业尊荣感，这是法治国家建立的标志。而在当前的社会中，这份尊荣感有所减弱，取而代之的是无尽的办案压力和职业风险。虽然其因素复杂多元，但是其结果与法治国家的发展相悖，这是一个危险的信号，应引起人们的关注和思考。

3. 依职权启动再审的正当事由

将生效的判决、裁断或调解书违反了国家强制性规定，侵害了国家利益、社会公共利益或第三人合法权益的情形，作为启动再审的事由，符合民事诉讼维护法秩序的功能，也符合法院依职权审查的事项范畴。我国《民事诉讼法》确立了处分原则，但并非无任何限制的处分，如果当事人的处分权违反了法律强制性规定，侵犯了国家利益、社会公共利益或者他人合法权益，那么国家应当予以干预和限制。我国《民法典》对无效民事行为有明确规定，诉讼法亦不例外：当事人的处分行为必须经过人民法院的审查，接受人民法院的监督。[1]但是监督的标准应为我国《民事诉讼法》第 13 条第 2 款的内容，即"当事人有权在法律规定的范围内处分自己的民事权利和诉讼权利"。反之，如果当事人的处分权超出了合法范围，法院将予以干预并进行职权监督。因此，当事人处分权的"合法性"，可以作为法院对当事人处分权正当干预的标准。

既判力和司法权威本身是法律赋予的效力，还是依据正确裁判从而获得正当性，也许不同的国家不同的司法制度对此有着不同的理解和定义。虽然司法的最高目标是"正义"，但是正义不仅为个案的正义，还应将法的安定性包含在内。因此，在个案的正义与法的安定性发生冲突时，如何把握，美国联邦最高法院的解释也是反复的。在最初的解释中，美国联邦最高法院认为既判力所保证的法的安定和法的和平的利益优于对正义的追求，但是后来又在解释中出现反复。1966 年美国联邦最高法院对衡量法的安定性与正义进行了解释："程序再审的法律制度应当防止由于错误裁判而使得法院最终在很大程度上丧失其权威以至于诉讼无法或者无法完全实现其目的：维护法的和平。"似乎在美国这种程序正义优于实体正义的国家，亦没有断然割裂实体正

---

〔1〕　吴俊："处分权主义与审判监督程序的结构——最高人民法院指导案例 7 号研究"，载《法制与社会发展》2013 年第 6 期。

义而一味保护司法权威或裁判的既判力。

由上可见，法院依职权进行监督并不是我国仅有的法律规定，其来自司法的公权属性，在社会化发展的今天，日益受到两大法系国家的重视。在社会秩序的维护中，法院对当事人处分权的维护应以正当性为基础，并对当事人非法行使处分权予以限制。对诉讼进行职权监督，是法院实体性诉讼指挥权的内容之一。

第二节　诉讼社会化发展下诉讼指挥功能扩张

"法律从本质上说是一种保守的力量，是在政治所划定的限度维持既定政治——社会秩序的力量，一旦试图用它来改造世界，其自洽逻辑就被打破了，成为一种政治筹划。"[1]当社会从一种生产方式转变为另一种生产方式时，司法程序需要改头换面，还是超越社会制度的区分，在制度内部进行重新配置？

国家在社会生活中的角色决定了其在民事诉讼中承担的职能，并根据不同历史时期的特点创造了不同的民事诉讼模式。当随着社会发展，国家与公民之间的法律关系发生了改变时，国家的权利保护义务也有了新的解释。国家在诉讼中履行的是一般性的权利保护任务，而不是针对个体公民的专门的权利保护义务，随着自由主义成分在民事诉讼概念中的逐渐消失，《民事诉讼法》肩负起为了公共利益而保障法的和平和国家秩序的职能。[2]

党的十九大强调了以人民为中心的发展理念，为社会化民事诉讼制度提供了有力的意识形态支撑。它强调了诉讼制度的人民性和公共服务属性，要求人们以整体性的观点来观察民事诉讼制度。从诉讼体制的角度，民事诉讼不仅仅是当事人的事情，更是社会的事情，强调前者适用的是当事人主导型诉讼模式，后者则形成了法院主导诉讼的进程。[3]

如今，司法的社会性表现出越来越清晰的作用与社会地位，在司法保障当事人权利外，现代裁判还具有创制法律和维持法律秩序的功能。将民事诉讼

---

〔1〕［美］米尔伊安·R.达玛什卡：《司法和国家权力的多种面孔：比较视野中的法律程序》（修订版），郑戈译，中国政法大学出版社 2015 年版，第 10 页。

〔2〕参见［德］沃尔弗拉姆·亨克尔："程序法规范的正当性"，载［德］米夏埃尔·施蒂尔纳编：《德国民事诉讼法学文萃》，赵秀举译，中国政法大学出版社 2005 年版，第 8~9 页。

〔3〕参见王福华："民事诉讼的社会化"，载《中国法学》2018 年第 1 期。

划归为纯粹的辩论主义或者纯粹的职权主义模式，都将无法实现司法的社会化功能，因此，当事人主义与职权主义诉讼模式走向融合，是现代法治发达国家和发展中国家民事诉讼模式发展的一致趋势和走向。

一、诉讼功能的社会化与法院的能动作用

社会化民事诉讼是在自由主义法学衰落、民主社会化思想兴盛的大背景下出现的，与此同时，实体法的社会化与福利国家的兴起也是加强民事诉讼社会保护的助推因素。20 世纪 60 年代之后意大利学者莫诺·卡佩莱蒂从接近正义的角度阐释了社会化民事诉讼概念，财富与贫穷及其对平等的影响、权力与附庸、文化与无知等，确立一种社会的而非仅个人性质的保障成为必要。促进司法为所有人实效性接近，以确保人与社会经济权力之间的平衡。[1]在卡佩莱蒂的概念中，个体之间经济、权力、文化等存在不平等的社会现象，任何自由的诉讼制度都无法实现平等保护，需要国家赋予社会公共事务的服务和政策执行来保障司法实效性平等。因此，法院的促进义务、释明义务以及合作义务等以诉讼指挥的形式在民事诉讼中得以突出。当民事诉讼作为服务于全社会的法律基础设施时，纠纷解决和履行法律维护福利责任同样是民事诉讼的目标。[2]

（一）从解决纠纷到社会整体意识的延伸作用

解决纠纷是民事诉讼的目的之一，放置于司法实践中即为追求"案结事了"。但是在诉讼处理个体权利冲突和纠纷时，如果涉及社会利益和公共利益，法院要作出综合性考量：不仅考虑个案的事实和证据情况，也考虑类案的同判问题；不仅关注个体之间纠纷的解决，也考虑个体与全体社会成员之间的联系。在诉讼中，公和私、一般性和个别性、将来指向性和过去指向性之间对立矛盾的地方比较多，如何寻求它们之间的平衡在每个案例中都是重要课题，法智慧在其中也应当发挥作用。[3]

---

〔1〕［意］莫诺·卡佩莱蒂：《比较法视野中的司法程序》，徐昕、王奕译，清华大学出版社 2005 年版，第 364 页。

〔2〕 Alan Uzelac, *Goals of Civil Justice and Civil Procedure in the Contemporary Judicial Systems*, Springer International Publishing, 2014.

〔3〕［日］田中成明：《现代社会与审判：民事诉讼的地位和作用》，郝振江译，北京大学出版社 2016 年版，第 98 页。

下面是一个经典小案例，说它小，是因为它看似案情简单、侵害性不大；说它经典是因为它对人们的生活秩序影响重大，且蕴含了极为深远的社会效果。

案例 11　在 1959 年 4 月的一个星期六，一名女士（原告）与她妹妹一起到一个位于波士顿海边，名叫"蓝船茶屋"的小餐馆（被告）吃早餐。这位女士点了一份当地叫作"鱼杂汤"的经典小吃，然后坐在小吃店一边喝着鱼杂汤、一边眺望着窗外美丽的海景，突然一根鱼刺卡在了她的喉咙。这个不幸的女士辗转了三家医院，最终将鱼刺取出。这位女士以违约之诉将"蓝船茶屋"小吃店诉至法院。

法庭上，原告律师振振有词地列举了其他州法院作出的判例。例如，在吃豆子时因豆子里有石头崩了牙齿，进行了赔偿；因吃猪肉吃出了绦虫，法院也判决了赔偿，那么本案中这位女士在喝鱼杂汤时被鱼刺卡了喉咙，亦应得到赔偿。

当陪审团中不少人员认为原告的律师言之有理时，法官向陪审团进行了解释："这个案件与原告律师所列举的案例是否相同，其中有一个核心问题，即豆子里有石头、猪肉里有绦虫，是异物，而鱼刺相对于鱼来说，是不是异物？"法官的一句话将本案与原告律师所举的案例区别开来。

法院最终判决认为，相对于其他案例，鱼刺是鱼身体上必不可少的成分，而非异物。因此，原告律师所列举案例与本案不同。那么，鱼刺是否应该在鱼杂汤里出现，成为本案的一个焦点问题。法官在判决书中进行了充分说理，查找了食谱大全以及妇女之友杂志、电视上鱼杂汤制作的介绍等，发现无论哪一种介绍鱼杂汤的制作过程，都没有将鱼刺从鱼身上剔除的程序。因此，这个案例最终判决驳回了原告的诉讼请求。

审理这个案件的法官言：这个案例不仅引起了人们对法律的研究，也唤起了人们对烹饪的关注。因为它的结果影响着每一个家庭的厨房工艺和餐厅对鱼杂汤的定价。如果原告因此而胜诉，意味着从此以后这个流传了近 200 年的经典小吃，其制作过程就要加上剔除鱼刺的程序，不仅改变了小吃的制作工艺，也影响了它的市场价格。

法律不能完美地对社会现象进行规定与制约，法律条文亦不能涵盖社会生活的方方面面，司法人员必须借助其丰富的实践经验，深入解读法律，准确甄别事实，灵活运用法律。[1] 上述只是一个小案例，但是法官在判决中抒发出深厚的生活气息，以其丰富的阅历、理性思维、准确的判断进行了充分的分析和论述，将个案与全体社会成员的切身利益和日常生活联系起来，体现了更多的价值功能。

（二）评价和引导社会价值的能动作用

当代世界各国之间呈现出来的广泛的相似性已经使不同国家的司法组织走得比以往任何时候都更近。政府的职能不仅仅包括维持社会的平衡还包括执行社会变迁的纲领，诉讼也同时体现着纠纷解决和政策实施的功能。在实践中，如果说面对平等主体之间的私益诉讼，解决纠纷是诉讼的重要目的，而当保护私益与国家利益和社会公共利益相冲突时，当事人的处分权会受到相应的限制，法院会依职权对利益进行平衡和取舍。当面对直接的社会公共领域的侵害，如大规模侵权诉讼、公益诉讼等时，纠纷的解决显然不是诉讼的主要目的，政策引导即为实现诉讼的最高价值。

如果让政府来管理人民的生活并主导社会的发展方向，那么司法获得就必须致力于贯彻国家的纲领、执行国家的政策。反之，如果让政府来维持社会的平衡，那么司法的目的就必须同解决冲突和纠纷联系在一起。[2] 因此，不同的政府职能折射出两种不同的司法目的观，也从意识形态上描绘了法律程序的原型：致力于解决纠纷和执行政策。而就目前来看，这两种社会的管理职能在相互借鉴，两种法律程序在走向融合。

通过诉讼解决具体当事人之间纠纷的同时，往往会隐含着对社会关系的间接调整；诉讼不仅解决当事人之间的纠纷，同时也对社会道德基础和经济发展起着引导和评价作用；有时候通过诉讼可以确认某种社会价值的存在，唤起社会成员对相同问题的关心，为全体成员确立某些行为方向和指南。但是需要法官在诉讼中具备社会整体意识、诉讼的公共职能。

在司法裁判中，法官不能只关注个案的事实和法律，导致对案件的整体效果评价不够。有时候一个小小的民事案件，带来的后果和影响力不可估量。

---

[1]　黄国涛、汪宝："论选择性司法与过分司法的抑制"，载《长江大学学报（社会科学版）》2014年第10期。

[2]　[美]米尔伊安·R.达玛什卡：《司法和国家权力的多种面孔：比较视野中的法律程序》（修订版），郑戈译，中国政法大学出版社2015年版，第14～15页。

2005 年南京彭某案〔1〕在社会上引起的激烈反应和巨大争议，不是案件的事实和法律问题，而是案件所蕴含的社会道德及社会诚信危机的司法应对。该案在社会上反响之大、时效之长、程度之深，是法院始料不及的。但是深刻反省之后，我们需要考虑的是司法在面对社会信仰危机时，法官应该承担怎样的角色或使命担当？在涉及社会行为规范的案件时，司法应如何做出能动的反应，去引导社会进行信仰重建和价值重构？〔2〕2017 年发生的郑州电梯劝阻吸烟案对此作出了正面的回应。

案例 12 2017 年 5 月，郑州某小区段某因在电梯内吸烟被同乘电梯的杨某劝阻，发生争执，后经相劝无事，但段某在物业办公室休息时突然倒地猝死。段某家人以侵权为由将杨某诉至法院，一审法院虽认为杨某无过错，但考虑到双方曾发生争执，基于公平原则，判决杨某补偿段某家人 15 000 元。一审判决后，杨某未上诉，段某家人不服提起上诉。郑州中级人民法院认为，杨某行为无过错，且与段某死亡之间无法律上的因果关系，一审判决适用公平原则，适用法律错误，遂撤销一审判决，驳回段某家人的诉讼请求。

该案于 2018 年 1 月 12 日作出二审判决后，各大网站、媒体先后发声，大多媒体给予了高度评价。〔3〕对比 10 年之前发生在江苏南京的"彭某案"，在社会各界引发热议——"敢不敢扶"，此次"电梯劝烟猝死案"，则引发了争议——"该不该劝"。从各方媒体的发声中可以发现，公众希望法律能够维护社会公德。

但是本案在学界也引起了广泛的讨论，其中一个声音就是该二审改判违反了一个世界公认的诉讼原则，即"上诉不利禁止原则"。因为杨某被判决承担补偿费 15 000 元后并没有上诉，是其处分权的真实意思体现，二审未依据

---

〔1〕 南京彭某案案情简介：2006 年 11 月 20 日上午，原告徐某在南京市某公交车站等候公共汽车，被告彭某从公交车下车，双方是否发生碰撞无证据证实，但是原告摔倒致伤，被告彭某将原告扶至旁边，并与原告亲属一同将原告送往医院治疗，彭某垫付了 200 元的治疗费用。事后原告要求被告承担数万元医疗费被拒，于是诉至法院。法院在审理后推定出原告系与被告相撞后受伤，并依公序良俗作出判决。

〔2〕 傅郁林："彭宇案现象的多维度解析"，载《人民法院报》2014 年 7 月 27 日。

〔3〕 央视网、新华网、人民网、人民日报、法治日报、中国青年报等先后发声，对二审改判给予了高度评价。

上诉人的上诉请求判决，而是基于一审判决违反社会公共利益为由改判劝烟者无需承担责任。二审法院在面对多元利益群体、多重价值判决时，以强大的社会责任感以及维护社会公共利益的诉讼目的，作出大胆判断和取舍，对社会认知的引导，构建社会道德体系、树立司法权威都有着重要意义。

大众的声音也普遍认为，裁决要关注社会正义感，弘扬社会主义核心价值观。劝烟案二审改判劝烟者无责的裁判结果达成了司法正义与社会现实的结合，体现了法律的正面价值引导作用。[1]

习近平总书记指出，核心价值观承载着一个民族、一个国家的精神追求，体现着一个社会评判是非曲直的价值标准。我国 2012 年《民事诉讼法》增加诚实信用原则，《民法典》将弘扬社会主义核心价值观作为民法的基本原则，为民事诉讼社会化发展奠定立法基础。2016 年以来，最高人民法院发布多批弘扬社会主义核心价值观的典型案例，在这些案例中，无论是维护英雄烈士的名誉权，还是打击不法行为、维护社会公德，抑或鼓励见义勇为、弘扬诚信相待，一份份有温度、有力量、有情怀的公正判决，发挥着司法裁判匡扶正义、引领诚信、弘扬中华民族传统美德，推崇良好社会风尚的重要作用。通过诉讼确认某种社会价值的存在，唤起社会成员对相同问题的关心，为全体成员确立了行为方向和指南。

（三）终极性的公共服务功能

民事诉讼与其他公共福利产品一样，属于"社会救助环节"。在解决民事纠纷的功能上，法院的角色不仅应为审判机构，还应兼具更多的纠纷解决功能和社会角色。首先，民事诉讼制度要惠及全体公民。在提供诉讼服务时，不仅应考虑当事人起诉的便捷，也应考虑纠纷应得到什么样的救济更为高效便捷。在我国，不仅立案已由审查制改为登记制，且建立了多元化纠纷解决机制，不仅在社会上完善了社会纠纷解决机制，且在法院立案窗口建立了诉前化解以及与社会纠纷解决机制的对接，使得法院的诉讼功能向社会延伸。其次，所谓公共服务是针对社会整体而言的，因此在运用司法资源解决纠纷时，合理配置司法资源，使用合法合理的纠纷解决方式，提高解决纠纷的效率，从资源消耗方面讲，也是一种社会公共服务功能。因为民事纠纷的增多，

---

〔1〕　池洋："裁判应关注正面价值引导作用——以劝烟案为视点"，载《法制与社会》2018 年第18 期。

诉讼程序的无限使用，都是消耗公共资源、减损社会福利的行为，是法官在解决纠纷过程中综合评定的因素之一。最后，在解决个人纠纷的同时兼顾社会整体利益。这体现的是民事诉讼的社会性。虽然法院在具备公共服务职能时必然带来职权性强化，但是功能的多元体现在法院的诉讼指挥权能方面，要强制性与协商性并重，如何调整角色分化，合理分配诉讼资源，缓和当事人与社会利益之间的紧张关系，是法院在诉讼社会化下职权主义的新的内容。法律的终极目标是社会福利，未达到其目标的规则不可能永久地证明其存在的合理性。法官必须服从社会生活中对秩序的基本需要。[1]

案例 13 2017 年 7 月，江苏宁某以极低的价格从天津某华融资产管理公司一次性购买 150 多个不良资产包。随后在河北某基层人民法院和中级人民法院提起数百件诉讼案件和执行案件。宁某购买的不良资产多发生在 2000 年左右，当时判决后债务人因资不抵债被注销或进行了破产清算，案件中止或终结执行。宁某自 2018 年开始陆续以破产管理人为被告提起多个诉讼，并直接向法院执行部门申请变更其为申请执行人、申请恢复执行。受理法院经核查发现，宁某在全国因购买不良资产所涉的诉讼案件有 2000 多件，涉及的执行案件 1000 多件，在河北一个中级人民法院即达数百件。受理法院认为，宁某提起的诉讼及申请法院执行的案件不是一个简单的个案问题，法官在面对此类案件时仅仅依法判案远远不够，而应有诉讼整体观。受理法院认为，其一，宁某以极低的价格购买诸多不良资产，如果宁某的这些不良债权通过法院的诉讼或执行可以实现，即要考虑是否涉及国有资产的流失。其二，如果宁某提起的诸多案件最终没有得到法院的支持，那么对于法院来说，上千件案件的审理和执行则是极大的司法资源浪费。其三，宁某收购不良资产，希望通过法院诉讼和执行作为获得利益的手段，如果可以得到支持，则有悖司法的功能，显然这种案例的指引作用是负面的。

近年来，公平与效率、成本与资源有限性等理念逐渐进入民事司法中。而这些理念的加入，更加强调了法院维护社会公共事务的职责。因为，诉讼效率的提高、诉讼成本的消耗、司法资源的配置，以及类案同判的推出等，

---

〔1〕 ［美］本杰明·卡多佐：《司法过程的性质》，苏力译，商务印书馆 1998 年版，第 29 页。

无不体现了法院在考虑案件事实、法律之外的公益性。由此可见，公益与私益在解决纠纷时并不是分割开来，而是相互联系，有时甚至是唇齿相依。对于公共利益的维护，并不是因为是公益诉讼的案件，在私益诉讼中，法院也应当考虑社会公共利益的维护。笔者认为，法院职权行使的正当性，实质上是追求私权救济与公益保护之间的一种平衡。

党的十九大报告提出坚持以人民为中心的发展思想，突出强调了人民主体地位。这体现在中国民事诉讼制度建设和发展中，是民事诉讼的社会整体观、公共性得到重视，民事司法公共服务应惠及全社会，体现司法为民宗旨。[1]正如习近平总书记所言，努力让人民群众在每一个司法案件中都感受到公平正义。笔者认为，这里的人民性代表的就是一种公共性。将核心价值观的主流价值、"人民"的幸福生活作为审判执行的最高追求，是法院诉讼指挥权的职责所在。

二、现代型诉讼特点与诉讼指挥权扩张

如果说自由主义法学和社会法学、实证主义法学为诉讼机能的扩大奠定了理论基础的话，那么现代型诉讼的登场则为诉讼机能的扩大提供了现实条件。[2]之所以称之为"现代型诉讼"，是指相对于传统诉讼，现代型诉讼突破了当事人之间的二元对立纠纷，当事人之间一方因弱势而形成群体性或国家代为诉讼的诉讼结构，缺乏主体之间的互换性。其诉讼也并非为了单纯的损害赔偿和事后补救，而更期待于通过诉讼或判例创造出新型权利、推动政策形成、完善立法等具有影响力的广泛的一般性效果。[3]由此可见，在现代型诉讼中，法院的职权亦因诉讼的功能扩展而需要重新定位。

（一）现代型诉讼特点与传统型诉讼的区别

当代社会，世界经济呈现一体化发展，这一特征超越传统的经济部门，人类行动和关系越来越呈现出一种集体性而非个体性特征；超越传统的社会关系、情感以及传统诉讼类型，个人的权利义务逐渐不再占有重要地位，新

---

〔1〕　王福华："民事诉讼的社会化"，载《中国法学》2018年第1期。
〔2〕　刘荣军：《程序保障的理论视角》，法律出版社1999年版，第46页。
〔3〕　参见［日］田中成明：《现代社会与审判：民事诉讼的地位和作用》，郝振江译，北京大学出版社2016年版，第220~222页。

兴的社会群体更需要国家和其他公共机构的积极干预。例如，虚假广告的发布和传播有可能侵害了不特定的广大消费者权益；大公司披露的虚假信息可能损害购买该公司股东的所有人；一项集体劳动合同的雇主违约会侵犯其所雇佣的雇员的权利；向湖泊或河流倾倒废弃物侵害了所有期望享有清洁水源的、健康生活的保证的人。这些大规模侵权不仅造成了生态环境的损害，也间接侵害了使用和应该享有这一环境的所有人。而这些权利的侵害在解决方式和效果上，传统的私益间纠纷解决模式已无法适从。新型社会的、集体的、"分散的"权利和利益，只有通过新型社会的、集体的"分散的"救济和程序才能得以维护。[1]

现代诉讼与传统诉讼的差异，主要体现在：其一，诉讼主体的不同。在现代型诉讼中，原告未必是权利主体，当事人双方亦可能不是平等关系。原告对于诉求的权益可能并无直接关联性。其二，诉讼请求具有未来性。停止侵害，避免损害进一步扩大是最主要的诉讼请求，在这种诉讼中，审理前期法院需要主动进行调查，然后可以根据侵害的正在进行而发出禁止令，因此，被称为禁止性诉讼。其三，因涉及公共性和集合性，传统诉讼程序中的辩论原则、当事人的听证权等将失去意义。因为无论是代表人诉讼还是公共诉讼，都会出现权利人未参与诉讼的情形，但其切身利益会因为公共诉讼而获得保障或限制。其四，法官职权强化。在现代型诉讼中，由于涉及公共利益，法官不得不考虑社会的整体利益并且对案件结果的社会效果进行预测。因此，在公共诉讼等现代型诉讼中，诉讼的程序不在于对抗，而在于对话；诉讼的功能不在于解决纠纷而在于形成政策。而在此基础上，法官的职能不仅在于查明事实和适用法律以及解决个体之间的纠纷，法官的作用将伴随着诉讼功能的扩张而得以强化。

(二) 新类型诉讼功能扩张与法院职权作用强化

诉讼领域的迅猛扩张使得传统的诉讼结构——仅为双方当事人之间的争议——已经无法令人满意。新类型诉讼的出现，以对抗制解决私益纠纷的诉讼模式无法再继续维持，英美法系国家开始反思并作出行动。英国 20 世纪 90 年代进行的全面司法改革，重要基石之一就是反思对抗制诉讼文化。在美国，

---

〔1〕 参见［意］莫诺·卡佩莱蒂等：《当事人基本程序保障权与未来的民事诉讼》，徐昕译，法律出版社 2000 年版，第 371~373 页。

人们甚至希望创设一种多重形式的机构，授予它们裁判职能，能够比传统法院更敏锐地回应福利的需求，而且更快捷、更简便、更经济和更可接近。[1]而随着集团诉讼、公益诉讼的发生发展，新型的程序权力和职责将迫使具有裁判职能的机构和人员，担当一种前所未有的职能和积极角色。

启动公益诉讼的主体资格问题是世界诸多国家讨论的热点，由于突破了"私人所有"和"诉讼主体为直接权利人"的传统诉讼类型，因此大多数国家将公益诉讼的起诉资格授予国家政府，比利时、意大利和法国，检察官一直被赋予在涉及"公共秩序"或"公共利益"的民事案件中起诉或参与的一般性权力。但是"个人诉讼资格"和"政府诉讼资格"两种解决方案明显不足，于是开始探索多类主体提起或参与诉讼。在英国、印度、加拿大等国家，国家指派某些官员或组织作为"公共利益的代理人"，我国 2012 年《民事诉讼法》修改增加了公益诉讼制度，2015 年《民事诉讼法司法解释》将起诉主体规定为"国家授权的机关和社会组织"。

既然公益诉讼的起诉主体不是直接权利人，那么其诉讼权利必然会受到限制，原告的处分权必然会受到限制。因诉讼客体是公共利益，因此法院的职权性必然强化。这是公益诉讼首要的、典型的诉讼特征。

我国目前由社会组织提起的公益诉讼类型主要是环境公益诉讼，由检察院提起的公益诉讼类型除环境公益诉讼外，还包括消费公益诉讼、国有资产流失等类型。相比较社会关注度和制度的完善情况来说，环境公益诉讼近几年在我国快速发展，从法院的诉讼指挥职能来看，环境公益诉讼相较于传统诉讼而言具有更多的职能主义的色彩。主要表现在三个方面，即对当事人处分权的限制、依职权调取证据和现场勘验以及对针对环境修复采取措施的多元化。

下面是一起环境民事公益诉讼案例，在我国环境公益诉讼制度中意义深远，在社会上被称为"天价"公益诉讼案。

案例 14　常隆公司、锦汇公司等六家公司系在泰兴市某区从事化工产品生产的企业，在化工产品生产过程中产生副产酸等危险化工废液，各生产企

---

〔1〕［意］莫诺·卡佩莱蒂：《比较法视野中的司法程序》，徐昕、王奕译，清华大学出版社 2005年版，第 34 页。

业虽有《危险化学品经营许可证》，但是只是运行生产过程中排放废酸，没有处理废酸的资质。常隆公司将其生产过程中排放的废酸以每吨 1 元价格出售给江中公司等。江中公司戴某等人将买来的 1 元 1 吨废酸共计数万吨倾倒至泰运河、古马干河等，造成泰运河严重污染。经评估倾倒废酸对河流、码头污染造成的损失共计 1.6 亿元。涉及本案的江中公司与戴某在刑事案件中承担了污染环境罪的刑事责任，并在民事公益诉讼案件中承担污染环境造成的损失费共计 1.6 亿元，一审法院并判决常隆公司等销售废酸的企业承担了上述赔偿责任的连带责任。

本案有两个重要的法律事实系法院依职权作出，具有开创性。其一，判决常隆公司等销售废酸企业对江中公司倾倒废酸造成的损失承担连带责任，是一、二审法院对法律事实进行了解释并作出认定。二审法院认为，常隆公司对其排放的废酸系污染物是明知的，因此对于其产出的副产酸处置有审慎注意义务，而其以 1 元 1 吨销售是对废酸处置行为的放任，即对污染物对环境污染造成损害上的放任，故其不作为与环境污染损害结果之间具有法律上的因果关系。因而判决常隆公司承担连带责任。其二，本案一审判决六家被告企业共承担 1.6 亿余元环境修复费用。二审在维持一审判决的情形下，对一审判决的主文中环境修复方案进行了修订，即如果污染企业对其造成的污染进行及时清理，并积极改进设备以及在之后的一段时间内没有违法污染行为，二审法院即会对一审判决的 1.6 亿余元环境修复费进行 40% 的折抵。

从该案看，无论是对侵权行为与后果的因果关系的解释，还是对裁判结果因污染企业积极治污行为进行的抵扣，都具有很强的职权性行为。首先，法院判决销售废酸的企业与倾倒者一起承担连带责任的主要依据在于销售企业的明知而放任的态度具有主观过错，虽然承担连带责任的依据不足，但是对于保护环境惩戒污染企业的守法意识、保护环境的社会意识起到了震慑作用和政策引导功能。其次，二审判决主文被学界称为"名为维持，实为改判"。该案的判项结果的确具有一定的突破性，但是这种判决方式的目的是促使污染企业积极清理污染、进行技术改造，实现了法院在判决后的"监督"，以及"预防"企业再次实施污染行为的双重效果。这也充分显现了在公益诉讼案件中，法院基于环境保护与绿色发展的平衡方面进行的职权性调整。

该案在我国环境公益诉讼中具有里程碑式意义，被评为 2014 年全国十大影响性诉讼。判决中有诸多法院开创性内容，在司法界和理论界引起了极大的反响。其主要是法院在环境公益诉讼案件中的职权边界问题。笔者认为，由于环境公益诉讼目前立法不完善，实践中需要探索，鉴于公益诉讼的目的是保护环境，而不是解决纠纷，因此，公益诉讼目的的实现和良好的社会效果是法院职权性考虑的边界和要求。

法律以其规范性设定人们的行为规则，以其稳定性建立人们对其行为的预期，但社会的法律现象和人的法律行为千姿百态，法律不能完美地对社会现象进行规定与制约，法律条文亦不能涵盖社会生活的方方面面，司法人员必须借助其丰富的实践经验，深入解读法律，准确甄别事实，灵活运用法律。[1]

下面案例为京津冀首例大气污染环境公益诉讼案例，于2019年12月经最高人民法院审判委员会通过，被评为最高人民法院第132号指导性案例。[2]

案例15 中国生物多样性保护与绿色发展基金会（以下简称"绿发会"）诉秦皇岛方圆包装玻璃有限公司（以下简称"方圆公司"）大气污染环境公益诉讼案，因方圆公司在生产过程中违法排污造成大气污染，绿发会于2016年向秦皇岛中级人民法院提起大气污染环境公益诉讼，请求方圆公司立即停止侵害、赔偿因违法排污造成的环境损失以及修复生态环境所需费用，并赔礼道歉等。方圆公司对其违法排污的事实予以认可，由于方圆公司在一审诉讼期间已经将生产设备升级改造完成，并经验收合格恢复了生产，故一审判决方圆公司承担环境损害及修复费用共计154万元，并判决赔礼道歉。一审判决后绿发会上诉，认为一审判决认定被告污染企业排放污染物的期间有误，要求二审对污染企业排污造成的损害重新鉴定。

二审法院认为，虽然一审鉴定的期间外仍有证据证明被告企业有排污行为，但考虑到污染企业在提起公益诉讼后，积极缴纳行政罚款，加速整改污染设备，并在排污设备验收合格后再次购买了一套排污设施，成为秦皇岛首家"开二备一"的企业。二审法院针对污染企业积极整改并迅速转型的良好效果，对超出鉴定的排污期间的损失依职权进行折抵。

〔1〕 黄国涛、汪宝："论选择性司法与过分司法的抑制"，载《长江大学学报（社会科学版）》2014年第10期。
〔2〕 中国生物多样性保护与绿色发展基金会诉秦皇岛方圆包装玻璃有限公司大气污染环境公益诉讼案，河北省高级人民法院〔2018〕冀民终758号。

本案是京津冀首例大气污染环境公益诉讼，被评为 2017 年至 2018 "生态环境保护十大典型案例"、2018 年 "中国十大影响性诉讼"。其亮点在于二审法院基于环境公益诉讼的目的和效果，针对污染企业经过公益诉讼后的积极行为和治污决心等进行了综合分析和评价，即对于污染者主动改进环保设施，有效降低环境风险的，人民法院综合考量以上各种因素后，对污染者的赔偿责任进行了适当减轻。该判决不仅实现了公益诉讼治理和预防并重原则，也达到了保护环境和绿色发展双重实现的效果。

广义的环境不仅仅是指人类赖以生存的自然要素，例如清洁的空气和水，亦包括经过人类加工的环境要素，例如工作场所中的环境美化、健康和安全等。于是如何控制我们生产、生活和消费等产生的负面效应，变得越来越重要。2020 年 1 月，中国生物多样性保护与绿色发展基金会（以下简称 "中国绿发会"）在某中级人民法院提起一件吸烟造成环境损害的公益诉讼。因目前该案尚未审结，笔者仅对该案是否属于环境公益诉讼，以及法院在受理该案时对 "环境" 的概念所作的解释，对环境公益诉讼的类型将日益扩大作预测分析。

案例 16 中国绿发会起诉某日资企业在国内投资管理的中国境内所有商场（为儿童主体商场），因该商场内的多处母婴室指示标识与吸烟室指示标识在一起，且多处母婴室与吸烟室相邻，导致吸烟室外未成年人和孕妇的身心健康受到烟草烟雾的侵害。该商场的设置违背了《未成年人保护法》的相关规定，故中国绿发会以环境侵害为由提起环境公益诉讼，请求限期拆除、赔偿损失及赔礼道歉等。

本案刚刚受理时，被告以本案不属于环境公益诉讼，中国绿发会依据环境公益诉讼的管辖法院提起诉讼不符合规定等理由提出管辖异议。案件受理之初对于是否属于环境公益诉讼案件开始探讨，主要涉及对 "环境" 概念的理解。一种观点认为，根据《环境保护法》第 2 条[1]的规定，环境是指影响人类生存和发展的各种天然的和经过人工改造的自然因素的总体。而本案中

---

〔1〕《环境保护法》第 2 条规定："本法所称环境，是指影响人类生存和发展的各种天然的和经过人工改造的自然因素的总体，包括大气、水、海洋、土地、矿藏、森林、草原、湿地、野生生物、自然遗迹、人文遗迹、自然保护区、风景名胜区、城市和乡村等。"

的环境实质是一个以儿童为主体的商场，应属于半封闭状态，进入的人员多半为消费者，因此将本案定性为环境公益诉讼是有争议的。另外一种观点认为，室内空气环境属于大气环境的组成部分，属于"经过人工改造的"环境。在案涉商场等室内公共场所吸烟，会导致室内公共场所空气质量下降并损害不特定人群的身体健康。最终，法院以环境公益诉讼受理了该案。

因该案尚在审理中，笔者仅对案件新颖性、可能存在的效果作如下分析：假如这个案件最后形成判决，支持原告诉讼请求，拆除该商场吸烟室，并认定吸烟室散发在空气中的烟雾对附近母婴造成侵害，那么这个判决结果就不仅是个案问题，其对社会的影响力和政策引导功能巨大。比如，该案判决拆除被告商场吸烟室是否意味着在相似的任何公共场合设置吸烟室都有可能被提起环境侵权诉讼？如果认定吸烟室的烟雾造成未成年人身心健康会得到赔偿，那么举重明轻，普通成年人的身心健康是否也需要保护？因此，如何合理界定社会公共利益或者具有社会公共利益的重大风险的范围，是未来公益诉讼的一个重大课题。

在现实生活中，无论是社会规范还是法律规范，并不只是徒具维护既成事实的机能，还具有促成新事实发生的机能。纠纷的解决在很多时候即具备这样的机能。因此，应认识到纠纷的积极功能，从而在纠纷解决的同时为社会的发展所利用。[1] 目前，新类型的民事诉讼案件正承载着社会政策执行的工具价值。公益诉讼等利益诉讼程序的目的并非解决纠纷，而在于通过诉讼矫正被告行为，落实环境保护等公共政策[2]

欧文·费斯指出："司法裁判利用的是公共资源，作出裁判的人……他们由公法而非私人间的合意界定并授予。他们的任务不是保证当事人双方利益的最大化，也不仅仅是维持和平，而是阐明并适用体现在诸如宪法和案例这些权威性文件中的价值。"[3] 司法裁判虽是解决纠纷的一种方式，但其负载的价值，远远不止于私益保护。

诉讼指挥权的产生是基于诉讼效率和成本问题，其欲实现的功能是保障诉讼程序顺利进行、防止裁判突袭、增强当事人对裁判的认同性等。但是随

---

〔1〕 刘荣军：《程序保障的理论视角》，法律出版社 1999 年版，第 21 页。
〔2〕 王福华："民事诉讼的社会化"，载《中国法学》2018 年第 1 期。
〔3〕 毕玉谦等：《民事审判与调解程序保障机制》，中国政法大学出版社 2015 年版，第 347~348 页。

着自由主义向社会化发展，民事诉讼的发展观也已出现社会化趋势，法官的诉讼指挥职责进行着扩展和延伸。法官诉讼指挥职责不仅在解决纠纷的多元路径下灵活变通，而且在解决纠纷之外也必须肩负起法的安定性、秩序的维护以及政策引导之功能。总之，随着社会发展，无论诉讼模式是否调整，法官诉讼指挥权的功能需要再塑造：诉讼指挥权的功能不是各种价值冲突之间的取舍，而是多元价值的平衡，其在以多种路径解决私益纠纷的同时，也在维护、传承着多元价值的和谐共存。

结　论

　　每一个社会时期的法律都代表了这个时代的社会现状与历史足迹。法律规范就是在不断放弃和保留、传承和发展的交替进行中完成的。我国民事诉讼制度在向当事人主义诉讼模式的转型过程中，借鉴了他山之石。因此，制度不仅是历史的传承和发展，借鉴的制度与我国本土制度的融合发展更是至关重要。

　　目前，我国立法中没有诉讼指挥权的概念，有关诉讼指挥权的内容分散在法律及司法解释的规定之中，不规范亦不完善，司法实践中也未加重视。本书中，笔者在比较两大法系诉讼指挥权形成与发展后，对比我国立法和司法现状，认为法院在诉讼过程中仅仅依据审判权进行判决是远远不够的，法院在诉讼过程中无论是消极被动体现其中立性，还是职权行为过度以至于干涉当事人诉讼权利，实质上都是一种职权滥用的行为，不仅无法使得当事人诉讼权利得到保障，也纵容了一些不法行为的侵入，甚至导致了法院的审判权被不法之人利用的现象发生。因此，建立诉讼指挥权利体系，分层次构建职责型、权力型以及协力型指挥权，是我国当前立法和司法中的一个重要课题。

　　本书中，笔者将诉讼指挥权分为三方面进行了内容构建：一是法院的释明权及释明职责；二是当事人诚信义务的规范；三是法院与当事人共同促进及讨论义务。对上述三个方面分析后，针对我国目前立法不完善之处提出建议，并就实践中忽略的问题提出反思。但是本书最终并未对上述诉讼指挥权内容进行完整的体系化构建。

　　笔者认为，之所以未作诉讼指挥权体系构建，是因为诉讼指挥权需要逐步形成和完善。其一，我国当前的诉讼模式定位不明确。我国司法改革一直处于向当事人主义诉讼模式转型过程中，如果突然提出诉讼指挥权的体系构建，在立法和司法中有些突兀。其二，我国是传统的职权主义诉讼模式，如果将诉讼指挥权进行职权性构建，有可能引起司法实践的过于重视，以至于被认为是法院职权主义的回归。因此，稳妥地、逐步地强化法院的诉讼指挥权内容，形成完善的诉讼指挥权体系，是一个循序渐进的过程。而本书中，笔者将诉讼指挥权进行内容构建，作为诉讼指挥权体系构建的开端，旨在引起立法注意，强化法官的诉讼指挥意识，并在实践中逐步强化和不断探索。

由于本书是对诉讼指挥权的初建，因此对于诉讼指挥权滥用的救济情形等涉猎不多。这需要在今后的民事诉讼指挥权体系构建中再做完善。

参考文献

一、著作类

1. 习近平：《习近平谈治国理政》（第 2 卷），外文出版社 2017 年版，第 118 页。

2. 中共中央文献编辑室编：《习近平关于全面依法治国论述摘编》，中央文献出版社 2015 年版。

3. 习近平：《论坚持全面依法治国》，中央文献出版社 2020 年版。

4. 毕玉谦等：《民事审判与调解程序保障机制》，中国政法大学出版社 2015 年版。

5. 毕玉谦：《民事证据法判例实务研究》，法律出版社 1999 年版。

6. 毕玉谦主编：《证据法要义》，法律出版社 2003 年版。

7. 毕玉谦、谭秋桂、杨璐：《民事诉讼研究及立法论证》，人民法院出版社 2006 年版。

8. 毕玉谦：《民事证据原理与实务研究》，人民法院出版社 2003 年版。

9. 最高人民法院修改后民事诉讼法贯彻实施工作领导小组编著：《最高人民法院民事诉讼法司法解释理解与适用》（上），人民法院出版社 2015 年版。

10. 最高人民法院修改后民事诉讼法贯彻实施工作领导小组编著：《最高人民诉讼法司法解释理解与适用》（下），人民法院出版社 2015 年版。

11. 人民法院出版社编：《最高人民法院司法观点集成》（民事诉讼卷①）（第 3 版），人民法院出版社 2017 年版。

12. 人民法院出版社编：《最高人民法院司法观点集成》（民事诉讼卷②）（第 3 版），人民法院出版社 2017 年版。

13. 江必新、刘贵祥主编：《最高人民法院关于人民法院办理执行异议和复议案件若干问题规定理解与适用》，人民法院出版社 2015 年版。

14. 黄文俊等主编：《最高人民法院执行案例精选》，人民法院出版社 2019 年版。

15. 张卫平：《民事诉讼法》（第 3 版），法律出版社 2013 年版。

16. 张卫平、陈刚编著：《法国民事诉讼法导论》，中国政法大学出版社 1997 年版。

17. 张卫平主编：《外国民事证据制度研究》，清华大学出版社 2003 年版。

18. 孙立平：《失衡——断裂社会的运作逻辑》，社会科学文献出版社 2004 年版。

19. 何勤华主编：《法国法律发达史》，法律出版社 2001 年版。

20. 汪习根主编：《司法权论——当代中国司法权运行的目标模式、方法与技巧》，武汉大学出版社 2006 年版。

21. 常怡主编：《比较民事诉讼法》，中国政法大学出版社 2002 年版。

22. 刘荣军：《程序保障的理论视角》，法律出版社 1999 年版。

23. 苏力：《送法下乡：中国基层司法制度研究》，中国政法大学出版社 2000 年版。

24. 王亚新：《社会变革中的民事诉讼》（增订版），北京大学出版社 2014 年版。

25. 李祖军：《民事诉讼目的论》，法律出版社 2000 年版。

26. 韩波：《民事证据开示制度研究》，中国人民大学出版社 2005 年版。

27. 黄国昌：《民事诉讼理论之新开展》，北京大学出版社 2008 年版。

28. 宋冰编：《读本：美国与德国的司法制度及司法程序》，中国政法大学出版社 1998 年版。

29. 冀祥德主编：《协商性纠纷解决机制比较研究》，中国民主法制出版社 2010 年版。

30. 余素青：《法庭言语研究》，北京大学出版社 2010 年版。

31. 吴英旗：《民事诉讼义务研究》，中国政法大学出版社 2012 年版。

32. 张建伟：《司法竞技主义——英美诉讼传统与中国庭审方式》，北京大学出版社 2005 年版。

33. ［美］黄宗智：《实践与理论：中国社会、经济与法律的历史与现实研究》，法律出版社 2015 年版。

34. ［美］斯蒂芬·B. 戈尔德堡等：《纠纷解决——谈判、调解和其他机制》，蔡彦敏、曾宇、刘晶晶译，中国政法大学出版社 2004 年版。

35. ［美］马丁·夏皮罗：《法院：比较法上和政治学上的分析》，张生、李彤译，中国政法大学出版社 2005 年版。

36. ［日］谷口安平：《程序的正义与诉讼》，王亚新、刘荣军译，中国政法大学出版社 1996 年版。

37. ［日］谷口安平：《程序的正义与诉讼》（增补本），王亚新、刘荣军译，中国政法大学出版社 2002 年版。

38. ［日］中村宗雄、中村英郎：《诉讼法学方法论——中村民事诉讼理论精要》，陈刚、段文波译，中国法制出版社 2009 年版。

39. ［日］兼子一、竹下守夫：《民事诉讼法》（新版），白绿铉译，法律出版社 1995 年版。

40. ［日］三月章：《日本民事诉讼法》，汪一凡译，五南图书出版有限公司 1997 年版。

41. ［日］高桥宏志：《民事诉讼法：制度与理论的深层分析》，林剑锋译，法律出版社

2003 年版。

42. 邱联恭：《民事程序法之理论与实务》（第 1 卷），三民书局 2002 年版。

43. 邱联恭：《民事程序法之理论与实务》（第 4 卷），三民书局 2005 年版。

44. 民事诉讼法研究基金会：《民事诉讼法之研讨（七）》，三民书局 1998 年版。

45. 李木贵：《民事诉讼法》（上），元照出版有限公司 2007 年版。

46. 李木贵：《民事诉讼法》（下），元照出版有限公司 2007 年版。

47. 邱联恭：《口述民事诉讼法讲义（一）》，元照出版有限公司 2012 年版。

48. 许士宦等：《新民事诉讼法实务研究（一）》，新学林出版股份有限公司 2010 年版。

49. 姜世明：《举证责任与真实义务》，新学林出版股份有限公司 2006 年版。

50. ［意］莫诺·卡佩莱蒂等：《当事人基本程序保障权与未来的民事诉讼》，徐昕译，法
    律出版社 2000 年版。

51. ［美］本杰明·卡多佐：《司法过程的性质》，苏力译，商务印书馆 1998 年版。

52. ［美］米尔伊安·R. 达玛什卡：《司法和国家权力的多种面孔：比较视野中的法律程
    序》（修订版），郑戈译，中国政法大学出版社 2015 年版。

53. ［美］理查德·波斯纳：《超越法律》，苏力译，北京大学出版社 2016 年版。

54. ［意］莫诺·卡佩莱蒂：《比较法视野中的司法程序》，徐昕、王奕译，清华大学出版
    社 2005 年版。

55. ［日］田中成明：《现代社会与审判：民事诉讼的地位和作用》，郝振江译，北京大学
    出版社 2016 年版。

56. ［日］棚濑孝雄：《纠纷的解决与审判制度》（修订版），王亚新译，中国政法大学出
    版社 2004 年版。

57. ［日］小岛武司等：《司法制度的历史与未来》，汪祖兴译，法律出版社 2000 年版。

58. ［法］孟德斯鸠：《论法的精神》，申林编译，北京出版社 2007 年版。

59. ［法］洛伊克·卡迪耶主编：《法国民事司法法》（原书第 3 版），杨艺宁译，中国政
    法大学出版社 2010 年版。

60. ［英］J. A. 乔罗威茨：《民事诉讼程序研究》，吴泽勇译，中国政法大学出版社 2008
    年版。

61. ［英］罗杰·科特威尔：《法律社会学导论》（第 2 版），彭小龙译，中国政法大学出
    版社 2015 年版。

62. ［英］西蒙·罗伯茨、彭文浩：《纠纷解决过程：ADR 与形成决定的主要形式》（第 2
    版），刘哲玮、李佳佳、于春露译，北京大学出版社 2011 年版。

63. ［德］奥特马·尧厄尼希：《德国民事诉讼法》（第 27 版），周翠译，法律出版社 2003
    年版。

64. ［德］卡尔·拉伦茨：《法学方法论》，陈爱娥译，商务印书馆 2003 年版。

65. ［美］E. 博登海默：《法理学：法律哲学与法律方法》（修订版），邓正来译，中国政法大学出版社 2004 年版。

66. ［英］阿德里安、A. S. 朱克曼主编：《危机中的民事司法——民事诉讼程序的比较视角》，傅郁林等译，中国政法大学出版社 2005 年版。

67. ［美］理查德·A. 波斯纳：《法理学问题》，苏力译，中国政法大学出版社 2002 年版。

68. ［美］理查德·A. 波斯纳：《法律的经济分析》（下），蒋兆康译，中国大百科全书出版社 1997 年版。

69. ［美］H. W. 埃尔曼：《比较法律文化》，贺卫方、高鸿钧译，清华大学出版社 2002 年版。

70. ［美］史蒂文·苏本、玛格瑞特（绮剑）·伍：《美国民事诉讼的真谛：从历史、文化、实务的视角》，蔡彦敏、徐卉译，法律出版社 2002 年版。

71. 汤维建、徐卉、胡浩成译：《美国联邦地区法院民事诉讼流程》，法律出版社 2001 年版。

76. Alan Uzelac, *Goals of Civil Justice and Civil Procedure in the Contemporary Judicial Systems*, Springer International Publishing, 2014.

二、论文期刊类

1. 毕玉谦："对我国民事诉讼审前程序与审理程序对接的功能性反思与建构——从比较法的视野看我国《民事诉讼法》的修改"，载《比较法研究》2012 年第 5 期。

2. 毕玉谦："论庭审过程中法官的心证公开"，载《法律适用》2017 年第 7 期。

3. 毕玉谦："辨识与解析：民事诉讼专家辅助人制度定位的经纬范畴"，载《比较法研究》2016 年第 2 期。

4. 肖建华："审判权缺位和失范之检讨——中国民事诉讼发展路向的思考"，载《政法论坛》2005 年第 6 期。

5. 肖建华、李志丰："从辩论主义到协同主义"，载《北京科技大学学报（社会科学版）》2006 年第 3 期。

6. 肖建华、施忆："论民事诉讼中的司法能动性"，载《法治论丛（上海政法学院学报）》2007 年第 2 期。

7. 肖建华、杨兵："对抗制与调解制度的冲突与融合——美国调解制度对我国的启示"，载《比较法研究》2006 年第 4 期。

8. 江必新："以改革促进审判制度的完善——兼论法院改革之初心、问题与路径"，载《中国应用法学》2020 年第 1 期。

9. 江必新："商事审判与非商事民事审判之比较研究"，载《法律适用》2019 年第 15 期。

10. 江必新："加强法官律师良性互动　探索构建协同诉讼模式"，载《中国律师》2018 年第 3 期。

11. 张卫平："诉讼体制或模式转型的现实与前景分析"，载《当代法学》2016 年第 3 期。

12. 张卫平："我国民事诉讼法理论的体系建构"，载《法商研究》2018 年第 5 期。

13. 张卫平："论民事诉讼法中的异议制度"，载《清华法学》2007 年第 1 期。

14. 张卫平："改革开放四十年民事司法改革的变迁"，载《中国法律评论》2018 年第 5 期。

15. 张卫平："改革开放以来民事诉讼制度的变迁"，载《人民检察》2019 年第 1 期。

16. 熊跃敏："辩论主义：溯源与变迁——民事诉讼中当事人与法院作用分担的再思考"，载《现代法学》2007 年第 2 期。

17. 常怡、肖瑶："论法官中立——以民事诉讼为视角"，载《昆明理工大学学报（社会科学版）》2008 年第 5 期。

18. 唐力："能动司法：法院诉讼指挥权之法理分析"，载《法律适用》2006 年第 5 期。

19. 唐力："辩论主义的嬗变与协同主义的兴起"，载《现代法学》2005 年第 6 期。

20. 唐力："论协商性司法的理论基础"，载《现代法学》2008 年第 6 期。

21. 王福华："民事诉讼的社会化"，载《中国法学》2018 年第 1 期。

22. 王福华："民事诉讼协同主义：在理想和现实之间"，载《现代法学》2006 年第 6 期。

23. 傅郁林："《民事诉讼法》修订重要问题研究"，载《华东政法大学学报》，2012 年第 4 期。

24. 傅郁林："追求价值、功能与技术逻辑自洽的比较民事诉讼法学"，载《法学研究》2012 年第 5 期。

25. 傅郁林："论民事诉讼当事人的诚信义务"，载《法治现代化研究》2017 年第 6 期。

26. 熊跃敏、张伟："民事诉讼中的协同主义：理念及其制度构建"，载《法治研究》2012 年第 1 期。

27. 熊跃敏、周静："诉讼程序运行中当事人与法院的作用分担论略——以协同进行主义为视角"，载《江海学刊》2009 年第 3 期。

28. 熊跃敏："民事诉讼中法院的法律观点指出义务：法理、规则与判例——以德国民事诉讼为中心的考察"，载《中国法学》2008 年第 4 期。

29. 邵明："析法院职权探知主义——以民事诉讼为研究范围"，载《政法论坛》2009 年第 6 期。

30. 任重："论中国民事诉讼的理论共识"，载《当代法学》2016 年第 3 期。

31. 任重："民事诉讼真实义务边界问题研究"，载《比较法研究》2012 年第 5 期。

32. 田平安、刘春梅："试论协同型民事诉讼模式的建立"，载《现代法学》2003 年第 1 期。

33. 刘哲玮："论社会转型时期司法权威的建构与维系——从'高速公路天价逃费案'切

入",载《理论与改革》2011 年第 3 期。

34. 刘哲玮:"论民事诉讼模式理论的方法论意义及其运用",载《当代法学》2016 年第 3 期。

35. 吴杰:"能动司法视角下民事审判权运作机制定位与反思",载《现代法学》2011 年第 3 期。

36. 吴杰:"辩论主义与协同主义的思辩——以德、日民事诉讼为中心",载《法律科学 (西北政法大学学报)》2008 年第 1 期。

37. 吴俊:"处分权主义与审判监督程序的结构——最高人民法院指导案例 7 号研究",载《法制与社会发展》2013 年第 6 期。

38. 姜启波:"论法官判后答疑",载《法律适用》2006 年第 8 期。

39. 闫晓洁:"在司法实践中坚守程序正义",载《济宁学院学报》2017 年第 3 期。

40. 施鹏鹏:"为职权主义辩护",载《中国法学》2014 年第 2 期。

41. 施鹏鹏:"职权主义与审问制的逻辑——交叉询问技术的引入及可能性反思",载《比较法研究》2018 年第 4 期。

42. 左卫民:"职权主义:一种谱系性的'知识考古'",载《比较法研究》2009 年第 2 期。

43. 陈冠男:"民事审判权与诉讼指挥权的张力消解——兼及中立评估程序的程序价值",载《东南大学学报 (哲学社会科学版)》2019 年第 S1 期。

44. 宋明、冯含睿:"民事诉讼调解主体的权限分配研究——以当事人主义与职权主义模式为视角",载《理论学刊》2013 年第 8 期。

45. 黄耀升:"司法权的性质与功能——兼论司法的法律效果与社会效果之统一",载《今日南国 (理论创新版)》2010 年第 11 期。

46. 王琦:"论司法权的被动性——以民事诉讼为视角",载《海南大学学报 (人文社会科学版)》2007 年第 2 期。

47. 葛天博:"民事司法视域下司法权的内部分配与外部调整——以司法权是审判权为前提",载《山西警官高等专科学校学报》2013 年第 4 期。

48. 王萍:"司改背景下当庭宣判的实践与思考——以海南一中院全面推行民商事案件当庭宣判为视角",载《人民法治》2017 年第 12 期。

49. 石春雷:"立案登记制改革:理论基础、运行困境与路径优化",载《重庆大学学报 (社会科学版)》2018 年第 5 期。

50. 池洋:"裁判应关注正面价值引导作用——以劝烟案为视点",载《法制与社会》2018 年第 18 期。

51. 项鹏举:"民事庭审驾驭能力的培养与提高",载《法制博览》2016 年第 36 期。

52. 侯振武:"论阿伦特两种判断概念之间的张力———种基于行动者与旁观者双重视角

的考察"，载《理论探讨》2014 年第 2 期。

53. 宋春雨："新民事诉讼法司法解释中若干证据问题的理解"，载《人民司法》2015 年第 13 期。

54. 邱星美、张红娇："论民事诉讼自认制度之限制性规则"，载《法律适用》2013 年第 3 期。

55. 郭彦："走出西方话语体系禁锢：比较法视野中的人民司法制度基本原则研究"，载《法律适用》2022 年第 5 期。

56. 刘练军："既判力、再审制度与司法公正"，载《杭州师范大学学报（社会科学版）》2012 年第 5 期。

57. 彭芳林："社会的诉讼观对现代民事诉讼的启示"，载《湖北警官学院学报》2014 年第 2 期。

58. 王君、赵睿男："起诉权的滥用与规制——民事案件受理异议制度研究"，载《东北财经大学学报》2015 年第 3 期。

59. 白洁、殷季峰："当事人主义与职权主义结合的诉讼模式——试评我国的民事审判方式改革"，载《新疆大学学报（社会科学版）》2003 年第 3 期。

60. 黄国涛、汪宝："论选择性司法与过分司法的抑制"，载《长江大学学报（社会科学版）》2014 年第 10 期。

61. 黄菊秀："民事庭审驾驭能力的培养与提高"，载《人民司法·应用》2008 年第 1 期。

62. 陈桂明、吴如巧："美国民事诉讼中的案件管理制度对中国的启示——兼论大陆法系国家的民事诉讼案件管理经验"，载《政治与法律》2009 年第 7 期。

63. 邬小丽："大陆法系国家民事初次送达程序构造探析"，载《湖北社会科学》2019 年第 1 期。

64. 张国桥："民事诉讼期间、期日制度若干问题研究"，载《晋中学院学报》2011 年第 4 期。

65. 张曦："立案制度改革中民事诉讼公正与效率的价值博弈"，载《河南科技大学学报（社会科学版）》2015 年第 6 期。

66. 夏先华："英美法系民事证据开示制度检视及其启示"，载《湖南工业大学学报（社会科学版）》2019 年第 4 期。

67. 陈贤贵："论民事诉讼当事人的真实义务"，载《东南学术》2016 年第 4 期。

68. 江国华、韩玉亭："论法官的角色困境"，载《法制与社会发展》2015 年第 2 期。

69. 曹力："民事诉讼中律师诉讼技巧的边界"，载《法制博览》2017 年第 36 期。

70. Remme Verkerk, "Fact-Finding in Civil Litigation: A Comparative Perspective", 259, *Intersentia*, 2010.

71. Chad J. Pomeroy, "Our Court Masters", 94 *Neb. L. Rev.*, 401 (2015).

72. Shmuel Lederman，"The actor does not judge：Hanna Arendt's theory of judgement"，*Pilosophy and Social Criticism*，2016，Vol，42（7），pp. 727~741.

73. Thomas H. S. Curd，"Pre-Trial of Lawsuits"，46 *W. Va. L. Q.*，148（1940）.

74. Robert L. Taylor，"Federal Pre-Trial Procedure"，23 *Tenn. L. Rev.*，24（1953）.

75. Douglas T. Wetmore，"Pre-Trial Hearings"，30 *Advocate（Vancouver）*，48（1972）.

76. J. Skelly Wright，"Pre-Trial on Trial"，14 *La. L. Rev.*，391（1954）.

77. S. P. Huntington，"Paradigms of Amercian Politics"，89 *Political Science Quarterly*，1974，pp. 20~22.

78. Gelinas，Fabien，Clement Camion，"Efficiency and Values in the Constitution of Civil Procedure"，*International Journal of Procedural Law*，2014，Vol. 4（No. 2）.

79. Margaret Y. K. Woo，"Manning the Courthouse Gates：Pleadings，Jurisdiction，and theNation-State"，*Nevada Law Journal*，15，2015（No. 3）.

80. Santiago pereira Campos，"Justice Systems in Latin America：the Challenge of CivilProcedure Reforms，" *Legal Information Management*，2015，Vol. 15（No. 2）.

81. Sara C. Benesh，"Understanding Public Confidence in American Courts"，*The Journal of Politics*，2006，Vol. 68（No. 3）.

82. Resnik，"Managerial Judges"，96 *Harv. L. Rev.*，pp. 374，376~85（discusses and criticizes this trend）.

三、论文集

1. 万鄂湘主编：《建设公正高效权威的社会主义司法制度研究》，人民法院出版社 2008 年版。

2. 杜万华主编：《民事审判指导与参考》（总第 64 辑），人民法院出版社 2016 年版。

3. 邹碧华、王建平、陈婷婷：《审视与探索——要件审判九步法的提出和运用》，全国法院系统第二十二届学术讨论会论文。

4. 张卫平主编：《民事程序法研究》（第 2 辑），厦门大学出版社 2006 年版。

四、学位论文类

1. 刘春梅："自由心证制度研究"，西南政法大学 2004 年博士学位论文。

3. 孟欣然："影响性诉讼案件环境因素研究——基于对中国 2003 年–2013 年影响性诉讼案件的考察"，吉林大学 2016 年博士学位论文。

4. 章安邦："司法权力论——司法权的一般理论与三种形态"，吉林大学 2017 年博士学位论文。

5. 韩俊红："释明义务研究"，西南政法大学 2006 年博士学位论文。

6. 王玲：“当事人真实义务研究”，西南政法大学 2015 年博士学位论文。

7. 李夏：“民事诉讼观的类型与变迁研究——兼论其对我国民事司法现代化的启示”，苏州大学 2015 年硕士学位论文。

五、网址及其他

1. 习近平：“深化文明交流互鉴　共建亚洲命运共同体——在亚洲文明对话大会开幕式上的主旨演讲”，载《解放军报》2019 年 5 月 16 日。

2. 毕玉谦：“如何在民事诉讼中践行诚信原则”，载《人民法院报》2013 年 6 月 20 日。

3. 许尚豪：“'立案登记制'后如何审查立案”，载《人民法院报》2014 年 12 月 24 日。

4. 傅郁林：“彭宇案现象的多维度解析”，载《人民法院报》2014 年 7 月 27 日。

5. 杜豫苏：“对中美多元化纠纷解决机制的观察与思考”，载《人民法院报》2018 年 12 月 19 日。

6. 蜀牛房地产公司诉平安银行、天银公司借款合同纠纷案，最高人民法院［2017］最高法民申 1400 号民事裁定书。

7. 辉宏担保公司、永芳厂、戴某追偿权纠纷案，浙江省高级人民法院［2018］浙 05 民终 383 号民事判决书。

8. 中国生物多样性保护与绿色发展基金会与中卫市美利源水务有限公司、宁夏蓝丰精细化工有限公司、宁夏明盛染化工有限公司、宁夏华御化工有限公司等八起土壤污染、地下水污染损害赔偿公益诉讼系列案，宁夏回族自治区中卫市中级人民法院［2016］宁 05 民初 12-19 号调解书。

9. 中国生物多样性保护与绿色发展基金会诉秦皇岛方圆包装玻璃有限公司大气污染环境公益诉讼案，河北省高级人民法［2018］冀民终 758 号。

后　记

2015年9月考入中国政法大学攻读民诉专业博士研究生，在博士学位论文完稿收笔之时，心中自是无限感慨。回顾五年的时光流逝，在付出与收获中，辛勤与喜悦相伴！

作为一名法官，能够在工作多年后再到大学深造，心中充满无限的感慨和感激！五年来，我奔波于石家庄与北京之间、穿梭在工作与学业之中，思绪也在法学理论与司法实践的分离与融合中盘旋。今天回首往事，收获的不仅是博士学位，更是通过课上老师的启发、课下阅读后的思考，一次次灵感迸发时的喜悦，还有在奔波与忙碌中的坚持……五年的学涯，专业的提升、学习方法的运用、问题切入的角度、研究的深度、思考的胆略等，知识与自信在积累中得到不断升华！

感慨之后，心中的感激之情油然而生！首先，感谢我的导师毕玉谦教授，他严谨的治学态度、前沿的学术思想、理论与实践的高段位结合、促进和相得益彰，使我一名来自实务的法官更是受益匪浅！毕老师常言："博士生阶段的学习，不仅仅是在专业知识方面的培养，更是一个学习方法的培养，一个能力和品格的培养。"得益于老师严格的要求和悉心的指导，每天不少于3万字的阅读量，每月读书笔记的汇报，每学期同门博士在老师的召集下进行学术交流，在老师的带领下进行课题研究和写作……这里还要特别鸣谢我的师母及毕成夫妇等，在导师组织每次学术交流会时，都有你们的精心准备，不仅提供舒适优雅的环境，还有丰盛可口的饭菜，使我们在获得精神食粮的同时还能大快朵颐。

其次，感谢我单位的领导和同事！没有他们的支持，我无法在工作、学业两方面做到较好的兼顾。同时要感谢中国政法大学诸多的老师和同学们，你们渊博的知识、卓越的才华、勤奋的精神，传递给我的这份给养使我终身受益！

　　最后，感谢我的家人和亲友！在五年的工作兼学习过程中，生活上不仅对他们少了照顾，且在很多时候都需要他们在生活上给予帮助。五年来，我的家人、亲人无不给予我极大的精神鼓励和行动支持。尤其是我的爱人和儿子，在入学前两年，每周都在高铁上往返，无论是早上五点出发，还是凌晨从北京归来，爱人都一如既往地接送在火车站的出入口。每一次获得一点成绩，都能看到儿子在微信中举起支持的小拳头，给予我坚持不懈的动力；在论文需要网上答辩时，他事无巨细地为我提供了充分的准备器材。如果说作为妈妈，希望学无止境的精神能够传递给儿子，那么儿子给予我的支持就是最好的回应。

　　时光荏苒，五年的读博生涯即告结束，与其说是一段艰辛的学术历程，毋庸说是一段弥足珍贵的人生经验和经历。